P9-CKE-315

Nouvelles lectures libres

Rebecca M. Valette
Boston College

D. C. HEATH AND COMPANY

Lexington, Massachusetts • Toronto

COVER: *Dining Room on the Garden*, 1934, by Pierre Bonnard.
Collection, The Solomon R. Guggenheim Museum, New York.

Illustrations by George M. Ulrich

Copyright © 1982 by D. C. Heath and Company.

Portions of this book were previously published in *Lectures libres*, edited by Rebecca M. Valette, copyright © 1969 by Harcourt Brace and World.

All rights reserved. No part of this publication may be reproduced or transmitted in any form or by any means, electronic or mechanical, including photocopy, recording, or any information storage or retrieval system, without permission in writing from the publisher.

Published simultaneously in Canada.

Printed in the United States of America.

International Standard Book Number: 0-669-04753-8

Library of Congress Catalog Card Number: 81-84951

Nouvelles lectures libres

Preface

Nouvelles lectures libres is a French reader designed to help intermediate students make the transition from the highly controlled materials used at the elementary levels of language instruction to the appreciation of authentic, unabridged literary works. It is broader in scope than its predecessor, *Lectures libres,** for it begins with four short contemporary pieces from France and Quebec that are readily accessible to students with two years of secondary school or one year of college French instruction. It also reaches back to the nineteenth century and ends with selections by two of the best-known French short-story writers: Maupassant and Mérimée.

Nouvelles lectures libres is obviously not a review grammar; it does, however, contain notes on certain difficult French constructions and three appendixes on the forms and uses of the various past tenses and subjunctive tenses. Nor is it the basis for a conversation course, even though extensive oral questions on each selection permit active use of spoken French in the classroom. The aims of this reader are threefold:

1. to increase the reading power of intermediate students and to bring them one step closer to the goal of "liberated reading," that is, to the point where they can understand unedited French texts and appreciate style;
2. to improve the students' ability to express themselves in written French;
3. to encourage the further development of the students' oral skills.

Main Features

These goals can be attained only when students find the course material stimulating and accessible. The following features contribute to the realization of this objective:

High plot interest. The primary criterion for inclusion of selections was a lively story line. Students whose interest is aroused and maintained will be more highly motivated to continue reading the narrative.

Graded order of presentation. The selections, presented in lessons that contain from 500 to 1500 words of text, are arranged in increasing order of difficulty. The first piece by Lise Deharme, with its reliance on direct conversation, provides an easy transition from spoken French to written French. The next two stories, by Jean and Jérôme Tharaud and Marie Noël are short fables written in a very direct style. They also provide an introduction to the common forms of the *passé simple*. Yves Thériault's story of the mysterious portrait brings the reader back to twentieth century North America. Although it is somewhat longer than the opening selec-

---

*Published in 1969 by Harcourt Brace and World.

tions, it uses a more everyday vocabulary that students will find familiar. The next selection, *L'Evasion* by Joseph Kessel, is by far the longest story in the book. However, the directness of the style and the rapidity with which the readers can identify with the characters make it an ideal transitional piece. Furthermore, Kessel himself has divided the story into a succession of brief scenes that can be used as individual assignments if the teacher prefers to have shorter readings. Sacha Guitry's "La Mort du comte d'Astrac" and Hugo de Haan's somewhat longer "Une Vieille Lampe à pétrole" present a greater challenge in that they require some imagination on the part of the students. In "La Pèlerine" André Maurois uses a sustained first-person narrative to tell of the mystical power possessed by an old hunting cape. "Jeanne" by Albert Camus introduces the students to a more poetic prose style in evoking the happiness of a young couple. In "L'Allumette" by Charles-Louis Philippe students encounter the more difficult prose style of the early twentieth century. The volume ends with Maupassant's well-known "La Parure" and Mérimée's powerful "Mateo Falcone."

Side glosses. Any word that might present a comprehension problem to the students has been glossed in French or English, whichever seemed more expedient, to save the minutes otherwise wasted in referring to the end vocabulary.

Cultural and historical footnotes. Textual references to historical events, national attitudes, geographical locations, and famous people have been explained so that the students can read the stories with fuller comprehension.

Reading helps. Each selection is followed by a section entitled *Vers la lecture libre*, which contains material designed to help the students strengthen their reading skills in a very direct and practical way. This material is of three general types: *Understanding vocabulary* teaches cognate recognition, awareness of word families, inference techniques, and other vocabulary identification strategies. *Understanding structure* explains aspects of French grammar that may present difficulties to intermediate students, such as the recognition and identification of literary tenses. *Understanding style* focuses student attention on general features and unique qualities of an author's form and style.

Classroom Suggestions

Each lesson is built around a selection that students can prepare in one evening. The exercises, which provide sufficient follow-up material for the next class period, further the basic aims of the reader.

Questions orales allows for the necessary transition from the carefully structured drills of the elementary textbook to free oral expression. The questions are short enough so that intermediate students can answer them easily with books closed. The questions elicit a retelling of the story and thus bring the students' reading-comprehension vocabulary into their speaking vocabulary, and encourage the transfer from the *passé simple* to the *passé composé*.

Vers la lecture libre contains notes on one or more aspects of literary French: vocabulary, structure, and style. Generous examples from the reading are given, but the teacher may wish to have students select additional examples from preceding lessons. As students grow aware of these important features of the French language, their reading fluency will improve. Certain lessons focus students' attention on questions of literary style and narrative technique.

Vers la composition libre offers topics for brief student compositions. The directed essays provide students with key words to be incorporated into the composition. The free essays impose no restraints. In the course of the lessons, students gain experience in writing straight descriptions and résumés and in making simple stylistic analyses.

During the class period, the teacher might well begin by asking one of the oral questions and then, after all the students have mentally prepared responses, call on a specific student for the answer. If the student called on cannot furnish the response, the teacher might rapidly call on another student, perhaps returning to the first student to request a repetition of the correct answer. Next the teacher might review some of the examples in the *Vers la lecture libre* section. The final part of the period could be devoted to the essay topics. In the early lessons, the teacher might elicit sentences using the cue words provided in the guided compositions. The students might dictate the sentences to classmates who are at the board. Other students could then be asked to make corrections (in French), if corrections are needed, and to suggest alternate sentences that would also incorporate the key words. The free essay topics could be discussed in more general terms. As part of the homework assignment, students could then prepare their own version of the essay to be handed in at the following class period. Thus, *Nouvelles lectures libres* makes it possible to use the homework assignment to develop the skills of reading and writing French, while devoting class time to the use of spoken French as a medium of communication.

The author wishes to express appreciation to the Modern Language staff of D.C. Heath and Company for their assistance at every stage in the preparation of this text.

Rebecca M. Valette

Contents

12

Nouvelles lectures libres

Cette Année-là... 1

Lise Deharme

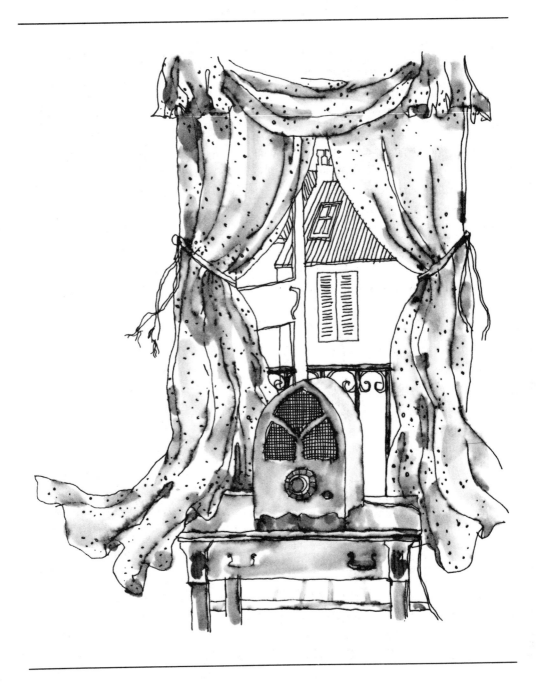

Lise Deharme

(1902–), while collaborating with writers of the Surrealist movement such as Aragon, Breton, and Gracq, developed her own individual mode of expression. An atmosphere of semiobscurity and mystery pervades her stories and novels. *Les Années perdues* (1961) is a journal of the war and postwar years covering the period 1939–49.

"Cette Année-là..." is a brief selection taken from a book of the same title published in 1945. The various episodes in the book all take place during the German Occupation. Those people who remained in Paris tried to tune in Radio London every evening to hear an uncensored version of the news and to receive personal messages from friends and family members who had left the country. Certain apparently meaningless sentences and isolated lines of poetry were codes for the members of the Resistance movement; for example, "Les sanglots longs des violons" was a sign that the invasion of Normandy was under way.

Cette année-là...

«Vous avez mauvaise mine,° mon pauvre ami. » — «Oui!» › — «Vous êtes malade, triste, ruiné?» — «Non, mon pauvre vieux, je suis hanté.°» — «Hanté?» — «Hanté, comme un roman noir,[1] c'est à ne pas croire,° moi-même je n'y croyais pas. » — «Hanté, par quoi?» — «Par une voix°—une voix à la radio. » — «Comment ça?» — «Eh! bien, voilà. J'écoutais les communiqués à la radio, tous les jours, comme tout le monde, lorsqu'il° y a huit jours il y eut° *la voix.* » — «La voix de qui?» — «Je ne sais pas, elle ne le dit pas. C'est une voix de femme. Une voix merveilleuse, pas une voix de speakerine,° non, une voix de femme. » — «Qu'est-ce qu'elle dit?» — «Ah! pour commencer, toujours la même chose: «Après le communiqué, ne quittez pas l'écoute° ... Henri. » — «Il y a beaucoup d'Henri. » — «Non, c'est bien° moi, elle dit en criant° comme les chauffeurs de taxi, avant la guerre:° «Henri, de la rue de Grenelle» et elle ajoute:° «celui qui fait tel geste°» — et c'est toujours le geste que je suis en train de faire,°

mauvaise mine = *l'air malade*

hanté haunted
à ... croire = *fantastique*

voix voice

lorsqu' *quand*
il y eut there was

speakerine radio announcer

ne ... l'écoute = *continuez à écouter*
bien *vraiment* / criant shouting
guerre war
ajoute adds / tel geste such a gesture
en ... faire just doing

From *Cette Année-là*, by Lise Deharme. Reprinted by permission of Editions Gallimard, Paris, 1945.

[1]un roman noir: a Gothic novel—a tale of mystery, gloom, terror, and the supernatural.

toujours. » — «Alors ce n'est pas une amie qui habite ici et qui te ferait une blague?° » — «C'est en effet difficile à imaginer. » — «Continue, mon vieux? » — «Par-dessus° les guerres, les nouvelles diplomatiques, les explications de coups, il y a sa voix en relief° comme un souffle,° tu ne peux savoir, mon vieux! cette voix d'enfant, presque, soutenue,° jamais brouillée° par cette grande symphonie fantastique, c'est effrayant°... » — «Mais qu'est-ce qu'elle dit? » — «Tout, des mots admirables sans suite,° des phrases entières prises dans° des livres, des recettes° de cuisine, des conseils pour ma santé et puis, tout à coup, elle chante, elle pleure ou elle siffle° et pour finir elle me donne des rendez-vous. » — «Des rendez-vous? » — «Oui, j'y vais toujours, il n'y a jamais personne. Je ne travaille plus mais je rentre exténué.° Alors au communiqué de sept heures et demie j'entends: «Henri de la rue de Grenelle s'est encore trompé, il a été au Bon Marché au lieu d'aller aux Trois Quartiers! »² Et je sais qu'elle ment,° mais le lendemain j'y retourne. » — «Tu n'as qu'à ne pas° y aller. » — «Je ne peux pas ne pas y aller. D'ailleurs elle me console, elle chante, elle endort mes pensées,° elle efface tout avec sa voix. » — «Et si tu essayais de ne pas aller où elle te dit, rien que° pour voir? » — «Si elle ne revenait plus! » — «Ecoute, mon pauvre vieux, c'est p'tête° ta radio qui est truquée;° il est neuf heures, montons chez moi, dans un quart d'heure nous verrons bien.° Tu n'as jamais écouté ailleurs? » — «Non, j'ai peur, peur du ridicule, peur de ... je ne sais, moi, peur de choses vagues. » — «Bon, on y est;° allume le lustre,° sans ça la radio ne marche pas, bon, tourne le bouton,° un tour seulement. » — «Pierre, Pierre, non, attends! J'ai une angoisse horrible, j'peux pas° t'expliquer, j'suis° jaloux.° » — «Jaloux? » — «Ici Londres, veuillez écouter tout d'abord quelques messages personnels. » — «Allons, mon vieux, donne-moi la main et sois calme, sois calme. Tout ça va rentrer dans son état normal, tu vas voir. » — «Le fauteuil est au milieu du salon, je dis: Le fauteuil est au milieu du salon. » «Le glaçon° rencontrera Vénus. » «Nic et Pouf sont bien° arrivés au Gaurisankar... » «Après le communiqué, ne quittez pas l'écoute: Pierre, du boulevard des Italiens, Pierre, Pierre, lâchez° la main de votre ami... »

te ... blague would be playing a joke on you
Par-dessus Over and above

en relief that stands out / **souffle** gust of fresh air
soutenue *prolongée*
brouillée blurred
effrayant frightening
sans suite *sans sens*
prises dans taken from / **recettes** recipes
siffle whistles

exténué *très fatigué*

ment is lying
Tu ... pas You don't have to

endort ... pensées *m'hypnotise*
rien que = *seulement*

p'tête = *peut-être* / **truquée** tampered with
verrons bien = *verrons* / **ailleurs** elsewhere
on y est here we are / **lustre** ceiling light
bouton knob
j'peux pas = *je ne peux pas* / **j'suis** = *je suis*
jaloux jealous

glaçon ice cube
bien safely

lâchez let go

---

²**Au Bon Marché** is a Parisian department store on the Left Bank. **Aux Trois Quartiers** is a department store on the Right Bank.

Questions orales

1. Pourquoi Henri a-t-il mauvaise mine?
2. Est-il vraiment malade ou ruiné?
3. Par quoi est-il hanté?
4. D'où vient cette voix?
5. Quand a-t-il entendu la voix pour la première fois?
6. A qui appartient la voix?
7. Quelle sorte de voix est-ce?
8. Que dit la voix?
9. Quel geste décrit la voix?
10. Est-ce que c'est la voix d'une amie qui habite près de chez Henri?
11. Pour finir, qu'est-ce qu'elle donne à Henri?
12. Quand Henri arrive au rendez-vous est-ce que la femme est là?
13. Qu'est-ce qu'il sait alors?
14. Le lendemain, qu'est-ce qu'il fait?
15. Est-ce qu'Henri peut ne pas y aller?
16. Que fait la femme pour qu'Henri retourne au rendez-vous?
17. Pourquoi Pierre invite-t-il son ami à écouter les communiqués chez lui?
18. Pourquoi Henri n'a-t-il jamais écouté ailleurs?
19. De quoi Henri a-t-il peur?
20. Henri a-t-il raison d'être jaloux?

Vers la lecture libre

UNDERSTANDING VOCABULARY

Cognates

Speakers of English find French a relatively easy foreign language to read because of the presence of numerous *cognates*, that is, words that look alike in the two languages and that have similar meanings.

Some French-English cognates are spelled the same: *radio, continue, admirable, console*. More frequently, there are minor spelling differences: **un geste**, *gesture*; **une symphonie**, *symphony*; **une voix**, *voice*.

Frequently, French-English cognates do not have exactly the same meanings in both languages. Sometimes, the English cognate has a synonym that is more commonly used. For example:

commencer *to commence*	BUT USUALLY: *to begin*	
chanter *to chant*	BUT USUALLY: *to sing*	
un enfant *infant*	BUT USUALLY: *child*	

In these instances, the cognate will remind you of the English equivalent.

Some cognates have different meanings in the two languages. These are *false cognates* (the French call them **faux amis**, *false friends*). In this selection you encountered:

demander	*to ask, ask for*	NOT: *to demand*	(**exiger**)
crier	*to shout, cry out*	NOT: *to cry*	(**pleurer**)
quitter	*to leave, let go*	NOT: *to quit*	(**abandonner**)

It is important that you learn to recognize these false cognates so that you do not misinterpret the text.

UNDERSTANDING STYLE

Direct conversation

In French written style, direct conversations are generally preceded by dashes. In this selection, Deharme uses both dashes and quotation marks (or *guillemets*) to indicate a change in speakers.

The role of the speaker

For a generation raised on movies and television, it is often difficult to have to rely entirely on the printed word to evoke a scene. Deharme does little to simplify this task: she provides no background description, she fails to identify the speakers, and she runs the entire text together in one long "paragraph."

The story has two scenes; the first one probably takes place on a Paris street and the second (beginning with line 47) in Pierre's small apartment. There are three speakers: Henri, Pierre, and the lady on the radio. As a mental exercise, plan how you would direct this episode for television.

Vers la composition libre

Compositions guidées

1. Faites le portrait d'Henri.
   MOTS CLEFS malade / triste / ruiné / hanté / exténué / angoissé / jaloux

2. Décrivez la femme à la radio.
   MOTS CLEFS parler / chanter / pleurer / siffler / donner des rendez-vous / mentir / consoler

Compositions libres

1. Mettez-vous à la place d'Henri. Ecrivez dans votre journal intime (*diary*) les événements de la journée. (Use the historic present.)
2. Mettez-vous à la place de Pierre. Ecrivez une lettre à un ami où vous parlez de votre rencontre avec Henri.

La Vierge aux oiseaux 2

Jérôme et Jean Tharaud

Jérôme Tharaud (1874–1953); Jean Tharaud (1877–1952) were

members of the *Académie française,* and collaborated for more than a half-century in the writing of stories, novels, and articles.

Les Contes de la vierge (1902), in which "La Vierge aux oiseaux" appears, is one of their first works. In adapting medieval tales about the Virgin Mary and the miracles she wrought, Jérôme and Jean Tharaud took care to retain the simplicity of style and the poetic repetitiveness of their models.

La Vierge° fuyait° avec l'enfant° devant les soldats° du roi° Hérode.

En chemin° elle rencontra la colombe,° et la colombe lui demanda:

—Où vas-tu avec ton enfant?

La Vierge alors lui répondit:

—Je fuis° les soldats du roi Hérode.

Mais déjà on apercevait la poussière° que faisaient les cavaliers,° et la colombe s'envola.°

La Vierge continuait de fuir devant les soldats du roi Hérode.

En chemin elle rencontra la caille,° et la caille lui demanda:

—Où vas-tu avec ton enfant?

La Vierge alors lui répondit:

—Je fuis les soldats du roi Hérode.

Mais déjà on entendait le galop des chevaux, et la caille aussi s'envola.

La Vierge s'enfuyait toujours° devant les soldats du roi Hérode.

En chemin elle rencontra l'alouette,° et l'alouette lui demanda:

—Où vas-tu avec ton enfant?

La Vierge alors lui répondit:

—Je fuis les soldats du roi Hérode.

La Vierge = *La Vierge Marie /* **fuyait** was fleeing / **l'enfant** = *l'Enfant Jésus /* **soldats** soldiers / **roi** king
En chemin = *Sur la route /* **colombe** dove

fuis am fleeing from

poussière dust

cavaliers horsemen / **s'envola** flew away

caille quail

s'enfuyait toujours continued fleeing

l'alouette lark

From *Les Contes de la vierge,* by Jérôme and Jean Tharaud. Reprinted by permission of Librairie Plon, Paris, 1940.

Mais déjà on entendait les jurons° des soudards,° et l'alouette fit cacher° la Vierge derrière une touffe° de sauges.°

jurons swears / **soudards** rough-neck soldiers
fit cacher hid / **touffe** clump
sauges sage

Les soldats d'Hérode ont rencontré la colombe, et ils ont dit à la colombe:
—Colombe, as-tu vu passer une femme avec son enfant?
La colombe leur a répondu:
—Soldats, elle a passé par ici.
Et elle leur montra le chemin que la Vierge avait suivi.

Les soldats d'Hérode ont rencontré la caille, et ils ont dit à la caille:
—Caille, as-tu vu passer une femme avec son enfant?
La caille leur a répondu:
—Soldats, elle a passé par ici.
Et elle leur montra, à son tour,° le chemin que la Vierge avait suivi.

à son tour in turn

Les soldats d'Hérode ont rencontré l'alouette, et ils ont dit à l'alouette:
—Alouette, as-tu vu passer une femme avec son enfant?
L'alouette leur a répondu:
—Soldats, elle a passé par ici.
Mais elle les conduisit° très loin de la sauge, de la Vierge et de l'enfant.

conduisit led

Or,° sachez° à présent ce qu'il advint° des trois oiseaux.
Dieu a condamné° la colombe à roucouler° une plainte° sans fin, et la caille à raser° la terre d'un vol° qui la livre° au chasseur.°
Quant à° l'alouette, sa récompense° est de porter,° chaque matin, le salut° de la Vierge au soleil.

Or *Alors* / **sachez** know / **ce ...**
advint what happened to
condamné condemned /
roucouler to coo /
plainte complaint
raser to skim / **vol** flight /
livre delivers
chasseur hunter
Quant à As for / **récompense** reward / **porter** to bear
salut greeting

Questions orales

1. Devant qui la Vierge fuyait-elle?
2. Avec qui fuyait-elle?
3. Quel est le premier oiseau que rencontre la Vierge?
4. Que demande la colombe à la Vierge?
5. Que fait la colombe quand elle aperçoit la poussière que faisaient les cavaliers?
6. Quel oiseau la Vierge rencontre-t-elle ensuite?
7. Est-ce que la caille s'envole aussi?

8. Est-ce que l'alouette s'envole comme la colombe et la caille?
9. Où l'alouette cache-t-elle la Vierge?
10. Qui montre le chemin de la Vierge aux soldats?
11. Où l'alouette conduit-elle les soldats?
12. A quoi Dieu a-t-il condamné la colombe?
13. A quoi Dieu a-t-il condamné la caille?
14. Quelle est la récompense de l'alouette?
15. Les oiseaux ont-ils tous dit la vérité?
16. Pourquoi la caille et la colombe ont-elles été condamnées?

Vers la lecture libre

UNDERSTANDING VOCABULARY

Guessing meanings

As you read French, you should try to guess the meanings of unfamiliar words before looking them up in the dictionary. Here are a few cases where you might have been able to guess what new words or expressions meant:

1. The English cognate has prefixes that are not used in French:

   livrer *to deliver*   **une plainte** *complaint*

2. A familiar French expression is used in a different way:

   Salut! *Hi!*

   Therefore, **le salut** is probably a greeting.

3. A familiar French word is used in a phrase that cannot be translated word for word:

   raser *to shave*   **la terre** *earth, ground*

   Raser la terre does not mean *to shave the ground*, but it does convey the meaning of passing very close to the ground: *to skim the ground*.

UNDERSTANDING STRUCTURES

The **passé simple:** regular verbs

The *passé simple* (or past definite) is a literary tense used to describe an action that has taken place wholly in the past. Since this tense is frequently used in French narratives, it is important to be able to recognize its forms, especially in the third person.

1. Regular **-er** verbs
   The stem for the *passé simple* is identical to that of the present tense.
   The third-person endings are **-a** and **-èrent.**

   rencontrer: il rencontra   ils rencontrèrent

Other **-er** verbs used in the *passé simple* in this reading are **demander, s'envoler** (*to fly away*), **montrer.**

2. Regular **-ir** and **-re** verbs
The stem for the *passé simple* is identical to that of the singular forms of the present tense. The third-person endings are **-it** and **-irent.**

finir: **il finit** **ils finirent**
répondre: **il répondit** **ils répondirent**

(For a more complete presentation of the *passé simple* forms, see Appendix 1.)

UNDERSTANDING STYLE

The oral tradition

In the oral literature of the Middle Ages, as in ballads and folksongs down through centuries, the regular repetition of certain phrases is a standard technique. It is very likely that this repetiveness made the songs and stories easier to remember and to transmit from one generation to the next.

Read Tharaud's story aloud to feel its rhythm and movement. Note how the repetitions in the first part are slightly modified each time to convey the atmosphere of urgency.

Vers la composition libre

Composition guidée

Décrivez les trois oiseaux.
MOTS CLEFS   la colombe: roucouler / être triste
la caille: raser la terre / être tuée / chasseurs
l'alouette: chanter / porter / salut / soleil

Composition libre

Imaginez que vous êtes la Vierge Marie. Racontez les événements de la journée à votre cousine Elisabeth.

L'Œuvre du sixième jour 3

Marie Noël

Marie Noël is the pseudonym of Marie-Mélanie Rouget (1883–1967), whom many consider to be the finest French woman poet of this century. Although she led a solitary existence in the provincial town of Auxerre, her work elicited the praise of her contemporaries and earned her the Légion d'Honneur. In "L'Œuvre du sixième jour," taken from her *Contes* (1944), she presents the canine version of the Biblical story of Creation.

[*Racontée par Stop-chien à ses petits frères*]

Dès que° le Chien fut créé,° il lécha° la main du Bon Dieu° et le Bon Dieu le flatta° sur la tête:

«Que veux-tu, Chien?

—Seigneur Bon Dieu, je voudrais loger° chez toi, au ciel°, sur le paillasson° devant la porte.

—Bien sûr que non! dit le Bon Dieu. Je n'ai pas besoin de chien puisque° je n'ai pas encore créé les voleurs.°

—Quand les créeras-tu, Seigneur?

—Jamais. Je suis fatigué. Voilà° cinq jours que je travaille, il est temps que je me repose. Te voilà fait, toi, Chien, ma meilleure créature, mon chef-d'œuvre.° Mieux vaut m'en tenir là.° Il n'est pas bon qu'un artiste se surmène au delà° de son inspiration. Si je continuais à créer, je serais bien capable de rater° mon affaire. Va, Chien! Va vite t'installer sur la terre.° Va et sois heureux. »

Le Chien poussa° un profond soupir:°

«Que ferai-je sur la terre, Seigneur?

—Tu mangeras, tu boiras, tu croîtras° et multiplieras. »

Le Chien soupira° plus tristement encore.

«Que te faut-il de plus?°

—Toi, Seigneur, mon Maître!° Ne pourrais-tu pas, Toi aussi, t'installer sur la terre?

—Non! dit le Bon Dieu, non, Chien! je t'assure. Je ne peux pas du tout° m'installer sur la terre pour te tenir compagnie.° J'ai bien d'autres° chats à fouetter.°¹ Ce ciel, ces anges,° ces étoiles,° je t'assure, c'est tout un tracas.°»

Dès que As soon as / **fut créé** was created / **lécha** licked / **Bon Dieu** God
flatta patted
loger *habiter*
ciel heaven / **paillasson** mat

puisque since / **voleurs** thieves

Voilà It has been

chef-d'œuvre masterpiece
Mieux ... là I'd better stop now
se ... delà tries to go beyond
rater to fail
terre earth
poussa let out / **soupir** sigh

croîtras will increase
soupira sighed
Que ... plus? What more do you need?
Maître Master

du tout at all
te ... compagnie to keep you company / **bien d'autres** many other / **fouetter** to whip
anges angels / **étoiles** stars / **tracas** bother

From *Contes*, pp. 39–41, by Marie Noël. Reprinted by permission of Editions Stock, Paris, 1944.
¹In English: "I have other fish to fry," that is, other things to do.

Alors le Chien baissa° la tête et commença° à s'en aller.°
Mais il revint:°

«Ah! si seulement, Seigneur Bon Dieu, si seulement il y
avait là-bas une espèce° de maître dans ton genre?°

—Non, dit le Bon Dieu, il n'y en a pas.°»

Le Chien se fit° tout petit, tout bas, et supplia° plus près°
encore:

«Si tu voulais, Seigneur Bon Dieu... Tu pourrais
toujours essayer...

—Impossible, dit le Bon Dieu. J'ai fait ce que j'ai fait.
Mon œuvre° est achevée.° Jamais je ne créerai un être°
meilleur que toi. Si j'en créais un autre° aujourd'hui, je le
sens° dans ma main droite, celui-là° serait raté.

—O Seigneur Bon Dieu, dit le Chien, ça ne fait rien qu'il
soit° raté pourvu que je puisse° le suivre partout où° il va et
me coucher devant lui quand il s'arrête. »

Alors le Bon Dieu fut émerveillé° d'avoir créé une créature si bonne et il dit au chien:

«Va, qu'il soit fait° selon ton cœur. »

Et, rentrant° dans son atelier,° Il créa l'Homme.

* * *

N.B.—L'Homme est raté naturellement. Le Bon Dieu
l'avait bien dit.° Mais le Chien est joliment° content!

---

baissa lowered / **commença** began /
  s'en aller to leave
revint came back

espèce kind / **genre** type
il ... pas there isn't any
se fit made himself / **supplia** begged
  plus près more insistently

œuvre work / **achevée** completed /
  être being
Si ... autre If I created another one
sens feel / **celui-là** that one

ça ... soit it doesn't matter if he is /
  pourvu ... puisse as long as I
can / **partout où** wherever
fut émerveillé was astonished

qu'il ... fait may it be done
rentrant returning / **atelier** workshop

l'avait ... dit had said so /
  joliment very

Questions orales

1. Dès que le Chien a été créé, qu'est-ce qu'il a fait?
2. Où le Chien veut-il habiter?
3. Où veut-il dormir?
4. Pourquoi le Bon Dieu n'a-t-il pas besoin de chien?
5. Pourquoi le Bon Dieu est-il fatigué?
6. Qui est le chef-d'œuvre de la création?
7. Pourquoi le Bon Dieu ne veut-il pas continuer à créer?
8. Où le Chien doit-il s'installer?
9. Qu'est-ce qu'il doit faire sur la terre?
10. Pourquoi le Bon Dieu ne peut-il pas s'installer sur la terre?
11. Qu'est-ce que le Chien demande alors au Bon Dieu?
12. Pourquoi le Bon Dieu ne veut-il pas essayer de créer un maître pour le Chien?
13. Comment le Chien voit-il son existence avec son maître?
14. Pourquoi le Bon Dieu a-t-il été émerveillé?
15. Qu'est-ce que le Bon Dieu a fait dans son atelier le sixième jour?
16. Est-ce que l'Homme est raté?
17. Est-ce que le Chien est triste?

Vers la lecture libre

UNDERSTANDING VOCABULARY

Cognate verbs

Many French verbs are cognates:

1. Many verbs in **-er** have English cognates in *-e:*

   continuer *to continue*

2. Some verbs in **-er** have English cognates that drop the **-er:**

   installer *to install*

3. Some verbs in **-er** have English cognates in *-ate:*

   créer *to create*

   (ALSO: **célébrer, contempler, irriter, cultiver, humilier, séparer,** etc.)

4. Some verbs in **-ier** have English cognates in *-y:*

   multiplier *to multiply*

   (ALSO: **copier, vérifier, crier,** etc.)

5. Verbs in **-quer** often have English cognates in *-cate:*

   indiquer *to indicate*

   (ALSO: **compliquer, suffoquer, éduquer,** etc.)

6. Verbs in **-iser** often have English cognates in *-ize:*

   organiser *to organize*

   (ALSO: **analyser, civiliser, familiariser,** etc.)

7. Some verbs in **-ir** have English cognates in *-ish:*

   finir *to finish*

   (ALSO: **périr, bannir, polir, accomplir, établir**)

UNDERSTANDING STRUCTURES

The **passé simple:** irregular verbs

The **passé simple** forms of irregular verbs can be divided into three groups, according to their endings.

1. *Passé simple* endings in **-it** and **-irent**
   Many irregular verbs have endings like the **-ir** and **-re** verbs. The *passé simple* stem is usually related to the past participle.

Infinitive	*Passé composé*		*Passé simple*
dire	**il a dit**	**il dit**	**ils dirent**
faire *(irregular)*	—	**il fit**	**ils firent**

Note the following common irregular verbs with stems related to the past participle:

s'asseoir	**il s'est assis**	**il s'assit**	**ils s'assirent**
mettre	**il a mis**	**il mit**	**ils mirent**
prendre	**il a pris**	**il prit**	**ils prirent**
rire	**il a ri**	**il rit**	**ils rirent**

Note the following common irregular verbs with irregular stems:

conduire	**il a conduit**	**il conduisit**	**ils conduisirent**
écrire	**il a écrit**	**il écrivit**	**ils écrivirent**
voir	**il a vu**	**il vit**	**ils virent**

2. *Passé simple* endings in **-ut** and **-urent**
   Most verbs with past participles in **-u** fall into this group:

avoir	**il a eu**	**il eut**	**ils eurent**
être *(irregular)*	—	**il fut**	**ils furent**

Note the following common irregular verbs:

Infinitive	*Passé composé*	*Passé simple*	
boire	il a bu	il but	ils burent
connaître	il a connu	il connut	ils connurent
croire	il a cru	il crut	ils crurent
il faut	il a fallu	il fallut	—
lire	il a lu	il lut	ils lurent
plaire	il a plu	il plut	ils plurent
pouvoir	il a pu	il put	ils purent
recevoir	il a reçu	il reçut	ils reçurent
savoir	il a su	il sut	ils surent
se taire	il s'est tu	il se tut	ils se turent
valoir	il a valu	il valut	ils valurent
vouloir	il a voulu	il voulut	ils voulurent

3. *Passé simple* endings in **-int** and **-inrent**
   Verbs like **tenir** and **venir** fall into this group:

obtenir	il a obtenu	il obtint	ils obtinrent
revenir	il est revenu	il revint	ils revinrent

NOTE: The verb **aller** forms its *passé simple* with the endings of the **-er** verbs:

aller	il est allé	il alla	ils allèrent

(For a complete listing of the irregular verbs you will encounter in this anthology, see Appendix II.)

Vers la composition libre

Compositions guidées

1. Faites le portrait du Chien.
   MOTS CLEFS   apprécier / lécher / s'installer / suivre / maître / se coucher / paillasson

2. Faites le portrait du Bon Dieu.
   MOTS CLEFS   fatigué / surmené / s'occuper de / émerveillé / rater

Compositions libres

1. Décrivez un chien que vous connaissez.
2. Pourquoi est-ce que l'Homme est raté?

Le Portrait 4

Yves Thériault

Yves Thériault (1916–) dropped out of high school as a young man and worked at a variety of jobs—truck driver, cheese merchant, radio announcer, translator—before turning his attention to literature. He is probably the most prolific and unpredictable of Quebec's writers, with works ranging from stories about French Canada to a popular series of international crime novels. In "La Portrait," which appeared in *L'Ile introuvable* (1968), Thériault describes a young girl's discovery of an old painting in the attic.

J'ai trouvé le portrait dans le grenier,° un matin de juin. J'y étais à quérir° des pots° pour les confitures° de fraises, puisque nous étions au temps de l'année pour ces choses.

grenier attic
quérir *chercher* / **pots** jars / **confitures** jam

Le portrait était derrière un bahut.° J'ai vu la dorure° du cadre.° Fanée,° noircie.° J'ai tiré° à moi, et voilà que c'était le portrait.

bahut cupboard / **dorure** gilt
cadre frame / **Fanée** Faded / **noircie** = *noire* / **tiré** pulled

Celui d'un homme jeune, aux cheveux bruns, à la bouche agréable, et des yeux qui me regardaient. De grands yeux noirs, vivants…

J'ai descendu° le portrait dans la cuisine.

descendu *apporté*

—Voilà, mère, c'était au grenier.

Elle regarda le portrait d'un air surpris.

—Nous avions donc ça ici, ma fille? Tiens, tiens…

J'ai demandé:

—Qui est l'homme? Parce que c'est un bel homme. Il est vêtu° à la mode ancienne, mais c'est un magnifique gaillard°…

vêtu dressed
gaillard guy

—Ton oncle, dit-elle, le frère de ton père. Le portrait a été peint° alors qu'il° était jeune.

peint painted / **alors qu'** *quand*

—Quel oncle?

Je ne me connaissais° qu'une vague tante, pâle, anémique, dolente° qui vivait à la ville et venait s'évanouir° chez nous une fois l'an. Elle arrivait, portait un mouchoir° à son nez, murmurait quelques mots au sujet des odeurs de la campagne, puis s'évanouissait. Au bout de la troisième fois, elle repartait pour la ville. C'était, à ma connaissance, la seule parente° de mon père.

me connaissais = *connaissais*
dolente complaining / **s'évanouir** to faint
mouchoir handkerchief

parente relative

From *L'Ile introuvable*, by Yves Thériault. Reprinted by permission of Editions du Jour, Montreal, 1968.

Je l'ai dit à ma mère.

—Je ne me connais point d'oncle...°

—C'était le plus jeune frère de ton père. Ils étaient quatre. Trois garçons, une fille. Il ne reste que° ton père et ta tante Valérienne.

—Les autres sont morts?

Elle fit° oui de la tête.

—Même celui-là? dis-je, même ce bel oncle-là?

—Oui.

Cela n'était pas honnête,° d'être si beau et d'être mort. Il me venait des bouffées de colère.° On ne fait pas mourir du beau monde° comme ça, on attend un peu.

—N'empêche que° j'avais un bel oncle... Dommage qu'il soit mort...

Ma mère me regardait curieusement.

—Hélène, tu dis de drôles de choses...

Mais je n'écoutais pas ma mère. Je regardais le portrait. Maintenant, à la lumière plus crue° de la cuisine, le portrait me paraissait encore plus beau, encore mieux fait... Et j'aimais bien les couleurs.

—Je le pends° dans ma chambre, dis-je...

—Comme tu voudras, dit ma mère, aujourd'hui, ça n'a plus d'importance.

La remarque n'était pas bien claire, et j'ai voulu savoir.

—Vous ne trouvez pas que c'est d'en dire beaucoup,° et bien peu,° mère?

—Peut-être. De celui-là, mieux vaut° en dire le moins possible...

—Comment se nommait-il?°

—Tout simplement Jean...

—Et qu'est-ce qu'il faisait, demandai-je,° qu'est-ce qu'il faisait dans la vie?

Mais ma mère secoua° la tête.

—Pends, dit-elle, ce portrait où tu voudras... Ça n'a plus d'importance, mais si tu veux un bon conseil, ne dis rien, ne cherche à° rien savoir. Et surtout, ne parle de rien à ton père.

Au fond,° ça m'importait° peu. J'aimais le coup de pinceau° de l'artiste. J'aimais sa façon de tracer, de poser° la couleur, j'aimais les teintes° chaudes... Je trouvais l'oncle bien beau, et bien jeune... Mais ça n'était pas si important que je doive encourir° d'inutiles colères. Et quelque chose me disait, quelque chose dans le ton de la voix de ma mère, dans la détermination de son visage, que mon père n'aimerait pas du tout que j'aborde° le sujet de son frère Jean.

ne ... oncle = *ne savais pas que j'avais un oncle*

Il ... que = *Maintenant il y a seulement*

fit *dit*

honnête fair
Il ... colère A burst of anger came to me
du ... monde = *un bel homme*
N'empêche que All the same

crue direct

pends am hanging

d'en ... beaucoup to say too much about him
et ... peu and yet too little
mieux vaut it is better

se nommait-il *s'appelait-il*

demandai-je I asked

secoua shook

cherche à *essaie de*

Au fond Deep down /
importait mattered
coup de pinceau brush strokes /
poser to lay down
teintes *couleurs*
encourir incur

aborde approach

J'ai pendu le portrait au mur de ma chambre.

Je l'ai regardé chaque matin en m'éveillant,° et chaque soir avant de souffler° la lampe.

Et puis, au bout° de deux semaines, une nuit, j'ai senti que quelqu'un me touchait l'épaule.

Je me suis éveillée en sursaut,° j'ai allumé ma lampe de chevet.° J'avais des sueurs° froides le long du° corps... Mais il n'y avait personne dans ma chambre.

Machinalement,° j'ai regardé le portrait, et en le voyant j'ai crié,° je crois, pas fort,° mais assez tout de même, et je me suis enfoui° la tête sous l'oreiller.°

Dans le portrait, l'oncle Jean, très habilement rendu,° regardait droit devant lui... Mais lorsque je me suis éveillée, j'ai vu qu'à cette heure-là de la nuit, il se permettait de regarder ailleurs.° En fait il regardait vers la fenêtre. Il regardait dehors...

Le matin, je n'ai rien dit. Rien dit° non plus les jours suivants, même si, chaque nuit, quelqu'un ... ou quelque chose m'éveillait en me touchant l'épaule. Et même si chaque nuit, l'oncle Jean regardait par la fenêtre...

Naturellement, je me demandais° bien ce que ça voulait dire.° Plusieurs fois je me suis pincée,° très fort,° pour être bien sûre que je ne dormais pas.

Chose certaine,° j'étais bien éveillée.

Et quelque chose se passait... Mais quoi?

Au sixième matin ... vous voyez comme° je suis patiente ... j'ai voulu tout savoir de maman.

—L'oncle Jean, qui est-il? Qu'est-ce qu'il faisait? Pourquoi ne faut-il pas en parler devant papa, de cet oncle?

—Tu as toujours° le portrait dans ta chambre? dit ma mère.

—Oui.

Elle continua à vaquer à° ses occupations pendant quelques minutes, puis elle vint s'asseoir devant moi, à la table.

—Ma fille, me dit-elle, il y a des choses qui sont difficiles à dire. Moi, ton oncle Jean, je l'aimais bien, je le trouvais charmant. Et ça mettait ton père dans tous les états° quand j'osais° dire de telles° choses.

Je lui ai demandé:

—Mais pourquoi, mère?

—Parce que ton oncle Jean, c'était une sorte de mouton° noir dans la famille... Il a eu des aventures, je t'épargne° les détails. Surtout, il avait la bougeotte.° Il s'est enfui° jeune de la maison, on ne l'a revu que plus tard... Puis il est reparti. Un jour, ton père a reçu une lettre. Ton oncle Jean s'était fait tuer,° stupidement, dans un accident aux Etats-Unis.

---

m'éveillant *me réveillant*
souffler to blow out
bout end

en sursaut with a start
lampe de chevet bedside lamp /
  sueurs sweat / **le ... du** along

Machinalement Unconsciously
crié cried out / **fort** loud
enfoui buried / **oreiller** pillow
habilement rendu well painted

ailleurs elsewhere

Rien dit = *Je n'ai rien dit*

me demandais wondered
ce que ... dire what that meant /
  pincée pinched / **fort** hard

Chose certaine = *Une chose était
  certaine*

comme how

toujours still

vaquer à to go about

dans ... états = *en colère*
osais dared / **telles** such

mouton sheep
épargne spare
bougeotte traveling urge / **s'est
  enfui** ran away

s'était ... tuer = *était mort*

On a fait transporter° sa dépouille° ici, pour être enterrée° dans le lot° familial au cimetière.° Il n'aurait pas dû … mais…

—Pourquoi? ai-je demandé, pourquoi n'aurait-il pas dû?

—Parce que, dans un testament° déniché° par la suite° dans les effets° de Jean, celui-ci exigeait° d'être enterré n'importe où,° mais pas dans le lot familial… Il disait dans cet écrit° qu'il n'avait aucunement° le désir de reposer aux côtés de la paisible° et sédentaire famille. Il avait un autre mot pour eux … pas très gentil.

Moi, je croyais comprendre, maintenant.

—Est-ce que papa l'a fait transporter ailleurs?

—Euh … non … question° des dépenses que ça signifiait… Jean n'a rien laissé, il est mort pauvre.

Ce soir-là, j'ai mieux dormi. J'ai été éveillée vers quatre heures, et toute la scène d'habitude° s'est répétée.

—Soit,° ai-je déclaré au portrait de l'oncle Jean… Demain, je vais y voir.°

Et le lendemain matin, j'ai pris le portrait, et je l'ai porté dehors, derrière la remise.° Je l'ai appuyé° là, face au soleil levant.°

Plusieurs fois dans la journée, je suis allée voir. L'oncle Jean regardait en face,° mais j'ai cru voir comme une° lueur° amusée dans ses yeux. Je me suis dit que je n'avais pas remarqué ce sourire auparavant…°

Au crépuscule,° le portrait était encore là…

Durant la nuit, je fus éveillée de nouveau. Seulement, au lieu d'une main discrète sur mon épaule, ce fut un très gentil baiser° sur la joue° qui m'éveilla.

Et je vous jure° que pendant les quatre ou cinq secondes entre le sommeil° profond et l'éveil° complet, durant cette espèce de douce° transition j'ai fort° bien senti des lèvres tièdes° sur ma joue.

N'allez pas croire surtout qu'une jeune fille va se méprendre° là-dessus.° A force d'en° rêver aux lèvres tièdes, on vient° tout de même à en reconnaître le toucher!°

Je me suis rendormie paisiblement. J'avais comme une sensation de bien-être.°

Au matin, le portrait n'était plus à sa place.

J'ai demandé à papa s'il l'avait pris, et il m'a dit que non. Maman n'y avait pas touché. Mes petits frères non plus.

Le portrait avait disparu. Et moi j'étais convaincue° que sa disparition° coïncidait avec le baiser de reconnaissance° si bien donné au cours de la nuit.

Vous voulez une explication? Je n'en ai pas. La chose est arrivée. Elle s'est passée comme ça. Ça peut être une suite°

---

a … transporter = *a transporté* / **dépouille** body / **enterrée** buried
lot plot / **cimetière** cemetery

testament will / **déniché** *découvert* / **par la suite** *après*
effets things / **exigeait** insisted
n'importe où anywhere
écrit = *testament* / **aucunement** = *pas du tout*
paisible peaceful

question = *il était question*

d'habitude usual
Soit OK
y voir to look into it

remise shed / **appuyé** leaned
levant rising

en face straight ahead / **comme une** = *une sorte de* / **lueur** gleam
auparavant *avant*
crépuscule dusk

baiser kiss / **joue** cheek
jure swear
sommeil sleep / **éveil** wakefulness
douce gentle / **fort** *très*
tièdes warm

se méprendre to be mistaken / **là-dessus** = *à ce sujet* / **A force d'** As a result of
vient *arrive* / **toucher** feel
bien-être well-being

convaincue convinced
disparition disappearance / **reconnaissance** thanks

une suite *une série*

de rêves. Freud aurait une explication, je suppose...
N'empêche que les faits° sont là. Un portrait est disparu, et   **faits** facts
l'oncle Jean regardait. Pour un homme qui avait toujours eu
la bougeotte, c'était tout de même assez significatif...

Questions orales

1. Où Hélène a-t-elle trouvé le portrait?
2. Pourquoi était-elle au grenier?
3. Comment est le jeune homme du portrait? Qui est-ce?
4. Qui est la seule parente qu'Hélène connaissait?
5. Quelle est la réaction d'Hélène quand elle apprend que son oncle est mort?
6. Où met-elle le portrait?
7. Quel «bon conseil» la mère donne-t-elle à sa fille?
8. Pourquoi Hélène se réveille-t-elle une nuit, deux semaines plus tard?
9. Qu'est-ce qu'il y avait de différent dans le portrait de l'Oncle Jean?
10. Qu'est-ce que sa mère lui dit au sujet de l'Oncle Jean?
11. Où est enterré l'Oncle Jean? Pourquoi ne voulait-il pas être enterré à cet endroit?
12. Le lendemain, où Hélène a-t-elle mis le portrait?
13. Pendant la journée, quel sentiment pouvait-on lire sur le portrait?
14. Où était le portrait au crépuscule?
15. Comment Hélène s'est-elle réveillée la dernière nuit?
16. Qu'est-ce qui est arrivé au portrait?
17. Comment Hélène explique-t-elle cet événement?

Vers la lecture libre

UNDERSTANDING VOCABULARY

Common cognate patterns

1. French words containing a circumflex accent (^) often correspond to English words in which
   an *s* is present:

   honnête *honest*

   (ALSO: **hâte, arrêter, tempête, forêt, hôpital, conquête, bête,** etc.)

2. French words beginning with **é** often have English cognates beginning with *s* (and occasion-
   ally with *es* or *ex*):

   un état *state*

   (ALSO: **étudier, étranger, étable, épouse; établir, étendre,** etc.)

Adverbs of intensity

In spoken French, the most common adverb of intensity is **très:**

> Je me suis pincée **très** fort.

However, there are several other intensifiers that are used, especially in the written language. In "Le Portrait," we find the following examples:

bien:	Je trouvais l'oncle **bien beau.**	*(very handsome)*
fort:	J'ai **fort bien** senti...	*(very well)*
pas si:	Ce n'était **pas si important.**	*(not so, not that important)*

In other readings, you may encounter:

tout:	Elle était **tout émue.**	*(very touched)*
vraiment:	C'est **vraiment gentil.**	*(very nice)*
tellement:	Il est **tellement fatigué.**	*(so very tired)*

UNDERSTANDING STYLE

First-person narration

This story is told from the point of view of Hélène, a young teenage girl. In her narration she uses the first-person form, **je.** When introducing reported conversations, she uses the more literary *passé simple:* **elle regarda, elle dit, elle fit (faire), elle secoua, elle continua, elle vint (venir).** She also uses the first-person form **demandai-je.** However, in the conversations themselves and in her descriptions of what actually happened, she uses the more colloquial *passé composé.*

Vers la composition libre

Composition guidée

Faites le portrait de l'Oncle Jean.
MOTS CLEFS   jeune / brun / yeux / beau / mouton noir / s'enfuir / mourir

Compositions libres

1. Imaginez que vous êtes la mère. Ecrivez une lettre à votre sœur où vous lui racontez ce qui s'est passé chez vous.
2. Où est le portrait de l'Oncle Jean maintenant? Si le portrait pouvait parler, qu'est-ce qu'il dirait?

L'Evasion 5

Joseph Kessel

Joseph Kessel

(1898–1979), member of the *Académie française,* was born in Argentina and educated in France. He remains best known for his novel *Le Lion* (1958). *L'Evasion*[1] forms the first part of *L'Armée des ombres, chronique de la Résistance* (1944). While stationed in England with the *Forces Françaises Libres* during World War II, Kessel had ample opportunity to meet members of the Resistance movement, many of whom had crossed the channel to carry on their struggle. The story of *L'Evasion* is true. However, since it was published while the Germans were still occupying France, Kessel felt obliged to modify details in order to conceal the identities of the main characters.

PREMIÈRE PARTIE

1

Il pleuvait. La voiture cellulaire° montait et descendait lentement la route glissante° qui suivait les courbes des collines. Gerbier était seul à l'intérieur de la voiture avec un gendarme.[2] Un autre gendarme conduisait. Celui qui gardait Gerbier avait des joues de paysan et l'odeur assez forte.

    Comme la voiture s'engageait° dans un chemin de traverse,° ce gendarme observa:°

    —On fait un petit détour, mais vous n'êtes pas pressé, je pense.

    —Vraiment pas, dit Gerbier, avec un bref sourire.

    La voiture cellulaire s'arrêta devant une ferme isolée. Gerbier ne voyait, par la lucarne grillagée,° qu'un bout° de ciel et de champ. Il entendit le conducteur quitter son siège.°

    —Ce ne sera pas long, dit le gendarme. Mon collègue va prendre quelques provisions. Il faut se débrouiller° comme on peut par ces temps de misère.

    —C'est tout naturel, dit Gerbier.

voiture cellulaire police van
glissante slippery

s'engageait *entrait*
chemin de traverse crossroad /
  observa *dit*

lucarne grillagée barred window /
  bout *morceau*
siège seat

se débrouiller to get along

From *L'Evasion,* pp. 13–56 of *L'Armée des ombres, chronique de la Résistance,* by Joseph Kessel. Reprinted by permission of Librairie Plon, Paris, 1944.

[1]**L'Evasion** *The Escape*
[2]**un gendarme:** During the Occupation in World War II, the French police force was placed under German command.

Le gendarme considéra son prisonnier en hochant° la tête. Il était bien habillé, cet homme,° et il avait la voix franche, la mine avenante.° Quel temps de misère... Ce n'était pas le premier à qui° le gendarme était gêné° de voir des menottes.°

—Vous ne serez pas mal dans ce camp-là, ³ dit le gendarme. Je ne parle pas de la nourriture,° bien sûr. Avant la guerre les chiens n'en auraient pas voulu. Mais pour le reste, c'est le meilleur camp de concentration qui soit en France, à ce qu'on assure.° C'est le camp des Allemands.

—Je ne comprends pas très bien, dit Gerbier.

—Pendant la drôle de guerre⁴ on s'attendait,° je pense, à faire° beaucoup de prisonniers, expliqua le gendarme. On a installé un grand centre pour eux dans le pays. Naturellement il n'en est pas venu un seul.° Mais aujourd'hui, ça° rend bien service.

—En somme,° une vraie chance,° remarqua Gerbier.

—Comme vous dites, Monsieur, comme vous dites! s'écria le gendarme.

Le conducteur remonta sur son siège. La voiture cellulaire se remit° en route. La pluie continuait de tomber sur la campagne limousine. ⁵

hochant shaking	
cet homme = Gerbier	
mine avenante open expression	
à qui on whom / **gêné** embarrassé	
menottes handcuffs	
nourriture food	
à ... assure according to what people say	
s'attendait expected	
faire *capturer*	
il ... seul = *pas un seul n'est venu* / **ça** = *le camp*	
En somme All in all / **chance** piece of luck	
se remit set out again	

2

Gerbier, les mains libres, mais debout, attendait que le commandant du camp lui adressât la parole.° Le commandant du camp lisait le dossier de Gerbier.

«Toujours la même chose, pensait-il. On ne sait plus qui on reçoit, ni comment les traiter.°»

Le commandant ne regardait pas Gerbier. Il avait renoncé à se faire une opinion d'après les visages et les vêtements. Il essayait de deviner° entre les lignes dans les notes de police, que lui avaient remises les gendarmes° en même temps que leur prisonnier.

adressât la parole spoke	
traiter to treat	
deviner to guess	
que ... gendarmes = *que les gendarmes lui avaient données*	

---

³**ce camp-là:** This prison camp, located in France and under German control, held political prisoners who were opposed to the German Occupation.
⁴**la drôle de guerre:** "The phony war," that is, the winter of 1939–40, which the French and British troops spent behind the Maginot line waiting for a frontal attack that never came.
⁵**limousin:** Adjective referring to Limousin, a province in the Massif Central region of France with Limoges as its center.

«Caractère indépendant, esprit° vif;° attitude distante et ironique», lisait le commandant. Et il traduisait: «à mater.°» Puis: «Ingénieur° distingué des ponts et chaussées»,° et, son pouce° dans la joue, le commandant se disait: «à ménager.°»

«Soupçonné° de menées° gaullistes[6]» — «à mater, à mater.» Mais ensuite: «Libéré sur non-lieu°» — «influence, influence … à ménager.»

Alors le commandant déclara avec une certaine solennité:

—Je vais vous mettre dans un pavillon° qui était prévu° pour des officiers allemands.

—Je suis très sensible° à cet honneur, dit Gerbier.

Pour la première fois le commandant dirigea son regard lourd et vague d'homme qui mangeait trop, vers la figure° de son nouveau prisonnier.

Celui-ci° souriait, mais seulement à demi; ses lèvres étaient fines et serrées.°

«A ménager, certes,° pensa le commandant du camp, mais à ménager avec méfiance.°»

esprit mind / **vif** quick

mater to subdue / **Ingénieur des ponts et chaussées** Civil engineer
pouce thumb
ménager to treat politely
Soupçonné Suspected / **menées** *activités*
non-lieu insufficient grounds for prosecution

pavillon *petite maison* / **prévu** intended

sensible appreciative

figure *visage*

Celui-ci = Gerbier
serrées closed
certes *certainement*
méfiance extreme caution

3

Le garde-magasin° donna à Gerbier des sabots° et un bourgeron° de bure° rouge.

—C'était prévu, commença-t-il, pour les prisonniers…

—Allemands, je le sais, dit Gerbier.

Il enleva° ses vêtements, enfila° le bourgeron. Puis, sur le seuil° du magasin, il promena ses yeux° à travers° le camp. C'était un plateau ras,° herbeux,° autour duquel se liaient et se déliaient des ondulations de terrain° inhabité.° La bruine° tombait toujours du ciel bas. Le soir venait. Déjà les réseaux de barbelés° et le chemin de ronde° qui les séparaient étaient éclairés durement.° Mais les bâtiments de taille° inégale répandus° à travers le plateau demeuraient obscurs. Gerbier se dirigea° vers l'un des plus petits.

garde-magasin = *gardien du magasin* / **sabots** wooden shoes
bourgeron prison smock / **bure** rough serge

enleva took off / **enfila** put on

sur le seuil *à la porte* / **promena ses yeux** *regarda* / **à travers** across
ras open, flat / **herbeux** grassy
se liaient … terrain hills and valleys interlaced / **inhabité** uninhabited
bruine *pluie fine*
réseaux de barbelés barbed-wire fences / **chemin de ronde** path of patrol guards
éclairés durement brightly lit
taille size / **répandus** scattered
se dirigea *alla*

---

[6]**menées gaullistes:** pro-Gaullist activities. During World War II, General de Gaulle was the leader of a large segment of the Resistance movement in France.

Questions orales

SCÈNE 1

1. Quel temps faisait-il?
2. Qui était à l'intérieur de la voiture?
3. Est-ce que Gerbier était pressé? Pourquoi pas?
4. Où est-ce que la voiture s'est arrêtée? Pourquoi?
5. Comment était le prisonnier?
6. Pourquoi le gendarme était-il gêné?
7. Pourquoi le camp est-il appelé «le camp des Allemands»?
8. Combien de prisonniers allemands sont venus pendant la «drôle de guerre»?

SCÈNE 2

9. Où est Gerbier?
10. Est-ce que Gerbier a des menottes?
11. Que fait le commandant?
12. Qu'est-ce que le commandant essaie de deviner?
13. Qu'est-ce que le commandant pense du prisonnier?
14. Où le commandant décide-t-il de mettre le prisonnier?
15. Quelle est la conclusion du commandant au sujet de son prisonnier?

SCÈNE 3

16. Qu'a-t-on donné à Gerbier?
17. Où est situé le camp?
18. Quel temps faisait-il?
19. Quel moment de la journée était-ce?
20. Qui est-ce qui est éclairé? Les bâtiments étaient-ils éclairés aussi?
21. Où est-ce que Gerbier est allé?

Vers la lecture libre

UNDERSTANDING VOCABULARY

Common cognate patterns

1. Words containing the French vowel cluster **ai** often have English cognates with *ea:*

   traiter *to treat*   **plaire** *to please*

   (ALSO: **clair, aigle, saison, aisé** *(easy)*, **paix** *(peace)*, **plaisir**, etc.)

2. French verbs ending in **-ger** sometimes have English cognates in *-ct:*

   diriger *to direct*

   (ALSO: **protéger, infliger**, etc.)

UNDERSTANDING STRUCTURES

Imparfait vs. passé simple

A. In narrative style, as *L'Evasion* illustrates, the *imparfait* is used to describe aspects of the background, such as:

1. the conditions and circumstances of the action:

> Il **pleuvait.**
> La pluie **continuait** de tomber...
> C'**était** un plateau ras, herbeux...
> Le soir **venait.**

2. the appearance and traits of the characters:

> Il **était** bien habillé...
> ...il **avait** la voix franche...
> ...ses lèvres **étaient** fines et serrées.

3. facts and qualities not directly expressing action:

> Les réseaux de barbelés et le chemin de ronde qui les **séparaient étaient** éclairés durement.

By contrast, the *passé simple* is used to narrate *specific facts and action* completed in the past:

> La voiture cellulaire **s'arrêta...**
> Le conducteur **remonta** sur son siège.

B. In general, the *imparfait* is also used:

1. to indicate a continuing or progressive action or state in the past:

> Un autre gendarme **conduisait.**

2. to describe a state, condition, or circumstance existing in the past without mention of a beginning or end:

> Il **essayait** de deviner...
> Celui-ci **souriait...**

3. to describe an action or condition that was habitual or repeated:

> ...son regard ... d'homme qui **mangeait** trop...

By contrast, the *passé simple* is used to relate specific events that took place *at a precise moment* in the past implied by the context. It does not indicate continuity or simultaneity. The *passé simple* is used primarily in written style; in conversation it is usually replaced by the *passé composé*.

Vers la composition libre

Compositions guidées

1. Décrivez le camp (au présent).
   MOTS CLEFS   plateau / bâtiments / réseau de barbelés / chemin de ronde / terrain inhabité

2. Faites le portrait de Gerbier.
   MOTS CLEFS   voix / mine / lèvres / caractère / esprit / attitude

Compositions libres

1. Faites une description de la première scène.
2. Décrivez la nature et l'origine du camp.

DEUXIÈME PARTIE

4

La baraque° abritait° cinq bourgerons rouges.°

Le colonel, le pharmacien et le voyageur de commerce,° assis à la turque° près de la porte, jouaient aux dominos avec des morceaux de carton,° sur le dos d'une gamelle.° Les deux autres prisonniers conversaient dans le fond° à mi-voix.

Armel était allongé° sur sa paillasse° et enveloppé de l'unique° couverture qui était accordée° aux internés.° Legrain avait étendu° la sienne par-dessus,° mais cela n'empêchait pas Armel de grelotter.° Il avait encore perdu beaucoup de sang° dans l'après-midi. Ses cheveux blonds étaient collés° par la sueur° de la fièvre. Son visage sans chair° portait une expression de douceur° un peu bornée,° mais inaltérable.

—Je t'assure, Roger, je t'assure que si tu pouvais avoir la foi,° tu ne serais pas malheureux parce que tu ne serais plus révolté, murmurait Armel.

—Mais je veux l'être,° je le veux, dit Legrain.

Il serra ses poings° et une sorte de chuintement° sortit de sa poitrine affaissée.° Il reprit° avec fureur:

—Tu es arrivé ici, tu avais vingt ans; moi j'en avais dix-sept. On se portait bien,° on n'avait fait de mal° à personne, on ne demandait qu'à vivre. Regarde-nous aujourd'hui. Et tout ce qui se passe autour! Que ça existe et qu'il y ait un Dieu, je ne peux pas le comprendre.

Armel avait fermé les yeux. Ses traits étaient comme effacés° par l'usure° intérieure et par l'ombre° grandissante.

baraque shack / **abritait** sheltered / **cinq ... rouges** = *cinq prisonniers en bourgerons rouges*
voyageur de commerce traveling salesman
assis ... turque squatted
carton cardboard / **gamelle** mess kit
fond back
allongé *couché* / **paillasse** straw mattress
unique only / **accordée** *donnée* / **internés** *prisonniers*
étendu spread / **par-dessus** on top
n'empêchait ... grelotter did not stop Armel from shivering
sang blood
collés stuck together / **sueur** sweat
chair flesh / **douceur** gentleness / **bornée** simple

foi (Catholic) faith

l'être = *être révolté*
serra ... poings clenched his fists / **chuintement** wheezing
poitrine affaissée hollow chest / **reprit** *continua*
se ... bien *était en bonne santé* / **fait de mal** hurt

effacés worn / **usure** exhaustion / **ombre** darkness

—C'est avec Dieu seulement qu'on peut tout comprendre, répondit-il.

Armel et Legrain étaient parmi les premiers internés du
camp. Et Legrain n'avait pas d'autre ami au monde. Il eut
voulu tout faire pour assurer le repos° de cette figure ex-
sangue° et angélique. Elle lui inspirait une tendresse, une
pitié, qui étaient ses attaches avec les hommes. Mais il y
avait en lui un sentiment encore plus fort—et inflexible—
qui l'empêchait° de consentir au murmure d'Armel.

—Je ne peux pas croire à Dieu, dit-il. C'est trop commode,° pour les salauds,° de payer dans l'autre monde.° Je
veux voir la justice sur cette terre. Je veux...

Le mouvement qui se fit° à la porte de la baraque arrêta
Legrain. Un nouveau bourgeron rouge venait d'entrer.

—Je m'appelle Philippe Gerbier, dit le nouvel arrivant.

Le colonel Jarret du Plessis, le pharmacien Aubert et
Octave Bonnafous, le voyageur de commerce, se présen-
tèrent, tour à tour.°

—Je ne sais pas, Monsier, ce qui vous amène ici, dit le
colonel.

—Je ne le sais pas davantage,° dit Gerbier en souriant à
moitié.°

—Mais je tiens à ce° que vous appreniez tout de suite
pourquoi j'ai été interné, poursuivit° le colonel. J'ai affirmé
dans un café que l'amiral Darlan[7] était un jeanfoutre.° Oui.

—Au moins, vous souffrez pour une idée, colonel! s'écria
le voyageur de commerce. Mais moi qui passais simplement
pour mes affaires sur une place où il y avait une manifesta-
tion° gaulliste...

—Et moi, interrompit Aubert, le pharmacien, moi, c'est
encore pire.°

Il demanda brusquement à Gerbier:

—Savez-vous ce qu'est un obus° Malher?

—Non, dit Gerbier.

—Cette ignorance générale m'a tué, reprit Aubert. L'obus
Malher, Monsieur, est un récipient de forme ogivale, destiné à° faire des réactions chimiques sous pression.° Je suis
expert-chimiste, Monsieur. J'étais bien forcé d'avoir un
obus Malher, tout de même. On m'a dénoncé pour déten-

repos rest
exsangue pale

empêchait prevented

commode *facile* / **salauds** scoundrels
l'autre monde = *le ciel*

se fit occurred

tour à tour *l'un après l'autre*

davantage = *plus que vous*
à moitié half way
tiens à ce = *veux*
poursuivit *dit*
jeanfoutre (slang) skunk

manifestation demonstration

encore pire worse yet

obus howitzer shell

destiné à used / **pression** pressure

---

[7]**l'amiral Darlan:** François Darlan (1881–1942), a French admiral, who
at the time of the story favored economic collaboration with Germany. He
was later assassinated by a member of an anti-Fascist group.

tion° d'obus. Je n'ai jamais pu me faire entendre° des autorités.

Gerbier comprit qu'il entendrait cent fois ces histoires.° Il demanda avec une extrême politesse, où était la place qu'il devait occuper dans la baraque. Le colonel qui faisait fonction° de chef de chambrée° lui indiqua une paillasse libre, dans le fond. En y portant sa valise Gerbier approcha ses autres compagnons. Il tendit° la main à Legrain. Celui-ci° se nomma et dit:

—Communiste. [8]

—Déjà? demanda Gerbier.

Legrain rougit° très fort et répondit très vite:

—J'étais trop jeune pour avoir ma carte au Parti,° c'est juste,° mais c'est la même chose. J'ai été arrêté avec mon père et d'autres militants. Eux, ils ont été envoyés ailleurs. Ici, à ce qu'il paraît,° la vie était trop douce° pour eux. J'ai demandé à les suivre, mais on m'a laissé.

—Il y a longtemps? demanda encore Gerbier.

—Tout de suite après l'armistice. [9]

—Cela fait près d'un an, dit Gerbier.

—Je suis le plus vieux, dans le camp, dit Roger Legrain.

—Le plus ancien,° corrigea Gerbier, en souriant.

—Après moi, c'est Armel, reprit Legrain... Le petit instituteur° qui est couché.

—Il dort? demanda Gerbier.

—Non, il est très malade, murmura Legrain. Une sale° dysenterie.

—Et l'infirmerie? demanda Gerbier.

—Pas de place,° dit Legrain.

A leurs pieds une voix parla, douce, exténuée.°

—Pour mourir, on est bien° partout.

—Pourquoi êtes-vous ici? questionna Gerbier en se penchant° vers Armel.

—Je leur° ai dit que je ne saurais° jamais enseigner° aux enfants la haine° des juifs° et des Anglais, dit l'instituteur, sans avoir la force d'ouvrir les yeux.

détention *possession* / **entendre** *comprendre par*

histoires stories

faisait fonction *avait le rôle* / **chambrée** barrack room

tendit stretched out / **Celui-ci =** Legrain

rougit blushed
Parti = *Parti Communiste*
juste *vrai*

à ... paraît it seems / **douce** *facile*

Le plus ancien oldest (in terms of time spent)

instituteur elementary school teacher

sale nasty

place room
exténuée *très fatiguée*
bien *confortable*

se penchant leaning forward
leur = *aux Allemands* / **saurais =** *pourrais* / **enseigner** teach
haine hatred / **juifs** Jews

[8]**Communiste:** The Communists played an important role in the French underground resistance movement during the Occupation. Many were jailed by the Germans.
[9]**l'armistice:** On June 22, 1940, after six weeks of fighting, an armistice was signed between France and Germany. Under the terms of this agreement, the Germans were allowed to occupy a large portion of French territory.

Gerbier se releva. Il ne montrait pas d'émotion. Seulement, ses lèvres étaient devenues d'une couleur un peu plus foncée.°

plus foncée darker

—Est-ce que vous jouez aux dominos? demanda le pharmacien à Gerbier.

—Non, désolé,° dit celui-ci.°

désolé sorry / **celui-ci** = Gerbier

—On peut vous apprendre, proposa le voyageur de commerce.

—Merci mille fois, mais vraiment je n'ai pas la moindre° disposition,° dit Gerbier.

moindre least
disposition *aptitude*

—Alors vous nous excuserez, s'écria le colonel. Il y a juste le temps pour une partie,° avant qu'il fasse nuit.

partie game

L'obscurité vint. On fit l'appel.° On ferma les portes. Il n'y avait aucune lumière dans la baraque. La respiration de Legrain était sifflante° et oppressée. Dans son coin,° le petit instituteur délirait° sans trop de bruit. Gerbier pensa: «Le commandant du camp n'est pas si maladroit.° Il m'étouffe° entre trois imbéciles et deux enfants perdus.»

fit l'appel called roll

sifflante wheezing / **coin** corner
délirait was talking nonsense
maladroit *stupide* / **m'étouffe** *me met*

Questions orales

SCÈNE 4

1. Combien de prisonniers y a-t-il dans la baraque?
2. Que font le colonel et ses amis?
3. Que font les deux autres prisonniers?
4. Où se trouve Armel? Dans quelle condition physique est-il?
5. Pourquoi Armel n'est-il pas malheureux?
6. Pourquoi Legrain est-il révolté?
7. Pourquoi Legrain ne peut-il pas croire en Dieu?
8. Qui est le nouvel arrivant?
9. Que font les trois prisonniers lorsque Gerbier entre?
10. Pourquoi le colonel est-il interné?
11. Pourquoi le voyageur de commerce est-il interné?
12. Pourquoi le pharmacien a-t-il été accusé?
13. A quoi sert un obus Malher?
14. De quelle ignorance générale le pharmacien parle-t-il?
15. Quelle place Gerbier va-t-il occuper?
16. Pourquoi Legrain a-t-il été arrêté?
17. Quand est-ce que Legrain est venu dans le camp?
18. Pourquoi Armel n'est-il pas à l'infirmerie?
19. Qu'est-ce que le voyageur de commerce propose à Gerbier? Pourquoi Gerbier refuse-t-il?
20. Que font les gardes avant de fermer les portes?
21. Gerbier pense-t-il que le commandant du camp est intelligent? Pourquoi?

Vers la lecture libre

UNDERSTANDING VOCABULARY

Guessing from context

Sometimes it is possible to guess the meaning, or at least the approximate meaning, of a word from the context in which it is used. For example, in this selection you read:

> **Armel était allongé sur sa paillasse et enveloppé [d'une] couverture.** *Armel was stretched out on a ??? and wrapped in a blanket.*

It is clear that **une paillasse** must be some sort of *place to sleep*. Were you to look it up, you would find that **une paillasse** is a *straw mattress*, but even if you had simply equated **paillasse** with *bed*, you would have understood the scene.

Later in the selection you read: **Il y a juste le temps pour une partie...** Since the speakers were just talking about playing dominoes, **une partie** must refer to *a game* (of dominoes).

Whenever you encounter unfamiliar words, try to guess their general meaning before looking at the glosses or turning to the end vocabulary.

UNDERSTANDING STYLE

The conversation

In French written style, direct conversations are generally preceded by dashes. Often, as in this story, quotation marks are used to indicate an interior monologue or an unexpressed thought.

Moreover, there are many means of introducing direct conversation. In Scene 4, Kessel varies his approach in indicating the speaker by employing the following verbs: **murmurer, dire, reprendre, répondre, poursuivre, s'écrier, interrompre, demander, corriger, questionner, proposer.** In other scenes he also uses **balbutier, ajouter, observer, expliquer, remarquer, commencer, assurer, prier, gémir.** Additional variety of expression is gained by (1) alternating from proper name to pronoun to descriptive noun in referring to the speaker, (2) shifting the position of the introductory phrase from the beginning of the quotation to the middle to the end, and (3) inverting this phrase when it occurs at the middle or the end of the reported speech.

Vers la composition libre

Compositions guidées

1. Faites le portrait d'Armel.
   MOTS CLEFS   jeune / blond / malade / grelotter / sang / fièvre / Dieu

2. Décrivez l'arrestation du pharmacien.
   MOTS CLEFS   dénoncer / autorités / obus / récipient / réactions chimiques / victime / ignorance générale

Compositions libres

1. Décrivez l'atmosphère générale de la baraque.
2. Contrastez d'une part l'attitude d'Armel et de Legrain et d'autre part celles du colonel, du voyageur de commerce et du pharmacien.

TROISIÈME PARTIE

5

Le lendemain quand Roger Legrain sortit de la baraque, il pleuvait. Malgré° cela et malgré la fraîcheur° aiguë° de la matinée d'avril sur un plateau exposé à tous les vents, Gerbier nu,° en sabots, et une serviette° autour des reins,° faisait de la culture physique.° Il avait un corps de couleur mate,° de consistance sèche° et dure. Les muscles n'étaient pas visibles, mais leur jeu° uni,° compact, donnait le sentiment° d'un bloc difficile à entamer.° Legrain considéra ces mouvements avec tristesse. Rien que de° respirer profondément faisait siffler ses poumons° comme une vessie creuse.° Gerbier cria entre deux exercices:

—Déjà en promenade!

—Je vais à la centrale électrique° du camp, dit Legrain. J'y travaille.

Gerbier acheva une flexion° et s'approcha de Legrain.

—Bonne place? demanda-t-il.

Une vive rougeur° monta aux joues caves° de Legrain. C'était, de temps en temps, le seul signe de sa grande jeunesse. Pour le reste, les privations,° la réclusion° et surtout le travail constant d'une lourde et obsédante° révolte intérieure, avaient terriblement mûri° son visage et son comportement.°

—Je ne touche° même pas une croûte° de pain pour mon travail, dit Legrain. Mais j'aime le métier et je ne veux pas perdre la main.° Un point c'est tout.°

Le nez aquilin de Gerbier était très mince à la naissance.° A cause de cela, ses yeux semblaient très rapprochés.° Quand Gerbier regardait quelqu'un avec attention, comme il le faisait en cet instant pour Legrain, son éternel demi-sourire se fixait° en un pli° sévère et l'on eut dit que ses yeux se fondaient° en un seul° feu noir. Comme Gerbier demeurait° silencieux, Legrain pivota sur ses sabots. Gerbier dit doucement:°

—Au revoir, camarade.

Legrain lui fit face° avec autant de brusquerie que° s'il avait été brûlé.°

Malgré In spite of /
  fraîcheur coolness / **aiguë** sharp

nu naked / **serviette** towel /
  reins waist
de ... physique *des exercices*
mate dark / **sèche** lean
jeu *mouvement* / **uni** in unison
le sentiment *l'impression* /
  entamer to break
Rien que de Simply
poumons lungs / **vessie**
  creuse hollow bladder

centrale électrique power plant

flexion kneebend

rougeur blush / **caves** hollow

privations deprivations /
  réclusion *solitude*
obsédante obsessive
mûri matured
comportement behavior
touche *reçoit* / **croûte** crust

la main my touch / **Un ...**
  tout Period!
naissance bridge (of the nose)
rapprochés close together

se fixait was set / **pli** crease
fondaient melted / **seul** single
demeurait *restait*
doucement quietly

lui ... face turned to face him / **avec**
  ... que as brusquely as
brûlé burned

—Vous êtes … vous êtes … communiste? balbutia-t-il.

—Non, je ne suis pas communiste, dit Gerbier.

Il laissa passer une seconde et ajouta en souriant:

—Mais cela ne m'empêche° pas d'avoir des camarades. Gerbier assura° sa serviette autour des reins et reprit° sa culture physique. Le bourgeron rouge de Legrain s'effaça° lentement sur le plateau pluvieux.°

empêche stop
assura tightened /
  reprit *recommença*
s'effaça disappeared
pluvieux rainy

<h1 style="text-align:center">6</h1>

Vers le milieu de mai le temps s'établit au beau° d'une façon durable. Le printemps tardif° éclata° d'un coup,° dans toute sa force. Des milliers de petites fleurs jaillirent° dans l'herbe du camp. Les détenus° commencèrent à prendre des bains de soleil. Les échines° aiguës,° les côtes° saillantes,° les peaux° flasques,° les bras réduits° à la forme des os,° reposaient parmi les fleurs toutes fraîches. Gerbier, qui arpentait° le plateau tout le long du jour,° se heurtait° sans cesse à cette humanité d'hôpital assommée° par le printemps. Personne n'aurait su° dire s'il éprouvait° pour elle° du dégoût,° de la pitié ou de l'indifférence. Il ne le savait pas lui-même. Mais quand il aperçut, à l'heure de midi, Legrain s'exposant comme les autres à la chaleur,° Gerbier alla vivement° à lui. «Ne faites pas ça, et couvrez-vous tout de suite», dit-il. Comme Legrain n'obéissait pas, Gerbier jeta° un bourgeron sur le torse pitoyable du jeune homme.

—Je vous entends respirer° et tousser° dans votre sommeil,° dit Gerbier. Vous avez sûrement quelque chose aux poumons. Le soleil est très dangereux pour vous.

Gerbier n'avait jamais paru s'intéresser à Legrain plus qu'au pharmacien ou au colonel de leur baraque.

—Vous ne ressemblez pas à un docteur, dit Legrain avec étonnement.°

—Et je ne le suis pas, dit Gerbier, mais j'ai dirigé l'installation d'une ligne de force° en Savoie.[10] Il y avait là des établissements° pour tuberculeux.° J'ai parlé avec les médecins.

Les yeux de Legrain s'étaient mis à briller.° Il s'écria:

—Vous êtes dans l'électricité?

—Comme vous, dit gaîment Gerbier.

le … beau = *le beau temps revint*
tardif late / éclata burst forth / d'un
  coup all at once
jaillirent blossomed
détenus *prisonniers*
échines = *dos* / aiguës bony /
  côtes ribs / saillantes sticking
  out / peaux skin
flasques flabby / réduits reduced /
  os bones
arpentait walked around
tout … jour *toute la journée* / se
  heurtait would bump into
assommée made dizzy
su = *pu* / éprouvait felt
elle = *l'humanité du camp* /
  dégoût disgust
la chaleur = *ici, le soleil*
vivement *rapidement*

jeta *plaça*

respirer breath / tousser cough
sommeil sleep

étonnement *surprise*

ligne de force power line
établissements *cliniques* /
  tuberculeux *victimes de la
  tuberculose*
briller to shine

---

[10]**la Savoie:** A French province located in the Alps.

—Oh non! Je vois que vous êtes un Monsieur dans la partie,[11] dit Legrain. Mais on pourrait parler métier° tout de même.

parler métier talk shop

Legrain eut peur de se montrer indiscret et ajouta:

—De temps en temps.

—Tout de suite, si vous voulez, dit Gerbier.

Il s'étendit° près de Legrain et, tout en mâchonnant° des tiges° d'herbes et de fleurs, écouta le jeune homme parler du groupe électrogène,° du voltage, des réseaux° de lumière et de force.°

s'étendit stretched out /
  mâchonnant chewing
tiges stems
groupe électrogène dynamo /
  réseaux networks
force power

—Ça vous plairait que je vous y conduise?° demanda enfin Legrain.

conduise *amène*

Gerbier vit une station assez rudimentaire mais tenue avec savoir° et goût.°

savoir knowledge / **goût** style

7

Le petit instituteur mourut une nuit, sans plus de délire qu'à l'accoutumée.° Des Kabyles[12] emportèrent° son corps de bonne heure. Legrain alla à son travail. La journée s'écoula° et il ne se comporta° pas autrement° que la veille.° Quand il revint à la baraque, le colonel, le pharmacien et le voyageur de commerce arrêtèrent leur partie de dominos et voulurent le consoler.

à l'accoutumée usual /
  emportèrent carried away
s'écoula went by
comporta behaved / **autrement**
  otherwise / **la veille** = *le jour avant*

—Je ne suis pas triste, dit Legrain. Armel est bien mieux comme ça.

Gerbier ne dit rien à Legrain. Il mit à sa disposition° le paquet de cigarettes qu'un gardien lui avait vendu dans l'après-midi. Legrain en fuma trois, coup sur coup,° malgré la toux° qui l'épuisait.° La nuit vint. On fit l'appel. On ferma les portes. Le colonel, le voyageur de commerce, le pharmacien s'endormirent l'un après l'autre. Legrain paraissait paisible.° Gerbier s'endormit à son tour.

mit ... disposition *lui donna*

coup sur coup one after the other
toux cough / **épuisait** exhausted

paisible quiet

Il fut réveillé par un bruit familier. Legrain toussait. Gerbier pourtant ne put retrouver le sommeil.° Il écouta plus attentivement. Et il comprit. Legrain se forçait à tousser pour étouffer° les hoquets° de ses sanglots.° Gerbier chercha à tâtons° la main de Legrain et lui dit à voix très basse:

ne ... sommeil couldn't fall asleep

étouffer to cover up /
  hoquets gasps / **sanglots** sobs
chercha à tâtons groped for

—Je suis là, mon vieux.°

mon vieux old pal

---

[11]**Vous êtes un Monsieur dans la partie:** You are on the management end. (By contrast, Legrain is a simple worker.)
[12]**les Kabyles:** Algerian workers who are prisoners in the camp.

Aucun son ne se fit plus entendre° pendant quelques secondes, à l'endroit où était la paillasse de Legrain. «Il lutte° pour sa dignité», pensa Gerbier. Il avait deviné juste.° Mais Legrain n'était tout de même qu'un enfant.° Gerbier sentit tout à coup un corps sans poids° et de petites épaules osseuses° se contracter contre lui. Il entendit un gémissement° grêle,° à peine° perceptible.

—Je n'ai plus personne au monde... Armel m'a laissé. Il est peut-être chez son bon Dieu maintenant. Il y° croyait si fort. Mais moi je ne peux pas le voir là-bas... Je n'y crois pas, Monsieur Gerbier... Je vous demande pardon ... mais je n'en peux plus.° Je n'ai personne au monde. Parlez-moi de temps en temps, Monsieur Gerbier, vous voulez bien?

Alors Gerbier dit à l'oreille de Legrain:

—On ne lâche° jamais un camarade, chez nous, dans la Résistance.[13]

Legrain s'était tu.°

—La Résistance. Tu entends? dit encore Gerbier d'une voix secrète et lourde comme la nuit. Endors-toi° avec ce mot dans la tête. Il est le plus beau, en ce temps, de toute la langue française. Tu ne peux pas le connaître. Il s'est fait° pendant qu'on te détruisait ici. Dors, je promets de te l'apprendre.

Aucun ... entendre One could hear no sound	
lutte is fighting / **deviné juste** guessed right	
n'était ... enfant = *était seulement un enfant après tout*	
sans poids weightless	
osseuses bony	
gémissement moan / **grêle** faint / **à peine** barely	
y = *en Dieu*	
je ... plus I am exhausted	
lâche *abandonne*	
s'était tu was quiet	
Endors-toi Sleep	
s'est fait was created	

Questions orales

SCÈNE 5

1. Quel temps faisait-il ce matin-là? Que faisait Gerbier?
2. Où Legrain allait-il?
3. Quel signe Legrain donnait-il qui indiquait qu'il était très jeune?
4. Pourquoi Legrain travaillait-il à la centrale?
5. Comment Gerbier regardait-il quelqu'un avec attention?
6. Gerbier était-il communiste?

SCÈNE 6

7. Quel temps faisait-il au mois de mai?
8. Quels étaient les signes du printemps?
9. Que faisaient les prisonniers?
10. Quels étaient les sentiments de Gerbier envers les prisonniers?
11. Pourquoi le soleil était-il dangereux pour Legrain?

---

[13]la **Résistance:** The underground movement that many Frenchmen joined in opposition to the German Occupation. The French Resistance included both a Gaullist faction, controlled from London by General de Gaulle, and a Communist faction.

12. Pourquoi Gerbier a-t-il été en Savoie?
13. Avec qui Gerbier a-t-il parlé quand il était en Savoie?
14. Qu'est-ce que Legrain a proposé à Gerbier?
15. Que faisait Gerbier en écoutant Legrain?
16. Où Gerbier et Legrain ont-ils été?
17. Comment Legrain tenait-il la station?

SCÈNE 7
18. Comment est mort le petit instituteur?
19. Comment Legrain s'est-il comporté ce jour-là?
20. Qu'est-ce que Gerbier a donné à Legrain?
21. Quel bruit familier a réveillé Gerbier?
22. Qu'est-ce que Legrain a demandé à Gerbier?
23. De quoi Gerbier a-t-il parlé à Legrain?
24. Quel était le plus beau mot de la langue française à ce moment-là?

Vers la lecture libre

UNDERSTANDING VOCABULARY

More cognates

1. Many French nouns have exact cognates in English:

    un instant *instant*   **l'attention** *attention*   **un message** *message*

2. Some nouns and adjectives in **-e** have English cognates which drop this **-e**:

    calme *calm*   **un signe** *sign*   **réaliste** *realist*

3. Some nouns in **-eur** have English cognates in *-or*:

    un docteur *doctor*

    (ALSO: **un professeur, une odeur, un directeur, l'extérieur,** etc.)

4. Many French nouns in **-é** have English cognates in *-y*:

    l'humanité *humanity*   **l'électricité** *electricity*

    (ALSO: **la beauté, la curiosité, la dignité, la fraternité, la responsabilité,** etc.)

5. Some French nouns in **-ie** or **-ié** have English cognates in *-y*:

    la pitié *pity*   **la partie** *party*

    (ALSO: **la cérémonie, la pharmacie, la photographie,** etc.)

6. Some French nouns and adjectives in **-que** have English cognates in *-c(s)* or *-ck(s)*, or *-ical*:

    la baraque *barracks*   **la musique** *music*   **physique** *physical*

    (ALSO: **la musique, électrique, authentique, la politique, comique,** etc.)

7. Many French adjectives in **-eux (-euse)** have English cognates in *-ous:*

   dangereux *dangerous*

   (ALSO: **curieux, fameux, généreux, glorieux, sérieux,** etc.)

8. Many French adjectives in **-el (-elle)** have English cognates in *-al:*

   éternel *eternal*

   (ALSO: **intellectuel, paternel, officiel, réel,** etc.)

9. Many French nouns and adjectives in **-if** have English cognates in *-ive:*

   actif *active*   **un adjectif** *adjective*

   (ALSO: **attentif, destructif, progressif,** etc.)

10. Many French nouns and adjectives in **-aire** have English cognates in *-ary:*

    rudimentaire *rudimentary*

    (ALSO: **le vocabulaire, un commentaire, nécessaire, un salaire,** etc.)

UNDERSTANDING STRUCTURES

Reflexive verbs

A verb is reflexive, by definition, when it has a reflexive pronoun **(me, te, se, nous, vous)** as its object complement. The compound tenses of the reflexive verbs are formed with the auxiliary **être** rather than **avoir.** In the preceding scenes we read:

> **Les yeux de Legrain s'étaient mis à briller.**
> **Legrain s'était tu.**
> **Il s'est fait...**

The meaning of French reflexive verbs is not always related to the meaning of the simple verb taken alone. Of course, in some cases the reflexive verb indicates that the action is directed back upon the subject:

> **s'exposant ... à la chaleur** *exposing himself ... to the warmth*

In other cases there is a slight difference in meaning between the simple verb and the reflexive verb:

montrer	*to show*	**se montrer**	*to appear (to show oneself)*
intéresser	*to interest*	**s'intéresser à**	*to take an interest in (to interest oneself in)*
étendre	*to spread*	**s'étendre**	*to stretch out*
heurter	*to strike*	**se heurter à**	*to bump into*
taire	*to hush up*	**se taire**	*to keep silent*
approcher	*to approach*	**s'approcher de**	*to approach*
établir	*to set, establish*	**s'établir**	*to settle*

In still other cases, however, there is a considerable difference in meaning between the two verbs:

mettre	*to put*	**se mettre à**	*to begin*
comporter	*to include*	**se comporter**	*to behave*

Sometimes the reflexive verb is used in French where English would prefer a passive construction: **Il s'est fait...** *That was done (established)* ...

Vers la composition libre

Compositions guidées

1. Décrivez l'atmosphère du camp au mois de mai.
   MOTS CLEFS   printemps / fleurs / herbe / bain de soleil / prisonniers / os / peau / dégoût

2. Faites le portrait de Legrain.
   MOTS CLEFS   jeune / visage / comportement / maturité / rougir / travailler / centrale / métier / station

Compositions libres

1. Quelle est l'attitude de Legrain pendant la journée qui suit la mort d'Armel? Que fait-il?
2. Quelle est l'attitude de Legrain la nuit? Dans quelle position se trouve-t-il?

QUATRIÈME PARTIE

8

Legrain et Gerbier étaient assis dans l'herbe. Le vent des côteaux° passait à la fraîcheur.° Le soir venait; Gerbier parlait au jeune homme des journaux de la Résistance.

—Et les gens qui les font osent° écrire ce qu'ils pensent? demanda Legrain, les pommettes° enflammées.°

—Ils peuvent tout oser, ils n'ont pas d'autre loi,° pas d'autre maître que leur pensée,° dit Gerbier. Cette pensée est plus forte en eux que la vie. Les hommes qui publient ces feuilles sont inconnus,° mais un jour on élèvera° des monuments à leur œuvre. Celui-ci qui trouve le papier risque la mort. Ceux qui composent les pages risquent la mort. Ceux qui écrivent les articles risquent la mort. Et ceux qui transportent les journaux risquent la mort. Rien n'y fait.° Rien ne peut étouffer° le cri qui sort des Ronéo,° cachées° dans de pauvres chambres, qui° monte° des presses, tapies° au fond des caves.° Ne crois pas que ces journaux ont la mine de° ceux que l'on vend au grand jour.° Ce sont de petits carrés° de papier, misérables. Des feuilles° mal venues,°

côteaux slopes / **passait ...
   fraîcheur** grew chilly

osent dare

pommettes cheeks / **enflammées** on
   fire
loi law
pensée thought

inconnus unknown /
   élèvera *construira*

Rien n'y fait No danger matters
étouffer smother / **Ronéo** duplicating
   machines / **cachées** hidden
qui = *le cri des Ronéo* / **monte** rises
   from / **tapies** squeezed
caves cellars / **ont ... de** *ressemblent à*
au ... jour in broad daylight /
   carrés squares
feuilles sheets / **venues** *faites*

imprimées° ou tapées° à la diable.° Les caractères° sont
ternes.° Les titres° maigres. L'encre bave° souvent. On
fabrique° comme on peut. Une semaine dans une ville et
une semaine dans une autre. On prend ce qu'on a sous la
main.° Mais le journal paraît. Les articles suivent des
routes souterraines.° Quelqu'un les rassemble,° quelqu'un
les agence° en secret. Des équipes furtives° mettent en page.
Les policiers, les mouchards,° les espions,° les dé-
nonciateurs° s'agitent, cherchent, fouinent,° flairent.° Le
journal part sur les chemins de France. Il n'est pas grand, il
n'a pas bel aspect. Il gonfle° des valises usées,° craquantes,°
disjointes.° Mais chacune de ses lignes est comme un rayon
d'or.° Un rayon de la pensée libre.

> imprimées printed / tapées typed / à la diable quickly without care / caractères print
> ternes dull / titres headlines / bave runs
> fabrique = *imprime les journaux*
> sous la main at hand
> souterraines underground / rassemble puts together
> agence edits / furtives *clandestines*
> mouchards stool pigeons / espions spies
> dénonciateurs informers / fouinent snoop / flairent nose around
> gonfle swells / usées worn / craquantes ready to break open
> disjointes coming apart at the seams
> rayon d'or beam of golden light

—Mon père était typographe ... alors je me rends compte,
dit Legrain. Il ne doit pas y en avoir beaucoup de ces
journaux.

—Il y en a en masse,° dit Gerbier. Chaque mouvement
important de la Résistance a le sien et qu'on tire° par
dizaines de mille. Et puis il y a ceux des groupes isolés. Et
ceux des provinces. Et les médecins ont le leur, et les
musiciens, et les étudiants, et les instituteurs, et les universitaires, et les peintres, et les écrivains,° et les ingénieurs.

> en masse *beaucoup*
> tire *imprime*

> écrivains writers

9

C'était surtout la nuit que Gerbier avait le temps de parler.

Leur petite baraque, étroitement° fermée, rendait° la
chaleur amassée° pendant tout le long du jour. Les paillasses
brûlaient les reins.° Et les ténèbres° étaient suffocantes. Les
compagnons de captivité se tournaient et se retournaient
dans leur sommeil. Mais rien n'importait° à Legrain, pas
même le sifflement précipité de ses poumons qui parfois, et
sans qu'il s'en aperçût, le forçait à comprimer° sa poitrine°
des deux mains. Et Gerbier disait comment des postes de
radio dissimulés° dans les villes ou dans les hameaux°
permettaient de parler chaque jour avec les amis du monde
libre. Il racontait le travail des opérateurs secrets, leur ruse,°
leur patience, leurs risques et la musique merveilleuse que
font les messages chiffrés.[14] Il montrait le réseau° immense
d'écoute° et de surveillance qui enveloppait l'ennemi,
comptait ses régiments, étudiait ses défenses, pénétrait ses
documents. Et Gerbier disait aussi qu'en toute saison, à

> étroitement tightly / rendait gave off
> amassée *accumulée*
> les reins = *le dos* / les ténèbres *l'obscurité*
> importait mattered
> comprimer to squeeze / poitrine chest
> dissimulés hidden / hameaux *villages*
> ruse *stratagème*
> réseau network
> d'écoute listening

---

[14]**les messages chiffrés**: coded messages. For examples of these coded messages, see Lise Deharme, «Cette Année-là ...», page 3.

toute heure, des agents de liaison couraient, cheminaient, se glissaient° à travers la France entière. Et il peignait° cette France souterraine,° cette France de dépôts d'armes enfouis,° de postes de commandement allant de refuge en refuge, de chefs inconnus, d'hommes et de femmes qui changeaient sans cesse de nom, d'aspect, de toit° et de visage.

—Ces gens, disait Gerbier, auraient pu se tenir tranquilles.° Rien ne les forçait à l'action. La sagesse,° le bon sens leur conseillait° de manger et de dormir à l'ombre des baïonnettes allemandes et de voir fructifier leurs affaires,° sourire leurs femmes,° grandir leurs enfants.° Les biens matériels et les biens de la tendresse étroite° leur étaient ainsi assurés. Ils avaient même pour apaiser° et bercer° leur conscience, la bénédiction du vieillard de Vichy.[15] Vraiment, rien ne les forçait au combat, rien que° leur âme° libre.

—Sais-tu, disait Gerbier, de quoi est faite la vie de l'homme illégal? de l'homme de la Résistance? Il n'a plus d'identité, ou il en a tant° qu'il en a oublié la sienne. Il n'a pas de feuille d'alimentation.[16] Il ne peut même plus se nourrir à mi-faim.° Il dort dans une soupente,° ou chez une fille publique,° ou bien sur les dalles° d'une boutique, ou dans une grange° abandonnée, ou sur une banquette° de gare. Il ne peut plus revoir les siens° que la police surveille. Si sa femme—ce qui arrive° souvent—est aussi dans la Résistance, ses enfants poussent° au hasard.° La menace d'être pris double son ombre. Chaque jour des camarades disparaissent, torturés, fusillés.° Il va de gîte° précaire en gîte précaire, sans feu ni lieu,° traqué,° obscur, fantôme de lui-même.

Et Gerbier disait encore:

—Mais il n'est jamais seul. Il sent autour de lui la foi° et la tendresse de tout un peuple enchaîné.° Il trouve des complices,° il trouve des amis dans les champs et à l'usine, dans les faubourgs° et dans les châteaux, chez les gendarmes, les cheminots,° les contrebandiers,° les marchands et les prê-

se glissaient glided /
peignait painted
souterraine underground
enfouis *cachés sous terre*

toit roof

se ... tranquilles live peacefully /
sagesse wisdom
conseillait advised
voir fructifier ... affaires to see their
businesses thrive
sourire ... femmes their wives smile /
grandir ... enfants their children
grow
tendresse étroite close togetherness
apaiser calm / **bercer** to rock, lull
rien que nothing but / **âme** soul

il ... tant = *il a tant de fausses
identités*

mi-faim half-way / **soupente** loft
fille publique = *prostituée* /
dalles tiles
grange barn / **banquette** bench
les siens = *sa famille*
arrive happens
poussent grow up / **au
hasard** without care

fusillés shot / **gîte** refuge
sans ... lieu without hearth or home /
traqué hunted

foi faith

enchaîné in chains

complices accomplices

faubourgs suburbs

cheminots railroad workers /
contrebandiers smugglers

---

[15] **le vieillard de Vichy:** a reference to Marshal Pétain, the head of the French state with headquarters in Vichy, during the German Occupation.

[16] **la feuille d'alimentation:** During the Occupation, food could be purchased only with a ration card. To obtain these cards, which were issued by authorities under German control, applicants were required to furnish proof of residence.

tres.° Chez les vieux notaires[17] et chez les jeunes filles. Le plus pauvre partage° sa maigre ration de pain avec lui. Lui qui n'a même pas le droit° d'entrer chez un boulanger, parce qu'il lutte pour toutes les moissons° de la France.

Ainsi parlait Gerbier. Et Legrain, sur son grabat° enflammé, dans l'obscurité étouffante, découvrait un pays tout neuf ° et enchanté, peuplé de combattants sans nombre° et sans armes, une patrie d'amis sacrés, plus belle que ne le fût° jamais patrie° sur la terre. La Résistance était cette patrie.

prêtres priests
partage shares
droit right
moissons harvests
grabat *paillasse*

tout neuf brand new / **sans nombre** countless
fût was
patrie fatherland

10

Un matin, en allant à son travail, Legrain demanda soudain:

—Monsieur Gerbier, vous êtes un chef dans la Résistance?

Gerbier considéra avec une attention presque cruelle le jeune visage brûlant et ravagé de Legrain. Il y vit° une loyauté et une dévotion sans bornes.°

—J'étais dans l'état-major° d'un mouvement,° dit-il. Personne ici ne le sait. Je venais de Paris; on m'a arrêté à Toulouse, sur une dénonciation, je pense. Mais aucune preuve.° Ils n'ont même pas osé° me juger. Alors ils m'ont envoyé ici.

—Pour combien de temps? demanda Legrain.

Gerbier haussa° les épaules et sourit.

—Le temps qu'il leur plaira,° voyons, dit-il. Tu le sais mieux que personne.

Legrain s'arrêta et regarda fixement le sol.° Puis il dit d'une voix étouffée° mais très ferme:°

—Monsieur Gerbier, il faut que vous partiez d'ici.

Legrain fit une pause, releva la tête et ajouta:

—On a besoin de vous dehors.

Comme Gerbier ne répondait pas, Legrain reprit:

—J'ai une idée ... et je l'ai depuis longtemps... Je vous la raconterai ce soir.

Ils se quittèrent. Gerbier acheta des cigarettes au gardien qui lui servait de fournisseur.° Il fit le tour du plateau. Il avait son sourire habituel. Il atteignait° pourtant au but° qu'il avait poursuivi° à travers les récits° et les images dont il avait patiemment° enivré° Legrain.

vit (*passé simple* of **voir**)
bornes *limites*
l'état-major staff / **mouvement** = *un groupe de la Résistance*

aucune preuve no proof / **osé** dared

haussa shrugged
Le ... plaira As long as they want

le sol *la terre*
étouffée muffled / **ferme** *solide*

fournisseur supplier
atteignait was reaching / **but** goal
avait poursuivi had been striving toward / **récits** stories
patiemment *avec patience* / **enivré** intoxicated

---

[17]**un notaire:** a professional man with legal training who handles financial matters.

Questions orales

SCÈNE 8

1. Où Gerbier et Legrain étaient-ils?
2. De quoi Gerbier parlait-il?
3. Quelles personnes risquent la mort en publiant les journaux de la Résistance?
4. A quoi ressemblent les journaux de la Résistance?
5. Dans quelles conditions ces journaux sont-ils publiés? Où les imprime-t-on?
6. Comment ces journaux sont-ils distribués? A qui?
7. Qu'apportent-ils aux personnes qui les lisent?
8. Quel était le métier du père de Legrain?
9. Quelles sortes de personnes participent à la Résistance?

SCÈNE 9

10. Quand Gerbier trouve-t-il l'occasion de parler avec Legrain?
11. Pourquoi Legrain se comprime-t-il la poitrine des deux mains?
12. A quoi servent les postes de radio dissimulés dans les villages?
13. Que font les opérateurs secrets? Que font les agents de liaison?
14. Quelles précautions prennent les hommes et les femmes de la Résistance?
15. Pourquoi l'homme de la Résistance ne peut-il pas se nourrir à sa faim?
16. Pourquoi ne revoit-il plus sa famille?
17. Pourquoi n'est-il jamais seul? Où trouve-t-il des amis?
18. Quelle découverte fait Legrain? Quelle est sa nouvelle patrie?

SCÈNE 10

19. Quelle question Legrain a-t-il posée un matin à Gerbier?
20. Quel rôle Gerbier avait-il dans la Résistance?
21. Dans quelles circonstances Gerbier a-t-il été arrêté?
22. Pour combien de temps a-t-il pensé être emprisonné?
23. Pourquoi Legrain pense-t-il que Gerbier doit partir?
24. Où Gerbier trouve-t-il des cigarettes?
25. De quoi Gerbier avait-il enivré Legrain?

Vers la lecture libre

UNDERSTANDING VOCABULARY

Recognizing suffixes

You can expand your reading vocabulary easily by learning to recognize common suffixes:

1. The suffix **-ment** often corresponds to the English *-ly:*

   fixement *fixedly*   **rapidement** *rapidly*

2. The suffixes **-amment** and **-emment** correspond to the English *-antly* and *-ently:*

   constamment *constantly*   **patiemment** *patiently*

3. The suffix **-ant** corresponds to the English *-ing*:

suffocant *suffocating*   **craquant** *cracking (open)*   **brûlant** *burning*

4. The suffix **-é** often corresponds to the English *-ed*:

abandonné *abandoned*   **isolé** *isolated*

UNDERSTANDING STRUCTURES

Negation

In French, simple negation is expressed by **ne ... pas:**

Il **n'**est **pas** grand, il **n'**a **pas** bel aspect.

In compound tenses, **ne** precedes the auxiliary (**être** or **avoir**), and **pas** precedes (rather than follows) the past participle:

Ils **n'**ont même **pas** osé me juger.

Other negative expressions that occur in the text are **ne ... jamais** *(never):*

...il **n'**est **jamais** seul.

and **ne ... plus** *(no longer, no more):*

Il **n'**a **plus** d'identité...
Il **ne** peut **plus** revoir les siens...

The negative pronouns **rien** *(nothing) and* **personne** *(no one)* also require **ne** before the verb:

Rien n'y fait.
Rien ne peut étouffer le cri qui sort des Ronéo...
...rien n'importait à Legrain...
Rien ne les forçait à l'action.
Personne ici **ne** le sait.

Pronouns

The relative pronoun **qui** represents persons or things and is used as the subject of the relative clause:

...les gens **qui** les font...
...le cri **qui** sort des Ronéo...

The relative pronoun **que** also represents persons or things; it appears as the direct object of the relative clause:

Il ne peut plus revoir les siens **que** la police surveille.

Celui qui, celle qui, ceux qui, are the French equivalents of *he who, she who, those who:*

Ceux qui composent les pages risquent la mort.

If the antecedent of the relative pronoun is an idea, concept, or indefinite pronoun, French uses **ce qui** as the subject and **ce que** as the object:

> On prend **ce qu'**on a sous la main.
> ...**ce qui** arrive souvent...

The most common indefinite pronoun in French is **on.** It corresponds to the English *one, they, people:*

> **On** fabrique comme **on** peut.

On is frequently used where English would prefer a passive construction:

> ...un jour **on** élèvera des monuments à leur œuvre.

In conversational style, **on** may assume the meaning of **nous:**

> **On** fait un petit détour...   (Scène 1)

Quelqu'un, another invariable pronoun, means *someone:*

> **Quelqu'un** les rassemble, **quelqu'un** les agence en secret.

Chacun (feminine: **chacune**) means *each* or *each one:*

> ...**chacune** de ses lignes est comme un rayon d'or.

Vers la composition libre

Compositions guidées

1. Décrivez les dangers courus par les membres de la Résistance.
   MOTS CLEFS   mort / arrestation / camp / agents / policiers / chercher / surveiller / menacer / disparaître / camarades

2. Pourquoi les membres de la Résistance risquent-ils ces dangers?
   MOTS CLEFS   patrie / amis / foi / tendresse / lutter / âme / liberté

Compositions libres

1. Racontez la journée d'un agent de la Résistance.
2. Racontez l'arrestation d'un homme de la Résistance.

CINQUIÈME PARTIE

11

—Je vais vous dire mon idée, chuchota° Legrain, lorsqu'il fut assuré que le colonel, le voyageur de commerce et le pharmacien dormaient profondément.

Legrain se recueillit° et chercha ses mots. Puis il dit:

—Qu'est-ce qui empêche de s'évader?° Il y a deux choses: les barbelés° et les patrouilles.° Pour les barbelés, le sol n'est pas au même niveau° partout, et il y a des endroits où un homme mince° comme vous l'êtes, Monsieur Gerbier, peut se couler par-dessous,° en se déchirant° un peu.

—Je connais tous ces endroits, dit Gerbier.

—Voilà° pour les barbelés, dit Legrain. Reste° les patrouilles. Combien de minutes vous faut-il pour courir jusqu'au chemin de ronde, passer et vous perdre° dans la nature?°

—Douze... Quinze au plus, dit Gerbier.

—Eh bien, je peux faire en sorte que° les gardiens soient aveugles° plus longtemps° que ça, dit Legrain.

—Je le pense, dit paisiblement Gerbier. Il n'est pas difficile pour un électricien adroit d'arranger à l'avance une panne de courant.°

—Vous y pensiez, murmura Legrain. Et vous ne m'en avez jamais touché° un mot.

—J'aime commander ou accepter. Je ne sais pas demander, dit Gerbier. J'attendais que la chose° vienne de toi.

Gerbier s'appuya° sur un coude° comme pour essayer de discerner° à travers l'obscurité le visage de son compagnon. Et il dit:

—Je me suis demandé souvent pourquoi, ayant ce moyen à ta disposition, tu n'en as pas profité.

Legrain eut une quinte° de toux avant de répondre.

—Dans le commencement, j'ai parlé de la chose avec Armel. Il n'a pas été d'avis.° Il se résignait trop facilement peut-être. Mais dans un sens c'était vrai ce qu'il disait. Avec nos bourgerons et sans papiers, sans carte d'alimentation, on ne serait pas allés bien loin. Puis Armel est tombé malade. Je ne pouvais pas le laisser. Et moi-même ça n'allait plus trop fort.° Pour vous c'est tout différent. Avec vos amis de la Résistance...

—J'ai déjà établi un contact par le gardien qui me vend des cigarettes, dit Gerbier.

chuchota whispered

se recueillit collected his thoughts
empêche de s'évader stops one from escaping
barbelés barbed-wire fences / patrouilles patrols
niveau level
mince slim
se ... par-dessous slide under / se déchirant getting scratched
Voilà So much / Reste There are still

vous perdre *disparaître*
nature landscape

faire ... que manage so that
aveugles blind / plus longtemps much longer

panne de courant power failure

touché = *dit*

la chose = *l'offre*
s'appuya leaned / coude elbow
discerner *voir*

quinte attack

d'avis *d'accord*

ça ... fort = *j'étais malade*

Il ajouta sans transition:

—Dans une semaine, deux au plus tard, nous pouvons partir.

Il y eut un silence. Et le cœur de Legrain cogna° si fort dans son flanc délabré° que Gerbier entendit ses battements.° Le jeune homme demanda d'une voix défaillante:°

—C'est bien *nous* que vous avez promis, Monsieur Gerbier?

—Mais évidemment, dit Gerbier. Qu'est-ce que tu pensais donc?

—Je croyais par instant que vous me prendriez avec vous. Mais je n'osais pas en être sûr, dit Legrain.

Gerbier demanda lentement et en appuyant° sur chaque mot:

—Alors tu avais accepté l'idée de préparer mon évasion tout en° restant ici?

—La chose était entendue° comme ça avec moi-même, dit Legrain.

—Et tu l'aurais faite?

—On a besoin de vous, Monsieur Gerbier, dans la Résistance.

Depuis quelques minutes Gerbier avait très envie de fumer. Il attendit pourtant avant d'allumer une cigarette. Il détestait de laisser voir° la moindre° émotion sur ses traits.°

> **cogna** beat
> **flanc délabré** consumptive chest
> **battements** throbbing /
>   **défaillante** faltering

> **appuyant** *insistant*

> **tout en** while
> **entendue** *compris*

> **laisser voir** show / **moindre** least /
> **ses traits** = *son visage*

12

En commençant sa partie de dominos, le colonel Jarret du Plessis fit cette remarque à ses compagnons:

—Le petit communiste° a l'air tout réveillé.° Chaque fois qu'il se rend° à son travail il chantonne.°

—C'est le printemps, assura° le voyageur de commerce.

—C'est plutôt qu'on s'habitue à° tout, soupira° le pharmacien. Lui comme les autres, le pauvre gosse.°

Les trois hommes n'avaient aucune hostilité contre Legrain. Au contraire. Son âge, son malheur, son état physique, attendrissaient° leur bonhomie° naturelle. Ils lui avaient proposé de veiller tour à tour° sur Armel. Mais Legrain, jaloux de son ami, avait décliné leurs services. Quand ils recevaient par colis° quelque nourriture de l'extérieur, ils voulaient toujours en donner une part à Legrain. Mais, sachant qu'il n'avait aucune chance de leur rendre ces bons procédés,° Legrain s'était entêté dans un refus sans appel.° Peu à peu, à cause de ce comportement sauvage,° les joueurs de dominos en étaient venus à oublier

> **Le ... communiste** = *Legrain* / **tout**
>   **réveillé** very alert
> **se rend** *va* / **chantonne** is humming
> **assura** *dit*
> **s'habitue à** gets used to /
>   **soupira** sighed
> **gosse** kid

> **attendrissaient** touched /
>   **bonhomie** good nature
> **veiller ... tour** to take turns looking
>   after
> **colis** package

> **procédés** services
> **s'était ... appel** stubbornly refused
> **sauvage** anti-social

l'existence du jeune homme. Son changement d'attitude ramena° l'attention sur lui. Un soir où le pharmacien tendait° à ses voisins des tablettes° de chocolat qu'il avait trouvées dans un paquet familial, Legrain tendit la main.

—Bravo! s'écria le colonel Jarret du Plessis. Le petit communiste s'apprivoise.°

Le colonel se tourna vers Gerbier et lui dit:

—C'est votre influence, Monsieur, et je vous en félicite.°

—Je crois davantage à celle° du chocolat, dit Gerbier.

Quelques heures plus tard, lorsqu'ils furent seuls° à demeurer° éveillés, Gerbier dit à Legrain:

—Tu choisis assez mal ton temps pour faire commenter° ta gourmandise.°

—J'ai pensé ... j'ai pensé que je pourrais lui renvoyer bientôt quelque chose, murmura le jeune homme.

—Ils ont pu avoir la même pensée. On ne doit jamais croire les gens plus bêtes° que soi-même, dit Gerbier.

Ils se turent.° Au bout de quelques instants Legrain demanda humblement:

—Vous êtes fâché contre° moi, Monsieur Gerbier?

—Mais non, c'est fini, dit Gerbier.

—Alors vous voulez bien me raconter comment cela va se passer° après la panne de courant? pria Legrain.

—Je t'ai déjà expliqué le détail hier et avant-hier,° dit Gerbier.

—Si vous ne recommencez pas, dit Legrain, je ne peux pas y croire, et je n'arrive° pas à dormir... Alors vraiment, il y aura une voiture?

—Un gazogène,[18] dit Gerbier. Et je pense que c'est Guillaume qui conduira.

—L'ancien sergent de la Légion Etrangère?[19] Le dur?° Celui qu'on appelle aussi le Bison?° chuchota Legrain.

—Il y aura des vêtements civils dans la voiture, continua Gerbier. Elle nous mènera dans un presbytère.° Ensuite on verra.

—Et des amis de la Résistance nous donneront de faux papiers? demanda Legrain.

—Et des tickets pour manger.

—Et vous me ferez connaître° des communistes, Monsieur Gerbier? Et je travaillerai avec eux pour la Résistance?

ramena brought back

tendait *offrait* / **tablettes** bars

s'apprivoise is getting tame

félicite congratulate
celle = *l'influence*
seuls the only ones
demeurer *rester*
faire commenter to have people comment on
gourmandise love of chocolate

bêtes *stupides*

se turent were silent

fâché contre angry with

comment ... passer what is going to happen
avant-hier the day before yesterday

n'arrive = *ne peux*

dur tough guy
Bison Buffalo

presbytère church rectory

ferez connaître will introduce

---

[18]**le gazogène:** During the war, gasoline was not available in France. To provide a substitute fuel, vehicles were equipped with a device, the *gazogène*, that would generate gas from burning wood.

[19]**la Légion Etrangère:** The Foreign Legion was known for its toughness in combat.

—Je te le promets.

—Mais on se verra tout de même, vous et moi, Monsieur Gerbier?

—Si tu es agent de liaison.

—C'est ce que je veux être, dit Legrain.

Et pendant les nuits qui suivirent, Legrain demanda chaque fois:

—Parlez moi de Guillaume le Bison, Monsieur Gerbier, et de tout, s'il vous plaît.

Questions orales

SCÈNE 11

1. Quelle précaution Legrain prend-il avant de parler de son idée?
2. Quels obstacles empêchent les prisonniers de s'évader?
3. Pourquoi les barbelés ne sont-ils pas un obstacle réel?
4. Combien de temps faut-il pour s'évader?
5. Comment Legrain propose-t-il d'échapper aux patrouilles?
6. Est-ce que Gerbier avait eu la même idée que Legrain?
7. Pourquoi Gerbier n'en avait-il pas parlé avant?
8. A qui Legrain avait-il parlé de son projet avant ce soir-là?
9. Pourquoi Armel et Legrain ne seraient-ils pas allés loin?
10. Pourquoi est-ce que le projet peut réussir avec Gerbier?
11. Est-ce que Gerbier a l'intention de s'évader seul?
12. Que propose-t-il à Legrain?
13. Quelle est la réaction de Legrain?
14. Est-ce que Legrain avait accepté l'idée de rester dans le camp?
15. Pourquoi Legrain avait-il décidé d'aider Gerbier à s'échapper?
16. Pourquoi Gerbier attend-il avant de fumer?

SCÈNE 12

17. Que remarque le colonel?
18. Comment le voyageur de commerce explique-t-il l'air éveillé de Legrain?
19. Comment le pharmacien explique-t-il l'air éveillé de Legrain?
20. Quelle est l'attitude des trois hommes envers Legrain?
21. Pourquoi Legrain refuse-t-il d'ordinaire ce que les trois hommes veulent lui donner?
22. Quel est le résultat du comportement habituel de Legrain?
23. Quel effet produit son changement d'attitude?
24. Cette fois est-ce que Legrain accepte le chocolat du pharmacien? Pourquoi?
25. Pourquoi Gerbier se fâche-t-il contre Legrain?
26. Qu'arrivera-t-il après l'évasion de Legrain et de Gerbier?
27. Qui est le Bison? Où iront les évadés? Qui rencontreront-ils?

Vers la lecture libre

UNDERSTANDING VOCABULARY

Word families

In French, as in English, there are groups or "families" of words that are built on a common stem. Here are a few examples of how word families are formed. (Note that the stem is sometimes slightly modified.)

1. French verb + **-ment** to indicate a state:

changer	*to change*	**un changement** *change*
comporter	*to behave*	**un comportement** *behavior*
battre	*to beat*	**un battement** *beating*

2. French verb + **-eur / euse** to indicate a person doing an activity:

jouer	*to play*	**un joueur** *player*
travailler	*to work*	**un travailleur** *worker*

3. French adjective + **-ité** to indicate a state:

hostile *hostile*	**l'hostilité** *hostility*
obscur *obscure, dark*	**l'obscurité** *obscurity, darkness*

4. French noun + **-ien / ienne** to indicate a person working in or with something:

l'électricité *electricity*	**un électricien** *electrician*
la pharmacie *pharmacy, drugstore*	**un pharmacien** *pharmacist, druggist*

UNDERSTANDING STYLE

Colloquial French

Scenes 11 and 12 consist largely of direct conversation in colloquial French. Notice the following characteristics of interrogation and of the use of impersonal pronouns in spoken French:

1. In French, a question is usually characterized by the use of **est-ce que** or by the inversion of subject and verb. However, a statement can be turned into a yes-no question simply by a change of intonation. In these scenes, Legrain forms most of his questions with only a rising intonation:

   Et vous me ferez connaître des communistes, Monsieur Gerbier?
   Et je travaillerai avec eux pour la Résistance?

   Note that with impersonal constructions, inversion is required:

   Combien de minutes vous faut-il...

2. In familiar French style, heavy use is made of impersonal pronouns. **On** replaces **nous:**

   ...on ne serait pas allés bien loin. = ...nous ne serions pas allés bien loin.

Ça is used in sentences where written French would require a direct pronoun:

> **Et moi-même ça n'allait plus trop fort.** = Et moi-même, je n'allais plus trop bien.

Ce frequently begins the sentence, even if this practice necessitates an inversion of usual word order:

> **...c'était vrai ce qu'il disait.** = ...ce qu'il disait était vrai.

Vers la composition libre

Compositions guidées

1. Pourquoi est-il difficile de s'échapper d'un camp de concentration?
   MOTS CLEFS   gardien / appel / chemin de ronde / barbelés / surveiller / papiers / carte d'alimentation / bourgerons

2. Décrivez les détails d'un plan d'évasion.
   MOTS CLEFS   nuit / panne de courant / aveugle / courir / patrouille / barbelés / voiture / vêtements / papiers / tickets

Compositions libres

1. Ecrivez une page du journal intime d'un prisonnier: ses occupations de la journée.
2. Décrivez et expliquez le changement d'attitude de Legrain.

SIXIÈME PARTIE

13

Gerbier, ayant acheté des cigarettes, trouva à l'intérieur du paquet une feuille° de papier pelure.° Il alla aux cabinets,° lut attentivement le message et le brûla. Puis il fit le tour des barbelés, comme il le faisait à l'ordinaire.° A la fin de l'après-midi, il dit à Legrain:

—Tout est en ordre. Nous partons samedi.

—Dans quatre jours, balbutia° Legrain.

Le sang déserta complètement ses joues pincées,° puis revint en force, les abandonna de nouveau. Legrain s'appuya contre Gerbier en disant:

—Excusez-moi ... la tête me tourne.° C'est le bonheur.

Legrain se laissa aller° doucement contre le sol. Gerbier constata° que la dernière semaine avait terriblement éprouvé° le jeune homme. Sa figure était devenue petite et les yeux plus grands. Le nez était mince comme une arête de poisson.° On voyait beaucoup plus la pomme d'Adam.

feuille sheet / **papier pelure** onion skin / **cabinets** latrine

à l'ordinaire *d'habitude*

balbutia stammered

pincées hollow

me tourne is spinning
se laissa aller collapsed
constata *remarqua*
éprouvé *fatigué*

un ... poisson fish bone

—Il faut te calmer, et dominer tes émotions, dit Gerbier, avec sévérité, et, avant samedi, tu dois reprendre des forces.° Il y a tout de même cinq kilomètres à marcher. Tu prendras ma soupe de midi, tu entends.

reprendre ... forces recover your strength

—Je le ferai, Monsieur Gerbier.

—Et tu ne dors pas assez. Tu iras demander demain des cachets° à l'infirmerie.

cachets pills

—J'irai, Monsieur Gerbier.

Legrain quitta la baraque plus tôt que de coutume° et Gerbier l'accompagna jusqu'au seuil.°

de coutume *d'habitude*
au seuil = *à la porte*

—Plus que trois nuits ici, et c'est la voiture du Bison, dit Legrain.

Il partit en courant. Gerbier le suivait de regard et pensait: «Il est jeune, il tiendra.»

Au repas de midi, Gerbier donna sa gamelle° à Legrain. Mais celui-ci° secoua la tête.

gamelle dish
celui-ci = *Legrain*
convenu agreed on

—Je sais bien que c'était convenu,° mais je ne peux pas, ça me tourne le cœur,[20] dit-il.

—Alors prends mon pain, dit Gerbier, tu le mangeras en travaillant.

Legrain fourra° la tranche° noirâtre^c dans la poche de son bourgeron. Son geste était mou,° accablé,° son visage hébété.°

fourra stuck / **tranche** slice /
  noirâtre blackish
mou *faible* / **accablé** *fatigué*
hébété *sans expression*
morose *triste*

—Tu as l'air morose,° remarqua Gerbier.

Legrain ne répondit pas et se dirigea vers la station électrique. Le soir il ne demanda pas à Gerbier de lui parler du Bison et des autres merveilles.

—Tu as pris ton cachet? demanda Gerbier.

—Je l'ai pris. Je vais dormir vite, je pense, dit Legrain.

Le jeudi sa conduite° fut encore plus singulière.° Il ne déjeuna pas, et, en attendant la nuit, surveilla° la partie de dominos au lieu de parler avec Gerbier. Il parut sombrer dans le sommeil° d'un seul coup.°

conduite behavior /
  singulière *curieuse*
surveilla watched

sombrer ... sommeil fell asleep /
  d'un ... coup at once

Le vendredi, Legrain eut une altercation absurde avec le pharmacien et le traita° de sale bourgeois.[21] Gerbier ne dit rien sur le moment,° mais, dans l'obscurité et le silence, il prit rudement° le bras de Legrain qui déjà semblait dormir et demanda:

le traita called him
sur le moment at the time
rudement roughly

—Qu'est-ce qui ne va point?°

Qu'est-ce qui ... point? What's wrong?

—Mais ... rien, Monsieur Gerbier, dit Legrain.

—Je te prie° de répondre, dit Gerbier. Tu n'as plus con-

prie *demande*

---

[20] **le cœur:** stomach. The French often refer to the stomach as **le cœur**, e.g. **avoir mal au cœur** means *to have an upset stomach.*

[21] **sale bourgeois:** literally, dirty bourgeois. In principle, the Communists, like Legrain, are opposed to the middle class and bourgeois ideals.

fiance?° Les nerfs à bout?° Je te donne ma parole° que pour ma part tout sera au point.°

—Je le sais, Monsieur Gerbier.

—Et de ton côté?

—Le travail sera propre, je peux vous l'assurer.

—Alors qu'est-ce qu'il y a?

—Je ne sais pas, Monsieur Gerbier, vraiment… Mal à la tête. Le cœur en boule…°

Les yeux de Gerbier se rapprochèrent° comme lorsqu'il voulait percer° le secret d'un visage. Mais ils étaient impuissants° dans l'obscurité.

—Tu as dû prendre trop de cachets, dit enfin Gerbier.

—Sûrement, Monsieur Gerbier, dit Legrain.

—Ça ira mieux demain, reprit Gerbier, quand tu verras la voiture avec le Bison.

—Le Bison, répéta Legrain.

Mais il n'alla pas plus avant.

Gerbier se rappela souvent par la suite l'inconsciente° et affreuse° cruauté° de ce dialogue dans la nuit.

confiance confidence / **nerfs à bout** nerves on edge / **parole** word / **au point** ready

en boule in a knot
se rapprochèrent came together
percer to pierce
impuissants powerless

l'inconsciente unintentioned
affreuse awful / **cruauté** cruelty

14

Dans la matinée de samedi, au cours de° sa promenade accoutumée,° Gerbier passa par la station électrique où Legrain travaillait seul. Gerbier vit avec satisfaction que Legrain était calme.

—Tout est prêt, dit le jeune homme.

Gerbier examina l'ouvrage de Legrain. Le mécanisme d'horlogerie° qui devait déclencher° le court-circuit avait été conçu avec une intelligence et une adresse° consommées.° Le courant serait interrompu à l'heure voulue.°

—Et soyez tranquille,° assura Legrain, les ignorants° du service de nuit mettront° quarante minutes pour le moins° à réparer.

—Personne n'aurait mieux fait que toi. C'est comme si nous étions dehors, dit Gerbier.

—Merci, Monsieur Gerbier, murmura le jeune homme.

Il avait les yeux très brillants.°

au cours de *pendant*
accoutumée usual

d'horlogerie clockwork / **déclencher** to set off
adresse skill / **consommées** of high quality
voulue *désirée*
soyez tranquille = *ne vous inquiétez pas*
ignorants unskilled people
mettront will take / **pour le moins** at least

brillants shiny

Questions orales

1. Où Gerbier trouve-t-il un message?
2. Quel était le message qu'il venait de lire?
3. Quels signes de fatigue Legrain donne-t-il?
4. Pourquoi doit-il reprendre ses forces?
5. Pourquoi doit-il prendre des cachets?
6. Est-ce que Legrain accepte la soupe de Gerbier?
7. Quelle excuse donne-t-il pour son refus?
8. Est-ce que Legrain a l'air heureux?
9. Où va-t-il après le repas?
10. Ce jeudi-là est-ce que Legrain se comporte comme les autres jours? Qu'y a-t-il de différent dans sa conduite?
11. Est-ce que Gerbier semble satisfait de l'attitude de Legrain?
12. Est-ce que le plan d'évasion est prêt à être exécuté?
13. Est-ce que Gerbier réussit à percer le secret de Legrain?
14. Comment Gerbier explique-t-il la fatigue de Legrain?

15. Que faisait d'habitude Gerbier au cours de la matinée?
16. Avec qui Legrain travaillait-il à la station?
17. Dans quelle humeur Legrain se trouvait-il ce matin-là?
18. Est-ce que Legrain avait fini son ouvrage?
19. A quoi devait servir le mécanisme d'horlogerie?
20. Comment le courant devait-il être interrompu?
21. Comment Gerbier a-t-il trouvé le travail de Legrain?
22. Qu'est-ce que les gens du service de nuit auraient à réparer?
23. Gerbier était-il satisfait du travail de Legrain?

Vers la lecture libre

UNDERSTANDING VOCABULARY

Recognizing prefixes

You can expand your reading vocabulary by learning to recognize common prefixes. Many of these are similar to English prefixes:

1. The prefix **re-** (or **r-**) conveys the idea of repetition: *back, again, over:*

prendre	*to take, get*	**reprendre**	*to take back, get back*
commencer	*to begin*	**recommencer**	*to begin over*
faire	*to do*	**refaire**	*to do again*

2. The prefix **in-** (or **im-**) conveys the negative or opposite idea:

puissant	*powerful*	**impuissant**	*powerless*
conscient	*aware*	**inconscient**	*unaware*
possible	*possible*	**impossible**	*impossible*

UNDERSTANDING STRUCTURES

The present participle

The present participle of regular and irregular verbs in French is formed by replacing the **-ons** of the first-person plural of the present indicative by the ending **-ant** (the only exceptions being **avoir / ayant; être / étant; savoir / sachant**).

The present participle is often introduced by **en.** It generally indicates simultaneity of action:

...tu le mangeras **en travaillant.**   *...you will eat it **while working.***
Legrain s'appuya contre Gerbier **en disant...**
...en attendant la nuit, [il] surveilla la partie de dominos...

En + *present participle* can also indicate the means by which an action was carried out:

Il partit **en courant.**

As in English, the present participle can be used as an adjective. It then agrees in number and gender with the noun it modifies:

Il **avait** les yeux très **brillants.**

The compound participle is formed with the present participle of the auxiliary verb plus the past participle. It occurs primarily in written French in cases where the spoken language would use a relative clause or a compound sentence:

Gerbier, ayant acheté des cigarettes, trouva à l'intérieur du paquet une feuille de papier pelure. = Gerbier avait acheté des cigarettes et à l'intérieur il trouva...

Vers la composition libre

Compositions guidées

1. Faites le portrait physique de Legrain le mardi avant l'évasion.
   MOTS CLEFS   pâle / sang / joues / faible / appuyer / figure / yeux / nez / calmer / dormir / cachets / manger

2. Décrivez le rôle de Legrain dans le plan de l'évasion.
   MOTS CLEFS   minuit / panne de courant / court-circuit / déclencher / mécanisme d'horlogerie / prêt / travail

Compositions libres

1. Décrivez le comportement de Legrain les trois jours qui précèdent l'évasion.
2. Comment Gerbier interprète-t-il le comportement de Legrain?

SEPTIÈME PARTIE

15

Le colonel, le pharmacien et le voyageur de commerce achevaient° leur partie de dominos aux dernières lueurs du jour. Le crépuscule° amoncelait° sur le plateau sa fumée° grise. Mais une ceinture de lumière dure° et fixe° emprisonnait le crépuscule à l'intérieur du camp. Le chemin de ronde, entre les réseaux de ronces° métalliques, était violemment éclairé. Derrière cette ceinture et par contraste c'était déjà la nuit. Devant leur baraque, Gerbier et Legrain regardaient en silence les feux° sur les barbelés. De temps en temps, Gerbier touchait au fond de sa poche l'outil° que Legrain avait rapporté de l'atelier° pour faire sauter les serrures.° Un gardien en béret cria: «A l'appel!»

Legrain et Gerbier rentrèrent. Le garde compta les habitants de la baraque et ferma les portes. Ce fut une fois de plus l'obscurité. Chacun retrouva sa paillasse en tâtonnant.° Le colonel, le voyageur de commerce et le pharmacien échangèrent quelque temps° des paroles qui s'espaçaient° de plus en plus. Gerbier et Legrain se taisaient. Leurs voisins glissèrent au sommeil° avec les soupirs° qui étaient familiers.

Gerbier était content du silence de Legrain. Il avait craint° de sa part° un excès d'agitation pour cette attente. Le mécanisme aménagé° par Legrain devait jouer° à minuit. Il restait environ une heure.° Gerbier fuma plusieurs cigarettes, puis alla jusqu'à la porte et crocheta la serrure° sans faire de bruit. Il poussa° un battant.° Il vit la lumière brutale qui cernait° le plateau. Gerbier revint à sa paillasse, et prévint.°

—Tiens-toi° prêt, Roger, il n'y en a plus pour longtemps.°

Alors, une fois encore, Gerbier entendit les mouvements du cœur de Legrain.

—Monsieur Gerbier, murmura difficilement le jeune homme, il faut que je vous dise quelque chose.

Il reprit son souffle,° avec peine.°

—Je ne pars pas, dit-il.

Malgré tout l'empire° qu'il avait sur lui-mîeme, Gerbier fut sur le point d'élever la voix d'une façon imprudente. Mais il se maîtrisa° et parla sur le diapason° habituel de ces entretiens° dans l'ombre.

—Tu as peur? demanda-t-il très doucement.

—Oh! Monsieur Gerbier, gémit° Legrain.

Et Gerbier fut sûr que Legrain était inaccessible à la crainte.° Aussi sûr que s'il avait pu voir son visage.

---

achevaient *finissaient*

crépuscule dusk /
amoncelait gathered / **fumée** haze
dure harsh / **fixe** direct

ronces barbs

feux = *lumières*

outil tool

atelier workshop

faire ... serrures spring the locks

tâtonnant groping

quelque temps for a while /
s'espaçaient were spaced apart

glissèrent au sommeil fell asleep /
soupirs sighs

craint feared

de sa part = *du côté de Legrain*

aménagé *préparé* / **jouer** go off

Il ... heure There was about an hour
to go

crocheta la serrure picked the lock

poussa pushed open / **battant** one
side of a double door

cernait = *entourait*

prévint alerted (Legrain)

Tiens-toi *Sois* / **il ... longtemps** it
won't be much longer

souffle breath / **peine** *difficulté*

empire *contrôle*

maîtrisa *contrôla* / **diapason** tone

entretiens exchanges

gémit complained

inaccessible ... crainte incapable of
fear

—Tu crois que tu es trop fatigué pour faire la route?° dit
Gerbier. Je te porterai s'il le faut.

faire la route = *marcher la distance nécessaire*

—Je l'aurais° faite. Je l'aurais faite, même bien plus
longue, dit Legrain.

l' = *la route*

Et Gerbier sentit que cela était vrai.

—Je vais vous expliquer, Monsieur Gerbier, seulement
ne me parlez pas, dit Legrain. Il faut que je fasse vite, et c'est
bien malaisé.°

malaisé *difficile*

Les poumons de Legrain sifflèrent. Il toussa et reprit:

—Quand je suis allé chercher les cachets pour dormir
comme vous me l'aviez commandé, j'ai vu le docteur. Il est
gentil, le docteur. C'est un vieux qui comprend. Il nous a
fait mettre ici avec Armel parce que ici au moins, il ne pleut
pas à travers la toiture° et le plancher° reste sec.° Il ne
pouvait rien de plus.° C'est pour vous dire qu'on peut cau-
ser° avec lui. Il ne m'a pas trouvé bonne mine.° Il m'a
ausculté.° Je n'ai pas tout bien compris de ce qu'il m'a
raconté. Mais assez quand même pour savoir que j'ai un
poumon perdu et l'autre qui se prend.° Il a soupiré° très fort
de me voir toujours enfermé et sans espoir° de sortir. Alors je
lui ai demandé ce qui arriverait° si j'étais dehors. Alors il m'a
dit qu'avec deux années de sana° je pouvais me consoler.°
Sans ça, je n'étais bon à rien. Je suis sorti de chez lui
assommé.° Vous m'avez vu... Je pensais tout le temps à ce
que vous m'aviez raconté de la vie de la Résistance. J'ai mis°
jusqu'à ce matin à comprendre que je ne pouvais pas partir.

toiture roof / **plancher** floor / **sec** dry
rien de plus = *rien faire de plus*
causer *parler* / **bonne mine** = *en bonne santé*
m'a ausculté listened to my chest

se prend is being consumed / **soupiré** lamented
espoir hope
arriverait would happen
sana = *sanatorium* / **me consolider** get back my health

assommé stunned
J'ai mis It took me

Gerbier se croyait très dur.° Et il l'était. Il croyait ne
jamais agir° sans réflexion. Et cela était vrai. Il n'avait en-
flammé° Legrain de ses récits que pour avoir un sûr° complice. Pourtant ce fut sans réflexion, sans calcul,° et saisi par
une contraction inconnue, qu'il dit:

dur tough
agir to act
enflammé enkindled / **sûr** reliable
calcul *préméditation*

—Je ne vais pas te laisser. J'ai des moyens d'argent° et j'en
trouverai d'autres. Tu seras à l'abri,° soigné.° Tu te retape-
ras° le temps qu'il faut.°

moyens d'argent financial means
à l'abri sheltered / **soigné** cared for
te retaperas will get back into shape / **le ... faut** as long as it takes

—Ce n'était pas pour ça que je partais, Monsieur Gerbier,
dit la voix tranquille du jeune homme invisible. Je voulais
être agent de liaison. Je ne veux pas prendre les tickets° des
copains pour ma petite° santé. Je ne veux pas encombrer° la
Résistance. Vous m'avez trop bien montré ce qu'elle était.

tickets ration coupons
petite = *sans importance* / **encombrer** be a burden to

Gerbier se sentit physiquement incapable de répondre. Et
Legrain poursuivit:°

poursuivit *continua*

—Mais quand même je suis bien content de la connaître, la Résistance. Je ne vais plus être tellement
malheureux.° Je comprends la vie et je l'aime. Je suis
comme Armel, maintenant. J'ai la foi.

tellement malheureux that sad

Il s'anima° un peu et d'un ton plus farouche:°

s'anima became excited / **farouche** angry

—Mais ce n'est pas dans l'autre monde que j'attends° la justice, Monsieur Gerbier. Dites aux amis ici et de l'autre côté de l'eau,²² dites-leur qu'ils se dépêchent. Je voudrais avoir le temps de voir la fin des hommes aux yeux vides.°

attends expect

vides empty

Il se tut, et le silence qui suivit, ni l'un, ni l'autre n'en mesura la durée.° Sans le savoir ils avaient tous les deux le regard fixé sur la fente° de la porte par où l'on voyait briller les feux du chemin de ronde. Ils se levèrent en même temps parce que ce fil lumineux° sauta° tout d'un coup. Les ténèbres° de la liberté avaient rejoint les ténèbres prisonnières. Gerbier et Legrain étaient à la porte.

durée duration
fente crack

fil lumineux thread of light /
  sauta disappeared
ténèbres shadows

Contre toute prudence,° contre tout bon sens, Gerbier parla encore:

prudence caution

—Ils s'apercevront du sabotage, ils verront que je me suis évadé. Ils feront le rapprochement.° Ils penseront à toi.

rapprochement connection

—Qu'est ce qu'ils peuvent nous faire de plus? murmura Legrain.

Gerbier ne partait toujours° pas.

toujours still

—Au contraire, je vous serai utile, dit le jeune homme. On viendra me chercher° pour réparer. Je sortirai si vite qu'ils ne verront pas votre paillasse vide° et je les tortillerai° une bonne demi-heure encore. Vous serez loin avec le Bison.

chercher to get
vide empty / **tortillerai** will make
  them get worried

Gerbier franchit° le seuil.°

franchit crossed / **seuil** threshold

—Réfléchis° une dernière fois, dit-il, presque suppliant.°

Réfléchis Think it over /
  suppliant begging
à la charge a burden

—Je n'ai pas un caractère à être à la charge° de personne, répondit Legrain. Ce n'est pas avec la Résistance que je commencerai.

Gerbier glissa entre les battants sans se retourner et piqua° vers le défaut° des barbelés. Il l'avait étudié cent fois et il avait compté cent fois ses pas° jusqu'à ce lieu.°

piqua *marcha rapidement*
défaut opening, flaw
pas steps / **lieu** spot

Legrain ferma soigneusement° la porte, alla vers son grabat,° mordit° la toile° de la paillasse et resta étendu,° très sage.°

soigneusement carefully
grabat mat / **mordit** bit into /
  toile canvas / **resta étendu** lay
  there
sage calm

²²**les amis de l'autre côté de l'eau:** les Américains, les Anglais et les Français qui se trouvaient en Angleterre. «L'eau» signifie la Manche. (*The English Channel*).

Questions orales

SCÈNE 15

1. Pendant quelle période de la journée l'action a-t-elle lieu?
2. Que font le colonel et ses amis?
3. Quelle partie du camp est éclairée?
4. Quelle partie du camp est dans l'obscurité?
5. Pourquoi Legrain a-t-il un outil avec lui?
6. Est-ce que le colonel et ses amis parlent longtemps?
7. Est-ce que Legrain parle beaucoup?
8. A quelle heure l'évasion doit-elle avoir lieu?
9. Comment Gerbier ouvre-t-il la porte?
10. Qu'est-ce que Legrain déclare à Gerbier?
11. Est-ce que Gerbier élève la voix?
12. Legrain a-t-il peur?
13. Legrain est-il très fatigué ce soir-là?
14. Comment le docteur a-t-il trouvé Legrain?
15. Dans quelles conditions Legrain peut-il retrouver sa santé?
16. Pourquoi Legrain ne peut-il pas partir?
17. Pourquoi Gerbier a-t-il parlé de la Résistance à Legrain?
18. Pourquoi Legrain refuse-t-il de partir?
19. En quoi consiste la foi de Legrain?
20. Quand est-ce que Gerbier et Legrain se lèvent?
21. De quel sabotage Gerbier parle-t-il?
22. Qu'est-ce que Legrain va faire pour aider Gerbier?
23. Est-ce que Legrain décide finalement de partir?
24. Où Gerbier se dirige-t-il? Est-ce que Gerbier s'évade du camp?

Vers la lecture libre

UNDERSTANDING VOCABULARY

Verifying meanings

Sometimes you may encounter a familiar word in a new context where its known meaning does not seem to fit. In French, as in English, many words have more than one meaning. Often you may be able to guess the second meaning of the word from the new context. Otherwise, you may want to check the additional meanings in a dictionary. Here are a few examples from the selection you have just finished:

Gerbier et Legrain regardaient en silence les feux sur les barbelés.

> **Un feu** is *a fire,* but the barbed wire can't be burning. Here, **les feux** means *the lights of the prison camp.*

Tu crois que tu es trop fatigué pour faire la route?

> **Faire** means *to make* or *do*, but **faire la route** cannot mean *to build a road*. Here **faire la route** means *to go* or *cover the distance from the camp to the rendez-vous point*.

Quand je suis allé chercher les cachets...

> Usually, **chercher** means *to look for*, but here **chercher** means *to get*.

Alors je lui ai demandé ce qui arriverait si j'étais dehors.

> Usually **arriver** means *to arrive* or *come*. Here, **ce qui arriverait** means *what would happen*.

UNDERSTANDING STYLE

Narrative technique

In *L'Evasion* Kessel's emphasis on action is reflected in his narrative technique:

1. Descriptive passages are few. Kessel points out only those features essential to the plot. For example, in the opening scene, he provides the background necessary to the first dialogue in six short sentences.
2. Kessel writes in a concise and simple style. Sentences are usually composed of subject, verb, and complement. Subordinate clauses are rare and, when used, they are usually brief. Kessel retains the vocabulary of daily conversation.
3. The events and dialogues are directly presented. All interpretation of the psychological development and the personalities of the main characters has been left to the reader.
4. Although Kessel uses a third-person narrator (who "objectively" relates the story of a group of men in a concentration camp), it is evident that the entire action is seen through the eyes of Gerbier. Moreover, the reader is allowed to share the inner thoughts and feelings of only one person: Gerbier.

Vers la composition libre

Exercice stylistique

Rewrite the section up to Legrain's avowal (from the beginning of paragraph three to **Je vais vous expliquer, Monsieur Gerbier...**) from the point of view of Legrain. Maintain a third-person narration.

La Mort du comte d'Astrac

Sacha Guitry

Sacha Guitry

(1885–1957), an energetic actor, playwright, and author of movie scenarios, continued in the theatrical tradition of his famous father, Lucien Guitry. The unfolding of "La Mort du comte d'Astrac" demonstrates Guitry's familiarity with stage techniques, from the opening description of the scene, recalling the playwright's descripton of the stage setting, to the unexpected ending—the *coup de théâtre.*

Le 25 mai 1877, entre neuf heures et dix heures du soir, Geneviève, allongée° sur le divan de son boudoir, terminait la lecture d'un conte de Balzac.[1]

Ses jambes repliées° soutenaient° le volume trop lourd sans doute pour ses mains. Ses pieds étaient chausseés° de mules blanches ibordées° de vair,° et son peignoir, infiniment léger, était de soie° rose. Le silence était absolu et elle était immobile. Mais ses lèvres parfois prenaient la forme des mots qui commencent par une voyelle et son index° posé d'avance tout au haut du° feuillet° de droite trahissait° sa hâte de connaître la suite° du récit passionnant° qu'elle avait entrepris.°

La lumière de la lampe posée près d'elle était d'autant plus° violente qu'un° abat-jour° en concentrait les rayons° sur les pages blanches du livre ouvert où déjà l'attention de Geneviève était maintenue par l'intérêt grandissant° d'une de ces histoires impossibles—mais tellement° impossibles et si belles qu'on finit par douter même de leur invraisemblance.°

Un coup de sonnette° lui fit° soudain lever la tête. Elle n'attendait personne et ce coup de sonnette avait été brusque, violent, impératif. Elle s'était dressée,° les deux dernières pages qu'elle venait de lire s'étaient refermées d'elles-mêmes° et elle tendait° maintenant son cou fragile

allongée reclining

repliées bent / **soutenaient** were supporting
Ses ... chausseés = *Aux pieds elle portait*
ibordées trimmed / **vair** fur
soie silk

index index finger

au ... du at the top of / **feuillet** *page*
trahissait betrayed
suite *la conclusion* /
passionnant thrilling
entrepris *commencé*

d'autant plus all the more / **qu'** in that / **abat-jour** shade / **rayons** rays

grandissant growing

tellement so

invraisemblance lack of realism
coup de sonnette doorbell / **lui fit** made her

s'était dressée sat up straight

d'elles-mêmes by themselves
tendait was stretching

From *L'Esprit,* pp. 113–116, by Sacha Guitry. Reprinted by permission of Presses de la Cité, Paris. Copyright © 1962 by Librairie Académique Perrin, Paris.

[1]**Balzac:** Honoré de Balzac, a French novelist of the nineteenth century, was the author of *La Comédie humaine.*

vers la porte que fixait son regard.° Elle semblait sortir d'un rêve° et l'entrée d'un des personnages du conte qu'elle lisait, sûrement, ne l'eût pas surprise.°

La pendule° sonna° la demie de neuf heures. Geneviève se jura° de ne pas l'oublier.

Quelques instants plus tard, sa femme de chambre° lui présentait une carte de visite:

que ... regard *que ses yeux regardaient*
rêve dream
ne ... surprise would not have surprised her
pendule clock / **sonna** chimed
jura swore
femme de chambre maid

PRINCE NICOLAS TOURGUENINE
Odessa[2]

Elle n'avait, pensait-elle, jamais entendu ni lu ce nom.

—Je ne connais pas ce monsieur, dit-elle, que veut-il?

—Ce monsieur dit qu'il n'a pas, en effet, l'honneur de connaître Madame, mais qu'il a une communication de la plus grande urgence à lui faire.

—Prenez le revolver qui se trouve dans ma table de nuit ... et posez-le là, près de moi, dit alors Geneviève le plus simplement du monde.°

La femme de chambre, en tremblant un peu, fit ce que lui ordonnait sa maîtresse.° Geneviève posa son livre sur le revolver afin de° le dissimuler,° puis elle fit allumer° les deux appliques° de la cheminée° et dit enfin:

—Faites entrer° ce monsieur.

Un homme entra, qui devait avoir° trente ans. Il était roux,° sans grande distinction, de taille° moyenne° mais râblée.° Elle ne vit pas très bien son visage d'abord, mais, lorsque, sur son invitation, il s'assit en face d'elle, Geneviève fut tout à coup frappée° par l'expression douloureuse° et triste et grave de cet homme.

—Madame, dit-il après avoir passé une main nerveuse sur son front, je viens remplir° une mission pénible° ... la plus pénible de toutes...

Sa voix était douce et il avait fort peu d'accent. Il regarda Geneviève fixement,° songeant° que peut-être elle allait deviner° le malheur qui la frappait. Mais, avec cette froideur derrière laquelle souvent les femmes dissimulent leur angoisse,° elle dit seulement:

—J'écoute.

le ... monde = *de la façon la plus simple*

ce ... maîtresse = *ce que sa maîtresse lui commandait*
afin de in order / **dissimuler** to hide
fit allumer had the maid light
appliques wall fixtures / **cheminée** fireplace
Faites entrer Show in
devait avoir = *avait certainement*
roux red-headed / **taille** height / **moyenne** average
râblée muscular
frappée struck
douloureuse sorrowful

remplir to fulfill / **pénible** painful

fixement fixedly / **songeant** *pensant*
deviner to guess

angoisse distress

[2]**Odessa:** a Ukrainian city situated on the Black Sea.

Ce calme n'était pas pour lui donner courage. Pourtant, il continua:

—Au début du mois de février, je fis à Pétersbourg[3] la connaissance du comte d'Astrac. J'avais été attiré à lui par une sympathie° très vive.° Le charme de son esprit,° sa bonté, sa grâce si française et la volonté° que j'avais de lui plaire° firent° que bientôt nous fûmes° des amis. Je suis contraint° maintenant de vous donner, Madame, des détails intimes sur ma vie, car vous devez les connaître, et je ne voudrais pas qu'ils vous fussent donnés par un autre° que par moi-même. Je suis marié depuis cinq ans, et j'ai une petite fille. A l'époque° où je fis la connaissance du comte d'Astrac, j'étais sur le point de commettre une vilaine° action. J'allais abandonner ma femme et mon enfant pour suivre la princesse de Blenheim, sorte d'aventurière° dont, hélas, je m'étais épris.° Le comte d'Astrac, à qui j'avais confié° la chose ... vous allez le reconnaître là, Madame ... le comte d'Astrac m'adjura° de rompre° cette union° qui me déshonorait... Il fit tout au monde pour atteindre° ce but ... et il l'atteignit. Le 17 mai ... je n'oublierai jamais cette date ... j'écrivis à la princesse de Blenheim que je partais le lendemain pour la France. J'avais pris, me semblait-il, toutes les précautions, connaissant l'indiscrète jalousie du prince... Mais, hélas! je n'avais pas compté avec° la fourberie,° la cruauté de cette femme!... Elle laissa traîner° volontairement ma lettre ... et le soir même, vers dix heures, chez moi, le prince de Blenheim se fit annoncer°... Il entra... Je ne l'avais jamais vu... Du seuil° de la porte, il me tendit ma lettre et sa carte. Ma femme était présente. Je n'eus le temps, madame, ni de dire un mot, ni de faire un geste... Le comte d'Astrac s'était avancé° et il avait tendu° sa carte au prince de Blenheim en disant: «Monsieur, je suis l'auteur de cette lettre!»... Il venait de sauver mon honneur...

Geneviève, impassible, écoutait sans que tressaillît un muscle° de son visage.

Son interlocuteur,° alors, se leva et laissa tomber ces mots:

—Madame, le comte d'Astrac, votre mari, est mort en duel le 21 mai 1877!

Geneviève lui répondit:

—Monsieur, je n'ai pas pu vous interrompre° tellement° vous m'avez intéressée, mais je dois vous dire que j'ai sous-

---

sympathie attraction / **vive** strong /
  esprit wit
la volonté = *le désir*
plaire to please / **firent** resulted in
  the fact
    fûmes were
contraint *obligé*
un autre = *une autre personne*

l'époque time
vilaine *mauvaise*

aventurière woman of adventure
m'étais épris = *étais amoureux*
confié confided
adjura beseeched / **rompre** to break
  off / **union** *liaison*
atteindre to reach

compté avec taken into account
fourberie deceit / **traîner** lie around

se ... annoncer announced his arrival
seuil threshold

s'était avancé stepped forward /
  tendu *offert*

sans ... muscle without a muscle
  trembling
interlocuteur = *la personne qui
  parlait: le Prince Tourguenine*

interrompre to interrupt /
  tellement so much

---

[3]**Pétersbourg:** St. Petersburg, the capital of Russia at the time of the story. After the Communist Revolution, the city was renamed Leningrad.

loué à° Mme d'Astrac son appartement et qu'elle habite   **sous-loué à** sublet from
maintenant 27, quai Voltaire![4] ...

Questions orales

  1. A quelle époque se passe le récit?
  2. Que fait Geneviève ce soir-là?
  3. Comment Geneviève trouve-t-elle sa lecture?
  4. Comment se manifeste l'intérêt de Geneviève pour sa lecture?
  5. Est-ce que l'histoire qu'elle lit est une histoire vraie?
  6. Pourquoi se lève-t-elle la tête?
  7. Attend-elle quelqu'un ce soir-là?
  8. Interrompt-elle sa lecture?
  9. A quelle heure le visiteur arrive-t-il?
10. D'où vient le visiteur?
11. Est-ce que Geneviève a déjà fait la connaissance du prince?
12. Pourquoi le prince veut-il voir Geneviève?
13. Quelle précaution Geneviève prend-elle avant de recevoir le prince?
14. Où Geneviève cache-t-elle son revolver?
15. Quels sentiments Geneviève lit-elle sur le visage du prince?
16. Quelle attitude Geneviève prend-elle?
17. Est-ce que le prince est calme?
18. Quels sont les sentiments du prince pour le comte d'Astrac?
19. Où l'a-t-il rencontré?
20. Quelle action le prince allait-il commettre alors?
21. Quel but le comte d'Astrac veut-il atteindre?
22. Pourquoi le prince écrit-il à la princesse de Blenheim?
23. Comment se manifeste la cruauté de la princesse?
24. Que fait le prince de Blenheim?
25. Comment le comte d'Astrac sauve-t-il l'honneur du prince Tourguenine?
26. Comment le comte est-il mort? Qui l'a tué?
27. Pourquoi Geneviève a-t-elle laissé le prince faire son récit?
28. Pourquoi le prince a-t-il fait le récit à Geneviève?

---

[4]**quai Voltaire:** The name of a Paris street that runs along the Seine River.

Vers la lecture libre

UNDERSTANDING STRUCTURES

Causative **faire**

In the construction consisting of **faire** + *infinitive*, the subject of **faire** causes an action to be performed by someone or something other than the subject. Note the word order in the French construction: **faire** is immediately followed by the infinitive. (Only the negative expression **pas,** certain brief adverbs, and object pronouns can come between the two verbs.)

> **Un coup de sonnette lui fit soudain lever la tête.** *A ring made her suddenly raise her head.*

> **...elle fit allumer les deux appliques de la cheminée...** *...she had the two lights by the mantelpiece turned on.*

> **Faites entrer ce monsieur.** *Show this man in.* (Literally: *Have this man come in.*)

If the subject of **faire** is the object of the infinitive, a reflexive pronoun is used:

> **...le prince de Blenheim se fit annoncer...** *...the Prince of Blenheim had the butler announce his arrival...* (Literally: *...the Prince of Blenheim had himself announced...*)

The imperfect subjunctive

The imperfect subjunctive is a literary tense that is used less and less frequently by contemporary authors. However, the reader should be able to recognize it.

The imperfect subjunctive is most commonly encountered in the third person singular and is distinguished by a circumflex on the last vowel (and a final **t** in **-er** verbs):

> **chanter: qu'il chantât**   **être: qu'il fût**
> **finir: qu'il finît**   **avoir: qu'il eût**

The imperfect subjunctive is used when the main verb is in the *passé simple* and when the dependent clause must be in the subjunctive. The imperfect subjunctive is also used as a literary form of the past conditional.

> **l'entrée d'un des personnages ... ne l'eût pas surprise** = l'entrée d'un des personnages ... ne l'aurait pas surprise

(For a complete presentation of the forms of the imperfect subjunctive, see Appendix III.)

UNDERSTANDING STYLE

Setting the scene

In the traditional French short story, the opening paragraphs set the scene. Often the vocabulary used in these descriptive passages is rather specialized and beyond the range of the intermediate student. For example, **des mules blanches ibordées de vair** are slippers bordered with a white and gray squirrel fur commonly used in clothing of the Middle Ages. While it is not important to understand every word of the opening description, it is necessary to try to get a feeling for the mood of the story. Here Guitry presents a woman who loves romanesque novels, and who tries to recreate the atmosphere of these novels by keeping a gun at her side and arranging for indirect lighting when the guest is announced. This tone prepares the surprise ending of the story.

Vers la composition libre

Compositions guidées

1. Décrivez le prince Tourguenine.
   MOTS CLEFS   trente ans / roux / taille / rablé / voix / distinction / triste / accent / malheur

2. Résumez le récit du prince.
   MOTS CLEFS   faire la connaissance / abandonner / rompre / écrire / partir / se faire annoncer / mourir

Composition libre

Imaginez que vous êtes Geneviève. Notez les événements de la journée dans votre journal intime (*diary*).

Une Vieille Lampe à pétrole 7

Hugo de Haan

Hugo de Haan (1915–   ) was born in Rotterdam, the Netherlands. At twenty-one he enlisted in the *Légion Etrangère;* after his demobilization he served in several journalistic capacities for the Allies in Algeria. Arriving in Paris in 1946, he began a career in advertising but recently has devoted much of his time to writing radio scripts. Amazingly prolific, he also has some fifty short stories to his credit, many of which have appeared in the weekly magazine *Jours de France.*

The story "Une Vieille Lampe à pétrole," [1] which first appeared in 1966, presents a Paris in which an old shopkeeper's extrasensory powers do not seem out of place.

PREMIÈRE PARTIE

C'était un jeune homme qui n'avait pas de chance.° C'était du moins l'impression qu'il donnait à ceux qui le connaissaient et qui étaient peu nombreux.° D'abord, il était seul au monde. Il avait l'air de° ne jamais avoir eu de parents et d'être venu sur terre, Dieu seul savait comment. Il n'avait pas d'ami non plus, ni homme, ni femme. On ne l'avait jamais entendu adresser la parole° à quelqu'un autrement que° pour son travail qui était fort fastidieux° en vérité. Il écrivait des adresses sur des enveloppes. Nous ne savons pas à qui étaient destinées ces enveloppes et peu nous importe.° Il° nous intéresse seulement de savoir que le jeune homme écrivait des adresses à longueur de journée,° qu'il écrivait vite, cinq cents adresses par jour selon certains,° et que c'est là une besogne° qui lasse° l'esprit.

Le jeune homme n'était pas beau, mais n'était pas non plus disgracié par la nature. Il était de taille° moyenne° et, à première vue, paraissait tout à fait quelconque.° Son visage n'était pas particulièrement harmonieux, le front° n'était pas haut et les cheveux n'étaient guère° bouclés.° On le voyait et on l'oubliait sauf,° si par un très grand hasard,° on rencontrait son regard.°

On ressentait° alors comme un choc, car ses yeux étaient d'un bleu étrange, incroyablement° bleus même et il y dansait comme une petite flamme claire.°

n'avait ... chance was not lucky	
peu nombreux few in number	
avait ... de seemed	
adresser la parole *parler*	
autrement que other than / **fastidieux** dull	
peu ... importe little does it matter to us	
Il It	
à ... journée = *pendant toute la journée*	
certains = *certains gens*	
besogne *travail* / **lasse** *fatigue*	
taille height / **moyenne** average	
quelconque *ordinaire*	
front forehead	
n'étaient guère were hardly / **bouclés** curly	
sauf = *excepté* / **hasard** chance	
son regard = *ses yeux*	
ressentait felt	
incroyablement unbelievably	
il ... claire = *une sorte de flamme claire y dansait*	

Hugo de Haan, *Jours de France*, pp. 43–55, September 24, 1966. Reprinted by permission of Presses de la Cité, Paris.

[1] **lampe à pétrole:** oil lamp

Mais peu de gens avaient l'occasion de les voir, ses yeux, car il les gardait obstinément baissés.° D'abord à cause de ses enveloppes, bien entendu.°

Quand il avait terminé sa journée, il murmurait un vague salut à ses quelques collègues et disparaissait sans même qu'on se soit aperçu de° son départ. C'est dire° à quel point il paraissait inintéressant et peu digne° d'intérêt.

Dans la rue non plus, les regards des passants° ne s'arrêtaient pas sur lui. Il marchait toujours d'un pas vif,° un peu sautillant,° pressé de rentrer chez lui.

Personne n'avait jamais mis les pieds chez lui sauf sa logeuse° qui était une vieille femme que seul° le modeste loyer° que cette mansarde° lui rapportait intéressait encore dans la vie.

L'intérieur° du jeune homme ressemblait à celui qui l'occupait. Il était pauvrement meublé° et il n'y trônait° aucun bibelot,° ni même la reproduction d'un beau tableau° pour donner un peu de personnalité aux objets inanimés qui n'avaient vraiment pas d'âme.°

Et cependant, dès que° le jeune homme entrait chez lui, on eût° dit qu'il venait de franchir° le seuil° d'un palais° de contes de fées.°

Il jetait° son manteau n'importe où,° regardait autour de lui d'un air heureux et s'asseyait° à sa table … pour écrire!

Oui, lui qui avait passé huit longues heures à écrire des adresses, il reprenait la plume° dès que la liberté lui était rendue et il oubliait même souvent de manger.

Mais ce n'était plus des adresses qui naissaient° sous sa main, mais des notes, des croches,° des doublés,° des trilles, des clés° de fa, de sol et d'ut,[2] bref° tous ces signes cabalistiques qui ont une signification pour ceux qui sont versés dans l'art de la musique.

Il composait et était méconnaissable° de celui qui, dans la journée, griffonnait° ses cinq cents adresses comme un robot.

Il semblait vraiment habité° par une sorte de fièvre.° Il levait la tête de temps à autre° et écoutait. C'était même un peu ridicule de sa part car les bruits qui parvenaient jusqu'à° ses oreilles étaient ceux d'une grande maison peuplée lorsque le crépuscule° descend sur elle.

Il y avait le tintement° des casseroles,° les cris° des enfants qui riaient ou pleuraient, un poste de radio qui hurlait° si fort qu'il transformait la cour en une vaste kermesse.° Des

baissés lowered
bien entendu *bien sûr*

se … de noticed / **C'est dire** That tells you
digne worthy
passants pedestrians
vif *rapide*
sautillant skipping

logeuse landlady / **seul** only
loyer rent / **mansarde** attic room

L'intérieur = *La chambre*
meublé furnished / **il n'y trônait** *il n'y avait*
bibelot figurine / **tableau** painting

d'âme soul
dès que as soon as
eût would have / **venait de franchir** had just crossed / **seuil** threshold / **palais** palace
contes de fées fairy tales
jetait threw / **n'importe où** anywhere
s'asseyait sat down
plume pen

naissaient were born
croches eighth notes / **doublés** sixteenth notes
clés keys / **bref** in short

méconnaissable unrecognizable
griffonnait scribbled

habité inhabited / **fièvre** fever
de … autre from time to time
parvenaient jusqu'à reached

crépuscule twilight
tintement clinking / **casseroles** pots / **cris** shouts
hurlait screamed
kermesse public fair

---

[2]**fa, sol, ut:** In French musical notation, C is always *do* or *ut*, D is *re*, E is *mi*, and so on.

bruits communs et discordants, peu propres° à faire naître° une belle mélodie dans la tête du jeune homme.

Mais, pour lui, ces bruits devaient avoir une autre signification car, parfois, il souriait, d'un sourire° bizarre et ses yeux se mettaient à briller. Alors, sa plume se mettait à courir, des petites taches° noires se jetaient sur leurs portées° et la jeune homme chantonnait° en même temps qu'il composait.

Il nous faut vraiment beaucoup de patience pour consacrer° autant de temps à ce garçon qui paraissait un peu demeuré,° un peu fou même, il faut bien le dire,° mais puisque nous avons commencé à nous intéresser à lui, allons jusqu'au bout.°

Il y a une chose que nous aurions dû dire beaucoup plus tôt car elle a une grande importance: le jeune homme écrivait à la lueur,° vacillante° bien sûr, d'une bougie.°

Pourquoi? Il avait pourtant dans sa mansarde l'électricité comme tout le monde, ou presque. Peut-être voulait-il faire des économies? Ce serait là l'explication logique de l'existence de cette malheureuse° bougie, mais elle° ne nous satisfait pas pleinement.

Pourquoi ne pas supposer, par exemple, que ce jeune homme eût une âme romantique et que la faible lumière dansante de la bougie fût plus propre° à lui apporter l'inspiration nécessaire?

Il est possible encore qu'il eût lu les biographies des grands compositeurs d'autrefois° qui avaient du génie,° mais pas d'électricité.

Il n'y avait pourtant pas de livres dans sa chambre et son passé est pour nous un complet mystère.

Mais à force d'écrire° des adresses tous les jours et des notes toutes les nuits, il commençait à avoir les yeux qui lui brûlaient.°

Il lui arrivait alors° de tourner le commutateur° et d'allumer la lumière. Elle était jaune et blafarde° et d'un seul coup° le palais° du jeune homme disparaissait et il se retrouvait dans sa mansarde nue° et froide comme la cellule° d'un moine.°

Il essayait tout de même de composer, mais on aurait dit que la plume magique se fût soudainement desséchée;° elle ne voulait plus donner une seule note et le jeune homme rallumait sa bougie avec un soupir° et en se frottant° les yeux.

Un soir, en sortant de son travail, son employeur lui demanda d'aller porter une lettre urgente dans un autre quartier de la ville. Pour le jeune homme c'était comme s'il

---

peu propres hardly conducive / **faire naître** to give birth

sourire smile

taches dots / **portées** staffs
chantonnait hummed

consacrer to devote
demeuré retarded / **dire** = *admettre*

au bout *à la fin (de l'histoire)*

lueur glimmer / **vacillante** flickering / **bougie** candle

malheureuse sad little / **elle** = *cette explication*

propre fitting

d'autrefois = *du passé* / **génie** *talent*

à ... écrire as a result of writing

brûlaient hurt

Il ... alors He would then / **commutateur** switch
blafarde pale
d'un ... coup all at once / **palais** palace
nue bare / **cellule** cell
moine monk

desséchée dried out

soupir sigh / **frottant** rubbing

était parti à l'étranger° car il ne semblait connaître que le chemin qui conduisait° de sa maison à son travail.

Il passa par une rue comme il n'en avait encore jamais connu. C'était celle des antiquaires° et leurs boutiques se touchaient formant toutes ensemble une immense caverne d'Ali-Baba.

Il se prit° à admirer les vieilles choses qui y étaient exposées et tomba brusquement en arrêt° devant un objet comme il y en a pourtant des centaines de milliers de par° le monde: une lampe à pétrole.°

Une lampe à pétrole! Voilà qui° allait peut-être concilier le romantisme timide de la bougie avec la clarté vulgaire° de l'ampoule° électrique! Oui, mais combien coûtait-elle, cette lampe?

Il hésita longtemps et lorsqu'il franchit° finalement le seuil° du marchand on peut dire qu'il avait pris son courage à deux mains. Car pour ceux qui font tous les jours la même chose tout geste inusité° devient un acte de courage.

Il est temps maintenant d'abandonner pour quelques instants le jeune homme aux yeux baissés° et de regarder le vieux marchand qui lui faisait face.°

C'était vraiment un très vieil homme puisque quelques mois seulement le séparaient de sa centième année.

Il était petit et tenait la tête un peu penchée° comme s'il était sourd,° mais il n'était pas sourd. Il n'était pas aveugle° non plus, bien au contraire. On ne voyait plus ses yeux noirs qui disparaissaient dans d'innombrables rides,° mais ses yeux, eux, vous voyaient très bien.

Il contempla le jeune homme avec autre chose que° la politesse due au client, aussi modeste soit-il.° Car le jeune homme avait levé la tête et les yeux noirs du vieillard avaient capté° son regard si bleu.

—Que désirez-vous, jeune homme? demanda-t-il avec une grande douceur.°

—Euh … je … j'ai vu une lampe dans votre vitrine.

—Une très vieille lampe à pétrole, oui… Elle est très ancienne … vous verrez que son pied° est en cuivre° et joliment travaillé° … je vais aller vous la chercher.

—Mais…

Déjà le vieil homme trottinait° dans sa boutique, agile comme une souris° qui connaît tous les détours° du grenier.° Il revint avec la lampe qu'il portait avec précaution comme si elle avait été un objet de grande valeur. Il la plaça précautionneusement sur une petite table où soudainement elle prenait° de la beauté et de l'importance.

—Tenez … regardez …, dit-il. Admirez ce pied. Ce

---

l'étranger a foreign land
conduisait led

antiquaires antique dealers

se prit *commença*
tomba … arrêt stopped suddenly
de par *dans*
à pétrole oil
Voilà qui Here is what
clarté vulgaire glare
ampoule bulb

franchit crossed
seuil threshold

inusité unusual

baissés lowered
lui … face *le regardait*

penchée bent forward
sourd deaf / **aveugle** blind

rides wrinkles

autre … que something more than
aussi … soit-il however poor he might be

capté caught

douceur kindness

pied base / **cuivre** brass
travaillé decorated

trottinait trotted about
souris mouse / **détours** corners
grenier attic

prenait took on

dessin,° vous ne le retrouverez plus nulle part° … voyez comme il est fin° et gracieux … on perdrait son temps à vouloir en suivre le tracé° … il vous perd comme dans un labyrinthe…

—Eh oui, dit le jeune homme, je le vois bien. Mais ce n'est jamais qu'une° lampe à pétrole, pas vrai?°

—Dans un sens, vous avez raison…

—Quel est son prix?°

—Ah…

Il y eut un silence pendant lequel le vieil homme faisait semblant de° regarder ses pieds. Mais il regardait les pieds de son client et voyait leurs chaussures usées° et éculées.°

Il s'éclaircit la gorge.°

—Pour vous … euh … cette lampe ne coûtera que cent cinquante francs…

Le jeune homme eut un haut-le-corps.°

—Cent cinquante francs … jamais je ne pourrai mettre une somme pareille° dans une simple lampe à pétrole. Tant pis…° Pardonnez-moi de vous avoir dérangé…°

—Un instant, dit le vieil homme. Pourquoi voulez-vous cette lampe? Etes-vous collectionneur?°

—Grands dieux, non! Pour m'éclairer,° tout simplement…

—Dans une ville comme la nôtre, n'avez-vous pas l'électricité comme tout le monde?

—Si.

—Alors?

—C'est difficile à vous expliquer.

—Vous me paraissez à la fois nerveux et timide, dit le vieil homme. Asseyez-vous là pendant quelques instants. Ce n'est pas un tabouret° que je vous offre, ajouta-t-il avec un sourire, mais un fauteuil à médaillon.[3] Cela vous est parfaitement égal,° je le sais bien, mais vous y serez bien° pour reprendre votre souffle° et me raconter votre histoire.

---

[3]**un fauteuil à médaillon:** An expensive piece of eighteenth-century furniture.

---

dessin pattern / **nulle part** anywhere
fin *délicat*
tracé line of the design

n'est … qu' is nonetheless only / **pas vrai?** = *n'est-ce pas?*

prix price

faisait … de pretended
usées worn / **éculées** down at the heel
s'eclaircit la gorge cleared his throat

haut-le-corps start

une … pareille such a sum of money
Tant pis Too bad / **dérangé** disturbed

collectionneur collector
m'éclairer light my room

tabouret stool

Cela … égal It's all the same to you / **bien** *confortable*
reprendre … souffle to catch your breath

Questions orales

1. Pourquoi pensait-on que le jeune homme n'avait pas de chance?
2. En quoi consistait son travail?
3. A qui étaient destinées les enveloppes?
4. Comment était le jeune homme physiquement? Comment étaient ses yeux?
5. Comment savons-nous que le jeune homme paraissait inintéressant?
6. Où habite-t-il?
7. Qui sont les personnes qui sont entrées chez lui?
8. Sa chambre avait-elle beaucoup de personnalité?
9. Que faisait le jeune homme le soir?
10. Par quoi semblait-il habité?
11. Quels bruits entendait-on chez lui?
12. Le jeune homme faisait-il attention à ces bruits? Qu'est-ce qu'il écoutait?
13. Quelle lumière y avait-il dans sa chambre quand il travaillait?
14. Pourquoi se servait-il d'une bougie plutôt que de l'électricité?
15. Pourquoi ses yeux lui brûlaient-ils?
16. Le jeune homme peut-il composer de la musique quand il a allumé l'électricité?
17. Pourquoi le jeune homme se trouve-t-il un jour dans un quartier éloigné?
18. Pourquoi la rue ressemble-t-elle à la caverne d'Ali-Baba?
19. Que voit le jeune homme?
20. Pourquoi hésite-t-il avant d'entrer dans la boutique?
21. Quel âge a le vieux marchand?
22. A quoi ressemble le marchand quand il cherche la lampe? Où la met-il?
23. Combien coûte la lampe?
24. Est-ce que le jeune homme est collectionneur?
25. A-t-il assez d'argent pour acheter la lampe?
26. Pourquoi veut-il la lampe?
27. Pourquoi le vieux marchand fait-il asseoir le jeune homme?

Vers la lecture libre

UNDERSTANDING STRUCTURES

Impersonal pronouns

On is an impersonal subject pronoun that refers to an unspecified person or group of people. Note the following examples:

On ne l'avait jamais entendu adresser la parole...
On le voyait et **on** l'oubliait sauf, si … **on** rencontrait son regard.
On ressentait alors comme un choc...
...**on** eût dit que...
...**on** aurait dit que...
...**on** peut dire que...
On ne voyait plus...

Il often occurs as an impersonal subject in French:

> **Il** nous intéresse…
> …**il** nous faut vraiment beaucoup de patience…
> …**il** faut bien le dire…
> **Il** est possible encore que…
> **Il** est temps maintenant…

Il y a and variants are another group of impersonal expressions occurring in the narrative:

> …et **il y dansait** comme une petite flamme claire.
> …**il** n'y **trônait** aucun bibelot…
> **Il y avait** le tintement des casseroles…
> **Il y a** une chose que…
> **Il** n'y **avait** pourtant pas…
> **Il y eut** un silence…

UNDERSTANDING STYLE

Point of view

The generous use of impersonal pronouns and expressions reinforces the narrator's impersonal third-person point of view. The descriptions of the young man at work in his office and the young man in the evening composing music in his garret both present the impressions and comments of an impartial observer, who relates what he or she has seen and learned without introducing personal value judgments. In fact, the observer seems to have little appreciation for music and apparently does not understand the nature of the composer's art.

On page 78, however, when the young man is sent on an errand to another part of the city, the point of view begins to change. Although the impersonal narrator still sometimes inserts a comment here and there, the remainder of the story reflects the point of view of the young man. The reader becomes aware of the latter's thoughts and reactions not only through the dialogue, but also indirectly through the comparisons and figures of speech. In reading the second part of the story, note the devices the author uses to establish the young man's point of view.

Vers la composition libre

Compositions guidées

1. Faites le portrait du jeune homme.

   MOTS CLEFS   beau / quelconque / harmonieux / étrange / fou / romantique / timide / gêné

2. Décrivez l'appartement du jeune homme.

   MOTS CLEFS   mansarde / meuble / bibelot / personnalité / objet / bougie / table / électricité / livre

Compositions libres

1. Contrastez les occupations du jeune homme durant la journée et pendant la nuit.
2. Mettez-vous à la place d'un collègue du bureau et donnez votre impression de ce jeune homme qui travaille à côté de vous.

DEUXIÈME PARTIE

Le jeune homme s'assit presque malgré lui.° Il avait si peu l'habitude de parler° de ce qu'il aimait que brusquement un véritable torrent de paroles° sortit de sa bouche comme si une digue° s'était rompue° dans son esprit.

Il raconta tout: les adresses, la bougie, les phrases mélodieuses, la lumière crue° et l'autre l'écouta sans dire un seul mot.

—Voilà pourquoi j'aurais voulu acheter cette lampe, conclut-il. Mais mes moyens° sont si éloignés° de la somme que vous désirez...

—De quel instrument jouez-vous? voulut savoir le vieil homme.

—D'aucun.° Mais je les entends tous dans ma tête.

—Et que composez-vous?

—Oh ... des choses d'autrefois ... des sonates ... et peut-être même ... un jour ... une symphonie.

—J'aime beaucoup la musique, dit le vieil homme. Sifflez-moi° donc l'une de vos sonates, celle que vous aimez le plus.

Et le jeune homme se mit à siffler. C'était vraiment un curieux spectacle car il s'était levé et arpentait° la boutique encombrée° tout en sifflotant.° Quant au vieil homme, il était confortablement installé dans un fauteuil à oreilles° et avait fermé les yeux.

—Ce n'est pas mal du tout, dit-il lorsque le jeune homme eut fini.

—Oh ... vous croyez, dit celui-ci.

—Vous n'avez pas confiance en vous?

—Parfois ... et si peu.

—Etes-vous déjà allé voir un éditeur?°

—Oh non! je n'oserais pas!° Ce que je fais n'est pas à la mode° et on se moquerait de moi!

Le vieil homme prit la lampe dans un geste de caresse.

—Il est vrai que le cuivre est un peu terni,° dit-il, comme s'il se parlait à lui-même. Il faudrait le frotter.°

Brusquement, il leva la tête et regarda le jeune homme droit° dans les yeux.

malgré lui in spite of himself
avait ... parler was so little used to talking
paroles words
digue dike / **s'était rompue** had broken
crue harsh

moyens financial means / **éloignés** far

D'aucun None

Sifflez-moi Whistle for me

arpentait was walking up and down
encombrée crowded (with antiques) / **sifflotant** whistling
fauteuil à oreilles wing chair

éditeur publisher
n'oserais pas would not dare
à la mode in fashion

terni tarnished
frotter to rub

droit straight

—Avez-vous déjà entendu l'histoire d'une lampe qu'on frottait? demanda-t-il sèchement.°

—Mais non, monsieur…

—Vous ne connaissez donc pas l'histoire d'Aladin et de sa lampe merveilleuse?

—Non, en vérité, je ne la connais pas.

Le vieil homme alla chercher un livre sur un rayon° et trouva sans difficulté la page qu'il cherchait.

—Les Contes des Mille et Une Nuits,⁴ dit-il. Et voici l'histoire d'Aladin et de sa lampe merveilleuse. Je ne vais pas vous la raconter entièrement, cela nous prendrait la soirée. Le père d'Aladin était un tailleur° chinois du nom de Mustafa…

—Mon père n'était pas tailleur, dit le jeune homme, avec une moue.°

—Cet Aladin se conduisait° déjà très mal à l'âge de quinze ans, poursuivit° le vieil homme sévèrement. A tel point° que cela fit beaucoup de peine° à son père. Il est dit ici que «le chagrin de ne pouvoir faire rentrer ce fils dans son devoir° lui causa une maladie si opiniâtre° qu'il en mourut° au bout de° quelques mois».

—Je puis° vous assurer que ce n'est pas mon cas, affirma le jeune homme. Je … enfin … je n'ai jamais connu mes parents…

—Bien … bien … venons-en° à cette fameuse lampe… Cela se trouve par ici… «Il y avait dans le monde une lampe merveilleuse dont la possession rendrait quiconque° plus puissant° que le plus puissant des monarques s'il pouvait en° devenir le possesseur.»

Le jeune homme se demandait° bien où son interlocuteur voulait en venir;° il avait presque envie de prendre ses jambes à son cou° et de quitter cette boutique qui ressemblait à l'officine° d'un magicien.

Mais une curieuse autorité émanait du vieil homme.

—Bref,° reprit-il, la lampe arriva entre les mains d'Aladin qui ignorait° d'abord le pouvoir° magique. Et puis, un jour … attendez … ça doit se trouver par ici … oui … écoutez … La mère d'Aladin prit la lampe où elle l'avait mise. «Elle est bien sale°», dit-elle à son fils, «si nous la nettoyions° un peu, elle aurait sans doute plus de valeur.°» Elle prit de l'eau et du sable° fin mais à peine° eut-elle commencé à frotter cette lampe qu'un génie hideux et d'une grandeur gigan-

---

sèchement tartly

rayon shelf

tailleur tailor

moue pout
se conduisait behaved
poursuivit *continua* / **A tel point** To such an extent
fit … peine very much hurt
faire … devoir to make this son accept his duty
opiniâtre obstinate / **en mourut** died from it
au … de *après*
puis = *peux*

venons-en let's get to

quiconque anyone
puissant powerful / **en** = *de la lampe*

se demandait wondered
où … venir what his speaker was driving at
prendre … cou to take to his heels
officine den

Bref In short
ignorait = *ne connaissant pas* / **pouvoir** power

sale dirty / **nettoyions** cleaned
valeur value
sable sand / **à peine** barely

---

⁴**Les Contes des Mille et Une Nuits:** *Tales of the Arabian Nights,* which contains the story of Aladdin and his wonderful lamp.

tesque° s'éleva et parut° devant elle et lui dit d'une voix tonnante:° «Que veux-tu? Me voici prêt à° t'obéir, comme ton esclave° et celui de tous ceux qui ont la lampe à la main, moi avec les autres esclaves de la lampe.»

Il se tut,° ferma le livre et le posa devant lui.

—Et c'était vrai, conclut-il, la lampe a fini par tout donner à Aladin, bonheur, richesse, amour...

L'obscurité s'était glissée° dans la pièce° et le vieil homme alluma la lampe à pétrole. Elle avait une belle flamme ferme qui laissait pourtant la place à° des ombres complices° et amies.

—Oui, dit le jeune homme enfin, mais cette lampe-là, ce n'est pas celle d'Aladin...

—Qu'en savez-vous? demanda l'autre. Il n'y a que la foi° qui sauve°... Prenez la lampe, emportez°-la avec vous...

—Mais, je n'ai pas...

—Frottez-la avec douceur° chaque fois que vous voudrez créer quelque chose de grand et de beau... Vous réussirez... vous gagnerez de l'argent ... et vous reviendrez ici pour me payer le prix de la lampe.

Le jeune homme n'en croyait pas ses oreilles. Il osa à peine prendre la lampe entre ses mains...

—Je ne sais comment vous remercier.

—Ce n'est rien. Mais faites bien attention à votre lampe...

Le jeune homme mit la lampe dans l'intérieur de son manteau, la tenant° comme s'il cachait° un enfant.

Il ne savait plus comment prendre congé du° vieil homme, mais celui-ci paraissait l'avoir oublié. Il avait fermé les yeux et s'était même carrément° endormi.

Le jeune homme quitta la boutique comme un voleur° et rentra chez lui en rasant les° murs.

Mais, enfin, la lampe fut sur sa table, il l'alluma et la pièce baigna° dans une douce lueur.

Il prit un chiffon° et frotta doucement le cuivre terni. Aucun° génie, ni bon, ni mauvais ne sortit de la lampe. Elle eut seulement l'air contente d'être un peu plus propre.°

Le jeune homme se mit enfin à écrire la grande symphonie dont les phrases avaient parfois traversé° son cerveau° comme dans un éclair,° mais qu'il n'avait jamais pu saisir° au vol.°

Et maintenant, voilà qu'elle se créait,° sa symphonie!

Il frottait sa lampe, il ne souriait plus avec l'ironie du premier soir, car il sentait bien que la lampe l'aidait dans son œuvre comme l'autre avait aidé Aladin...

---

d'une ... gigantesque of huge size / **parut** appeared

tonnante thundering / **prêt à** ready to

esclave slave

se tut stopped talking

s'était glissée had entered / **pièce** room

la ... à room for

complices *favorables*

foi faith

sauve saves / **emportez** take

avec douceur gently

tenant holding / **cachait** was hiding

prendre ... du *dire au revoir au*

carrément = *complètement*

voleur thief

rasant les *passant tout près des*

baigna bathed

chiffon rag

Aucun No

plus propre cleaner

traversé crossed

cerveau mind / **éclair** flash

saisir grasp / **au vol** in flight

se créait *prenait forme*

Un jour, il osa enfin apporter sa symphonie achevée° à un éditeur en renom.°

—Revenez dans trois jours, lui dit celui-ci. A cinq heures...

—Je travaille jusqu'à six heures, monsieur...

—Soyez ici à six heures et demie...

Ces trois jours furent les plus longs de sa vie. Il n'écrivait plus rien, plus une note, il restait parfois une heure à regarder la lampe et avait l'impression que cette flamme jaune apportait la folie° dans son cerveau.

Le dernier soir, il alla jusqu'à la boutique. Il voyait bien le vieil homme qui lisait assis dans un fauteuil de style.° Il avait l'air d'un sorcier° qui consultait un grimoire° et le jeune homme n'eut pas le courage de l'affronter.°

Le grand jour arriva enfin et à six heures et demie précises,° l'éditeur le reçut, avec cordialité et respect.

—Ce que vous avez fait est excellent, jeune homme...

Celui-ci reçut une somme qui lui parut° fabuleuse. Il courait dans la rue comme un possédé° tant il avait hâte° de régler sa dette° chez le vieil homme.

Il arriva à sept heures et demie. La boutique était encore ouverte. Une femme était en train de la fermer.°

—Je voudrais voir le vieux monsieur, dit-il.

—Il aurait fallu vous y prendre° plus tôt! dit la femme. Il est mort il y a une heure.

Il la regarda comme s'il voyait un fantôme.°

—Il est mort à...

—Six heures et demie, oui. Mais que lui° vouliez-vous? Remarquez, je ne suis que la femme de ménage,° mais je puis° peut-être vous être utile...

—C'est que ... je lui devais° cent cinquante francs ... pour l'achat° d'une lampe...

—Ah! c'est vous le jeune homme de la lampe! s'exclamat-elle. Par exemple!° Imaginez-vous que je me trouvais auprès de° lui lorsqu'il s'est senti mourir. J'ai même entendu ses dernières paroles et il les a dites d'une voix très claire... «Tout à l'heure,° un jeune homme va venir ... il voudra me payer une vieille lampe ... dites-lui que je lui en fais cadeau° et qu'il en prenne bien soin.° Là où je vais, moi, il y a encore mieux° que la lampe d'Aladin ... il y a des milliards° d'étoiles°...»

---

achevée *terminée, finie*
en renom popular

folie folly

un ... style period armchair
sorcier sorcerer / **grimoire** book of spells
l'affronter to talk to him

précises sharp

parut seemed
possédé madman / **tant ... hâte** in such a hurry was he
régler sa dette to settle his debt

en ... fermer closing up

Il ... prendre You should have come

fantôme ghost

lui of him
femme de ménage cleaning lady
puis = *peux* / **être utile** = *aider*
devais owed
achat purchase

Par exemple! What a coincidence!
auprès de next to

Tout à l'heure Soon
je ... cadeau *je la lui donne*
soin care
encore mieux even better things / **milliards** billions
étoiles stars

Questions orales

1. Pourquoi le jeune homme parle-t-il si vite?
2. Qu'est-ce qu'il raconte au vieux marchand?
3. De quel instrument joue le jeune homme?
4. Qu'est-ce que le jeune homme compose?
5. Qu'est-ce que le marchand lui demande de siffler?
6. Que fait le jeune homme en sifflant?
7. Quelle impression fait la sonate sur le marchand?
8. Pourquoi le jeune homme n'est-il pas allé chez un éditeur?
9. Le jeune homme connaît-il l'histoire de la lampe d'Aladin? Où peut-on lire cette histoire?
10. Qui était le père d'Aladin? Qu'est-ce qui cause sa mort?
11. Pourquoi la lampe est-elle merveilleuse?
12. Quelle est la réaction du jeune homme pendant que le marchand parle?
13. Quand la mère d'Aladin a frotté la lampe, qu'est-ce qui est arrivé?
14. La lampe du marchand, est-ce la lampe d'Aladin?
15. Comment le jeune homme va-t-il payer la lampe?
16. Qu'est-ce qui se passe quand le jeune homme frotte la lampe?
17. Quelle est l'influence de la lampe sur l'œuvre du jeune homme?
18. A qui apporte-t-il sa symphonie?
19. Combien de jours doit-il attendre la réponse?
20. Quelle est finalement la réponse de l'éditeur?
21. Que lui donne l'éditeur?
22. Pourquoi le jeune homme court-il comme un possédé? Où court-il?
23. A quelle heure arrive-t-il à la boutique du marchand?
24. Qui est en train de fermer la boutique?
25. A quelle heure le marchand est-il mort?
26. Quelles ont été ses dernières paroles?
27. Comment savait-il que le jeune homme allait venir avec les cent cinquante francs?

Vers la lecture libre

UNDERSTANDING VOCABULARY

Idioms and expressions with **avoir**

In French, many idiomatic expressions are constructed with **avoir**. In this story, one finds the following idioms.

avoir l'habitude de	*to be accustomed to, be used to*
avoir envie de	*to want (to)*
avoir hâte de	*to be in a hurry (to)*
avoir l'air de	*to seem (to)*
avoir de la chance	*to be lucky*
avoir les yeux qui brûlent	*(his) eyes hurt*

UNDERSTANDING STYLE

Figures of speech

Hugo de Haan uses several different kinds of figures of speech *(figures de rhétorique)* in this story.

1. The simile *(la comparaison)*, which de Haan seems to prefer, explicitly compares one action or thing to another with different qualities or attributes. In French, the simile is most frequently introduced by **comme** or **comme si:**

   comme si une digue s'était rompue
   comme ton esclave
   comme s'il cachait un enfant
   comme un voleur
   comme dans un éclair
   comme un possédé
   comme s'il voyait

   The comparison may be introduced by other expressions:

   ...qui ressemblait à l'officine d'un magicien.
   ...il avait l'air d'un sorcier...

2. The metaphor *(la métaphore)* is a figure of speech in which a phrase or word denoting one object or action is used in place of another, in a figurative sense, in order to suggest a likeness:

   un véritable torrent de paroles

   (This likeness is continued in the following line with the reference to **une digue dans son esprit.**)

3. Personification *(la personnification)* grants one object, often inanimate, the qualities of a human being:

   L'obscurité s'est glissée...
   Elle [la lampe] eut seulement l'air contente...

4. Hyperbole *(l'hyperbole ou l'exagération)* is an intentional exaggeration to gain a literary effect:

   Ces trois jours furent les plus longs de sa vie.

Vers la composition libre

Exercice stylistique

Trouvez les figures de rhétorique dans la première partie de "Une Vieille Lampe à pétrole." Identifiez chaque figure et décrivez son effet.

La Pèlerine 8

André Maurois

André Maurois (1885–1967), member of the *Académie française*, is familiar to American readers for his romanticized biographies of Byron, Shelley, Victor Hugo, and other famous writers. In "La Pèlerine," [1] which appeared in *Pour piano seul (1960),* the author creates the autumnal atmosphere appropriate to the presentation of the unusual charms of an old hunting cape.

—Connaissiez-vous, demanda-t-il, le charmant poète autrichien° Riesenthal?

—Je ne l'avais, dis-je, rencontré qu'une fois.° Je me souviens qu'il avait, ce jour-là, parlé de la Russie avec un mélange° ravissant de simplicité et de mystère… Autour de ces récits flottait° une brume° légère qui donnait aux personnages° décrits° par lui des contours imprécis et des formes plus qu'humaines… Sa voix même était étrange et comme voilée°… Oui, vraiment, je ne l'avais vu qu'une fois et déjà je l'aimais mieux que bien des° hommes que j'ai connus toute ma vie… Peu de temps après cette brève rencontre, j'ai appris sa mort, avec tristesse, mais sans surprise, car il avait à peine° l'air d'un vivant°… Depuis, bien° souvent, en voyageant dans les pays les plus divers, en France, en Allemagne, en Italie, partout j'ai rencontré des amis de Riesenthal… Tantôt° c'est un homme, tantôt une femme, dont il a rempli la vie, formé l'esprit et qui, à cause de lui, demeure° aujourd'hui plus délicat et plus sensible° que les autres êtres humains.

—Je suis content de ce que vous me dites, répondit-il, car j'étais un ami de Riesenthal. Comme vous, je l'avais un jour vu pendant une heure et n'avais pu l'oublier. Il y a trois ans, traversant mon pays, il se souvint de° moi, m'écrivit et s'arrêta chez moi pour un jour. C'était au début° de l'automne et déjà l'air était frais.° J'habite au pied de hautes montagnes. Riesenthal, frileux° et fragile, souffrit° de n'avoir pas apporté de vêtements assez chauds. «Pourriez-vous, me dit-il en souriant, me prêter un pardessus?°» Vous

autrichien Austrian
ne … qu'une fois only once

mélange blend
flottait hovered / **brume** mist
personnages characters / **décrits** described

voilée veiled
bien des *beaucoup d'*

à peine scarcely / **vivant** living person / **bien** = *très*

Tantôt Sometimes

demeure *reste* / **sensible** sensitive

se … de remembered
début beginning
frais cool
frileux sensitive to cold / **souffrit** *regretta*

pardessus *manteau*

From *Pour piano seul*, pp. 401–403, by André Maurois. Reprinted by permission of Librairie Ernest Flammarion, 1960.

[1]**La Pèlerine:** *The Cape*

voyez que je suis beaucoup plus gros et plus grand que notre ami. J'allai chercher une pèlerine° brune que j'avais l'habitude de porter° pour la chasse,° pendant l'hiver. Riesenthal, amusé, me fit voir° qu'il pouvait s'y envelopper sous une double épaisseur° d'étoffe° et, ainsi roulé° dans ma pèlerine, il se promena longtemps avec moi sous les arbres.

Ce jour-là, ma maison, mon jardin, les feuilles rougissantes,° les hautes montagnes qui nous entouraient° et, le soir, le feu de bois dans ma cheminée, lui plurent° tant qu'il décida de rester un jour de plus... Pendant la nuit, il étala° la pèlerine brune sur le lit et, le lendemain matin, la remit, comme une robe de chambre,° pour travailler. Le soir, il me dit qu'il n'avait pas envie de partir; de mon côté, je ne souhaitais que garder° chez moi le plus lontemps possible cet être° unique et délicieux. Ainsi, les jours s'accrochant aux jours,° il resta deux semaines pendant lesquelles il vécut blotti° dans ma pèlerine. Enfin, il partit, me laissant, souvenir de ce séjour, un poème. Quelques mois plus tard, j'appris sa mort.

L'automne qui suivit cette mort, je reçus une autre visite, celle d'un écrivain français dont j'aime le style transparent et lisse° et que je connaissais alors très peu. Lui aussi s'était arrêté dans ma petite ville pour un seul jour, car il allait à Vienne.² Pendant le déjeuner, la conversation fut difficile. Il me semblait que l'amitié que j'avais espérée s'éloignait,° que nous étions trop différents l'un de l'autre, et je compris avec regret que nous allions nous séparer sans avoir rien dit de sincère, ni de profond.° Après le repas, nous nous promenâmes sous les arbres jaunissants.° Il se plaignit° de l'humidité et j'allai lui chercher la pèlerine de Riesenthal.

C'est un fait assez étrange, mais dès qu'il° eut ce vêtement sur les épaules, mon hôte° sembla transformé. Son esprit,° naturellement précis et parfois amer,° parut soudain voilé° de mélancolie. Il devint° confidentiel, presque tendre. Enfin, quand la nuit tomba, une amitié était nouée° et, comme jadis° Riesenthal, ce visiteur d'automne, venu pour un jour, passa chez moi deux semaines entières.

Après cela, vous imaginez que la pèlerine brune devint pour moi un objet très cher auquel j'associai, sans beaucoup y croire, un pouvoir° symbolique et bienfaisant.°

Au cours de l'hiver qui suivit, je devins amoureux d'une Viennoise, admirablement belle, Ingeborg de Dietrich. Elle appartenait à une famille noble et ruinée; elle gagnait sa vie

---

pèlerine cape

avais ... porter usually wore / **chasse** hunting
fit voir *montra*
épaisseur thickness / **étoffe** cloth / **roulé** *enveloppé*

rougissantes = *qui devenaient rouges* / **entouraient** surrounded
plurent pleased
étala spread out

robe de chambre housecoat

garder to keep

cet être = *cette personne*
les ... jours as the days ran into each other
blotti snuggled

lisse smooth

éloignait was growing distant

sans ... profond without having said anything sincere, anything profound
jaunissants *devenant jaunes* / **plaignit** complained
dès qu' as soon as
hôte guest / **esprit** wit
amer bitter / **voilé** veiled
devint (*passé simple* of *devenir*)
nouée *établie*
jadis *autrefois*

pouvoir power / **bienfaisant** *qui fait du bien*

---

²**Vienne:** Vienna, capital of Austria. The inhabitants are *Viennois*.

en travaillant chez un éditeur.° Je lui offris de l'épouser, mais elle était, comme la plupart de ces jeunes filles élevées° après la guerre, fanatique d'indépendance et, tout en° me laissant voir que je ne lui déplaisais pas, elle me dit qu'elle ne pouvait supporter° l'idée de se lier° par un mariage. Je ne pouvais, moi, sans souffrir, la voir libre dans une grande ville et entourée d'hommes sans scrupules. Nous vécûmes ainsi plusieurs mois pénibles.

éditeur publisher
élevées brought up
tout en while

supporter *tolérer* / **se lier** to tie herself down

Au printemps, Ingeborg consentit à me rendre visite dans ma maison de Wienerwald. Le premier soir de son séjour, nous sortîmes dans le jardin, après le dîner, et je lui dis: «Voulez-vous me faire un grand plaisir? Permettez-moi, au lieu de votre manteau, de placer sur vos épaules une pèlerine qui m'appartient°... Je sais que vous n'êtes pas sentimental... Ce désir doit vous paraître° absurde... Que vous importe?°... C'est le premier soir que vous passez chez moi; accordez°-moi cela, je vous en prie.»

appartient belongs
paraître *sembler*
importe matters
accordez grant

Elle rit et, tout en se moquant de° moi avec beaucoup de grâce, elle accepta.

tout ... de while laughing at

Il s'interrompit° parce que, dans la brume du soir, au fond° de l'allée,° une forme charmante glissait° vers nous, enveloppée d'une pèlerine brune.

s'interrompit = *s'arrêta de parler*
fond end / **allée** path / **glissait** glided

—Vous connaissez ma femme? dit-il.

Questions orales

1. Qui est Riesenthal?
2. Comment décrit-il la Russie? Quelle impression ses personnages donnent-ils?
3. Quels sont les sentiments de l'auteur pour Riesenthal?
4. Pourquoi la mort de Riesenthal ne surprend-elle pas l'auteur?
5. Quel effet Riesenthal a-t-il sur ses amis?
6. A quelle époque Riesenthal va-t-il chez son ami?
7. Où habite cet ami?
8. Pourquoi Riesenthal désire-t-il un manteau?
9. A quoi la pèlerine servait-elle?
10. Pourquoi Riesenthal décide-t-il de rester chez son ami?
11. Quand est-ce que Riesenthal quitte son ami? Que lui donne-t-il en partant?
12. Quand Riesenthal est-il mort?
13. Qui est venu rendre visite à cet ami en automne?
14. Quelles sont les qualités du style de cet écrivain français?
15. D'où vient l'écrivain?
16. Combien de temps doit-il rester chez l'ami de Riesenthal?
17. Comment le déjeuner se passe-t-il?
18. Où se promènent-ils après le déjeuner? Qui se plaint de l'humidité?
19. Quel est l'effet de la pèlerine sur l'écrivain français?

20. Quelles différences y a-t-il entre la conversation du déjeuner et celle de l'après-midi?
21. Ce soir-là est-ce que l'écrivain français décide de partir? Combien de temps passe-t-il chez son ami?
22. Quel pouvoir bienfaisant la pèlerine a-t-elle?
23. Qui est Ingeborg de Dietrich?
24. Comment gagne-t-elle sa vie?
25. Pourquoi refuse-t-elle le mariage?
26. Pourquoi l'ami de Riesenthal vit-il des mois pénibles?
27. A quelle saison Ingeborg vient-elle lui rendre visite?
28. Pourquoi veut-il donner la pèlerine à la jeune femme?
29. Ingeborg accepte-t-elle la pèlerine?
30. Quel est le résultat de cette action?

Vers la lecture libre

UNDERSTANDING VOCABULARY

The word **que**

Often the small words in a sentence—the prepositions, pronouns, and conjunctions—are key words in conveying the author's thoughts. One such key word is **que.** Note the many ways it is used in "La Pèlerine:"

que = *that*:

> Je me souviens **que**…
> Vous voyez **que** je suis…
> Il me dit **que**…

que = *than*:

> …des formes plus **qu'**humaines…
> …je suis beaucoup plus gros et plus grand **que** notre ami.

ne … que = *only*:

> Je **ne** l'avais … rencontré **qu'**une fois.
> …je **ne** souhaitais **que** garder chez moi … cet être unique…

ce que = *what*:

> Je suis content de **ce que** vous me dites…

que = *which, that*:

> …une pèlerine brune **que** j'avais l'habitude de porter…
> …le style … **que** je connaissais alors très peu.

que as part of a conjunction:

> Il s'interrompt **parce que**… *(because)*

...ma maison, mon jardin ... lui plurent **tant qu'**il décida... *(so much that)*
...mais **dès qu'**il eut ce vêtement ... *(as soon as)*

UNDERSTANDING STYLE

Written style

In "La Pèlerine" Maurois presents a conversation between two men, probably both writers. The scene is set with the words *demanda-t-il, dis-je* and, somewhat later, *répondit-il;* the only real reference to an action taking place during the conversation is found in the next-to-last paragraph. We learn little about the narrator (except that he once met Riesenthal); nonetheless, we soon identify with the narrator and listen attentively to the story about the cape. Finally, we share the narrator's surprise in the last sentence of the denouement.

The conversation is related in written style, not the colloquial style used by Kessel. The sentences are delicate and flowing, as if the sentences themselves were impregnated with the *brume légère* that surrounded the stories of Riesenthal. Adjectives abound, frequently in pairs :

Sa voix ... étrange et comme voilée...
Riesenthal, frileux et fragile...
...cet être unique et délicieux.
...plus délicat et plus sensible...

Vers la composition libre

Compositions guidées

1. Faites le portrait de Riesenthal.
   MOTS CLEFS   poète / simplicité / mystère / voix / esprit / être humain

2. Décrivez le changement d'attidude de l'écrivain français.
   MOTS CLEFS   difficile / différent / amer / précis / transformé / confidentiel / tendre

Compositions libres

1. Décrivez un soirée d'automne.
2. Décrivez le pouvoir bienfaisant de la pèlerine.
3. Décrivez la personnalité d'Ingeborg.

Jeanne 9

Albert Camus

Albert Camus

(1913–60) was born and educated in Algeria and began his writing career as a journalist there. Moving to Fance in 1940, he worked on Resistance newspapers during the German Occupation. He is widely known among American college students for his philosophical novels, *L'Etranger* (1942), *La Peste* (1947), and *La Chute* (1956). While his early work stresses the absurdity of human existence, his later writing attempts to give value to life by emphasizing the necessity of striving for justice. He was awarded the Nobel Prize for Literature in 1957.

The fragment "Jeanne" was noted in his *Carnets* in 1938 and was later reworked and incorporated into *La Peste*. However, this delicate evocation of young love remained unpublished in its original form until after his death.

C'est à Jeanne que sont liées° quelques-unes de mes joies les plus pures. Elle me disait souvent: «Tu es bête.°» C'était son mot, celui qu'elle disait en riant, mais c'était toujours au moment où elle m'aimait le mieux. Nous étions tous les deux° d'une famille pauvre. Elle habitait quelques rues après la mienne,° sur la rue du centre. Ni elle ni moi ne sortions jamais de ce quartier où tout nous ramenait.° Et chez elle comme chez moi c'était la même tristesse et la même vie sordide. Notre rencontre,° c'était une manière d'échapper à° tout ça. Et pourtant maintenant, à cette heure où je me retourne vers son visage d'enfant lassé,° à travers° tant d'années,° je comprends que nous n'échappions pas à cette vie de misère et que, à la vérité, c'était de nous aimer° au sein même de° cette ombre° qui nous donnait tant d'émotion que rien ne pourra plus payer.°

Je crois que j'ai bien souffert quand je l'ai perdue. Mais pourtant je n'ai pas eu de révolte. C'est que° je n'ai jamais été très à l'aise au milieu de la possession. Il me semble toujours plus naturel de regretter. Et, bien que° je voie clair° en moi, je n'ai jamais pu m'empêcher° de croire que Jeanne est plus en moi dans un moment comme aujourd'hui qu'elle ne l'était quand elle se dressait° un peu sur la pointe des pieds° pour mettre ses bras autour de mon cou. Je ne sais plus comment je l'ai connue. Mais je sais que j'allais la voir chez elle. Et que son père et sa mère riaient de

liées *associées*

bête silly

tous les deux both

la mienne = *ma rue*

tout ... ramenait everything would bring us back

rencontre meeting

manière ... à a way of escaping

lassé *fatigué* / **à travers** back across

tant d' so many

de ... aimer = *le fait de nous aimer*

au ... de in the very midst of / **ombre** gloom

payer buy

C'est que = *C'est parce que*

bien que although

clair clearly / **empêcher** to stop

se dressait stood up

sur ... pieds on tiptoe

From *Carnets: mai 1935–février 1942*, by Albert Camus. Reprinted by permission of Editions Gallimard, Paris, 1962.

nous voir. Son père était cheminot° et, quand il était chez lui, on le voyait toujours assis dans un coin, pensif, regardant par la fenêtre, ses mains énormes à plat° sur ses cuisses.° Sa mère était toujours au ménage.° Et Jeanne aussi, mais à la voir légère° et rieuse,° je ne pensais pas qu'elle était en train de travailler. Elle était d'une taille° moyenne,° mais elle me paraissait petite. Et de la sentir si menue,° si légère, mon cœur se serrait° un peu lorsque je la voyais traverser° une rue devant des camions. Je reconnais maintenant que sans doute elle n'était pas intelligente.[1] Mais à l'époque je ne songeais° pas à me le demander. Elle avait une façon à elle de jouer° à être fâchée° qui m'emplissait° le cœur d'un ravissement° plein de larmes.° Et ce geste secret, par quoi elle se retournait vers moi et se jetait dans mes bras quand je la suppliais° de pardonner, comment, si° longtemps après, ne toucherait-il pas encore ce cœur fermé sur tant de choses? Je ne sais plus aujourd'hui si je la désirais. Je sais que tout était confondu.° Je sais seulement que tout ce qui m'agitait se résolvait en tendresse. Si je la désirais, je l'ai oublié le premier jour où, dans le couloir° de son appartement, elle m'a donné sa bouche pour me remercier d'une petite broche° que je lui avais donnée. Avec ses cheveux tirés en arrière,° sa bouche inégale° aux° dents un peu grandes, ses yeux clairs° et son nez droit,° elle m'apparut ce soir-là comme une enfant que j'aurais mise au monde° pour ses baisers° et sa tendresse, Et j'ai eu longtemps cette impression, aidé en cela par Jeanne qui m'appelait toujours son «grand ami».

Nous avions ensemble des joies singulières.° Quand nous avons été fiancés, j'avais vingt-deux ans et elle dix-huit. Mais ce qui nous pénétrait le cœur d'amour grave et joyeux, était le caractère officiel de la chose. Et que Jeanne fût reçue° chez moi, que maman l'embrassât° et lui dît «Ma petite», c'étaient autant de joies un peu ridicules que nous ne cherchions pas à cacher.° Mais le souvenir de Jeanne est lié° pour moi à une impression qui me paraît aujourd'hui inexprimable.° Je la retrouve encore et il suffit° que je sois triste et que je rencontre,° à quelques minutes d'intervalle, un visage de femme qui me touche et une devanture° brillante, pour que je retrouve, avec une vérité qui me fait mal,° le visage de Jeanne renversé° vers moi et me disant «Comme c'est beau.» C'était à l'époque des fêtes.[2] Et les magasins de

cheminot railroad worker

à plat flat

cuisses thighs / **au ménage** doing housework
légère alert / **rieuse** laughing
taille height
moyenne average
menue *petite* / **se serrait** tightened
traverser cross

songeais *pensais*
une ... jouer her own way of pretending / **fâchée** angry / **emplissait** filled
ravissement rapture / **larmes** tears
suppliais begged
si so

confondu confused, mixed together

couloir hall

broche pin
tirés en arrière pulled back / **inégale** uneven / **aux** with
clairs light-colored / **droit** straight

mise au monde borne / **baisers** kisses

singulières *uniques*

reçue *invitée* / **embrassât** kissed

ne ... cacher didn't try to hide
lié linked
inexprimable = *impossible à exprimer* / **il suffit** all it takes is
rencontre *vois*
devanture storefront
fait mal hurts
renversé turned up

---

[1]For the French, intelligence is an important personal quality.
[2]**les fêtes:** The reference here is to Christmas.

notre quartier n'épargnaient° ni les lumières ni les décora-
tions. Nous nous arrêtions devant les pâtisseries. Les sujets°
en chocolat, la rocaille³ de papier d'argent et d'or, les
flocons° de neige en ouate hydrophile,° les assiettes dorées°
et les pâtisseries aux couleurs d'arc-en-ciel,° tout nous ravissait.° J'en avais un peu honte. Mais je ne pouvais réfréner°
cette joie qui me remplissait et qui faisait briller les yeux de
Jeanne.

Aujourd'hui, si j'essaye de préciser° cette émotion singulière, j'y vois beaucoup de choses. Bien sûr, cette joie me
venait d'abord de Jeanne—de son parfum et de sa main
serrée sur° mon poignet,° des moues° que j'attendais.° Mais
aussi ce soudain éclat° des magasins dans un quartier
d'ordinaire° si noir, l'air pressé° des passants° chargé
d'emplettes,° la joie des enfants dans les rues, tout con-
tribuait à nous arracher° à notre monde solitaire. Le papier
d'argent de ces bouchées au chocolat° était le signe qu'une
période confuse mais bruyante° et dorée° s'ouvrait pour les
cœurs simples, et Jeanne et moi nous pressions° un peu plus
l'un contre l'autre. Peut-être sentions-nous confusément
alors ce bonheur singulier de l'homme qui voit sa vie
s'accorder avec° lui-même. D'ordinaire nous promenions°
le désert enchanté de notre amour dans un monde où
l'amour n'avait plus de part.° Et ces jours-là, il nous semblait que la flamme qui s'élevait° en nous quand nos mains
étaient liées° était la même que celle qui dansait dans les
vitrines,° dans le cœur des ouvriers tournés vers leurs enfants
et dans la profondeur° du ciel pur et glacé° de décembre.

épargnaient spared
sujets *figures*

flocons flakes / **ouate
  hydrophile** cotton / **dorées** gilded
arc-en-ciel rainbow
ravissait entranced / **réfréner** curb

préciser *analyser*

serrée sur tightly holding /
  poignet wrist / **moues** pouts /
  attendais expected
éclat glitter
d'ordinaire *d'habitude* / **l'air
  pressé** hurriedness / **passants** =
  gens dans les rues
chargés d'emplettes loaded down
  with purchases
arracher to tear from
bouchées au chocolat chocolate
  candies
bruyante noisy / **dorée** golden
pressions snuggled
s'accorder avec to be suited to /
  promenions = *portions*
part place
élevait rose
liées joined
vitrines store windows
profondeur depth / **glacé** *très froid*

³**la rocaille:** This is a grotto-like background made of gold and silver
paper. In France, the nativity scene is traditionally placed in a rocky
grotto.

Questions orales

1. Qui est Jeanne?
2. Qu'est-ce que Jeanne avait l'habitude de dire au narrateur? Quand le disait-elle?
3. Où habitait-elle?
4. Où Jeanne et le narrateur se promenaient-ils?
5. Comment essayaient-ils d'échapper à leur tristesse? Quelle était la cause de leur tristesse?
6. Quels sentiments est-ce que le narrateur a eus lorsqu'il a perdu Jeanne?
7. Pourquoi n'a-t-il pas eu de révolte?
8. Est-ce que le souvenir de Jeanne a disparu en lui?
9. Comment le narrateur a-t-il connu Jeanne? Où allait-il la voir?
10. Quel métier le père de Jeanne avait-il? Que faisait-il quand il était chez lui?
11. Que faisait la mère de Jeanne?
12. Pourquoi le narrateur ne pensait-il pas que Jeanne travaillait?
13. Comment Jeanne paraissait-elle au narrateur?
14. A quoi pensait-il en voyant Jeanne dans la rue?
15. Jeanne était-elle intelligente?
16. Est-ce que Jeanne pardonnait au narrateur quand elle était fâchée?
17. Où se sont-ils embrassés pour la première fois?
18. Quelle impression est-ce que le narrateur recevait lorsque Jeanne l'appelait son «grand ami»?
19. Quel âge avaient-ils lorsqu'ils se sont fiancés?
20. Quel était l'effet du caractère officiel de leurs fiançailles?
21. Quelles joies avaient-ils?
22. Dans quelles circonstances est-ce que le narrateur retrouve le visage de Jeanne?
23. Que faisaient-ils pendant les fêtes?
24. De quoi le narrateur avait-il un peu honte?
25. D'où venait la joie du narrateur?
26. Qu'est-ce qui arrachait Jeanne et le narrateur à leur monde solitaire?
27. Comment le narrateur décrit-il son quartier à l'époque de Noël?
28. Quel signe annonce l'arrivée d'une période confuse?
29. Quelle sorte de bonheur Jeanne et le narrateur ressentent-ils alors?
30. Comment le narrateur décrit-il son amour pour Jeanne en général?
31. Comment le narrateur décrit-il son amour pour Jeanne pendant les fêtes de Noël?

Vers la lecture libre

UNDERSTANDING STRUCTURES

Stress

In English a word is stressed in the spoken language by pronouncing it more emphatically; in the written language, this emphasis is indicated through the use of italics. French, however, does not use this type of stress: the accent always falls on the last word in a phrase or sentence. Thus, if the French wish to stress a word, they phrase the sentence so that the accent naturally falls on that word. Often the expression **c'est** is used to introduce the stressed element:

> **C'est à Jeanne que sont liées quelques-unes de mes joies les plus pures.**
> UNSTRESSED: Mes joies les plus pures sont liées à Jeanne.

> **...c'était de nous aimer au sein même de cette ombre qui nous donnait tant d'émotion...**
> UNSTRESSED: ...le fait de nous aimer au sein même de cette ombre nous donnait tant d'émotion...

It is also possible to stress the subject by separating it from the rest of the sentence, again by using **c'est**:

> **Notre rencontre, c'était une manière d'échapper à tout ça.**
> UNSTRESSED: Notre rencontre était une manière d'échapper à tout ça.

Celui que and **ce qui (ce que)** are also used to reinforce the meaning of a specific element of the sentence:

> **Mais, ce qui nous pénétrait le cœur d'amour grave et joyeux, était le caractère officiel de la chose.**
> UNSTRESSED: Mais, le caractère officiel de la chose nous pénétrait...

Note the double stress in the following sentence:

> **C'était son mot, celui qu'elle disait en riant, mais c'était toujours au moment où elle m'aimait le mieux.**
> UNSTRESSED: C'était son mot qu'elle disait en riant au moment où elle m'aimait le mieux.

Finally, a specific part of the sentence can be stressed by placing it at the beginning:

> **Et de la sentir si menue, si légère, mon cœur se serrait un peu...**
> UNSTRESSED: Mon cœur se serrait un peu de la sentir si menue, si légère.

> **Si je la désirais, je l'ai oublié le premier jour...**
> UNSTRESSED: J'ai oublié si je la désirais le premier jour où...

> **Et que Jeanne fût reçue ... c'étaient autant de joies un peu ridicules que nous ne cherchions pas à cacher.**
> UNSTRESSED: Nous ne cherchions pas à cacher ces joies un peu ridicules quand Jeanne fût reçue chez nous...

In the last example above, note the double stress introduced by **que Jeanne fût** and **c'étaient ... que.**

UNDERSTANDING STYLE

Monologue

"Jeanne" is the monologue of a man who recalls the memory of his lost fiancée; as he evokes certain scenes from the past, he tries to analyze his feelings at the time. Three features are to be noted:

1. *The conversational tone.*
   In his effort at introspection, the narrator carefully formulates his sentences in his mind. One sign of his mental verbalization is the heavy use of stressing expressions, which are typical of spoken French but less common in written French.
2. *Visual images.*
   In bringing to the surface memories from the past, the narrator emphasizes visual description. He recalls the past and sees entire scenes that he shared with Jeanne. The apartment and the store window are closely linked to his past love.
3. *Use of demonstratives.*
   The narrator grants an additional note of reality to the past scenes he is contemplating through the use of demonstrative adjectives (in situations where the definite article would ordinarily be employed):

   ce quartier

   cette vie de misère

   au sein de **cette** ombre

   ce geste secret

Vers la composition libre

Compositions guidées

1. Faites le portrait de Jeanne.
   MOTS CLEFS   menu / lassé / rieur / léger / moyen / intelligent / fâché / inégal / clair

2. Décrivez l'époque des fêtes.
   MOTS CLEFS   devanture / lumière / décoration / couleur / magasin / passant / chocolat
   figures / joie / emplette

Compositions libres

1. En quoi consiste le bonheur du narrateur?
2. Décrivez la pauvreté de Jeanne et son ami.

L'Allumette 10

Charles-Louis Philippe

Charles-Louis Philippe

(1874–1909) earned his living as a civil servant in Paris but devoted his free time to writing. His novel *Bubu de Montparnasse* (1901) still retains a wide appeal. His short stories, which often grew out of his personal experiences, center on simple subjects and humble people. "L'Allumette," [1] which was anthologized in *Contes du matin* (1916) after the author's premature death, places the reader in the position of a terrified tourist in a foreign hotel.

Ce fut au cours d'un° voyage en Suisse, à Zurich, le soir même de son arrivée, que Henri Létang, en trois secondes, se trouva lancé° dans l'une des plus terribles aventures auxquelles un homme puisse être mêlé.°

Henri Létang arriva à Zurich par un train du soir. Il se fit conduire à son hôtel. Ayant les moyens de° voyager dans d'excellentes conditions, il avait fait choix d'un° de ces hôtels recommandés par les guides pour leur bonne tenue° et pour la qualité des personnes qui les fréquentent. Il dîna sur place,° puis, se sentant un peu fatigué par une journée de chemin de fer,° monta à sa chambre et, quoique° n'ayant pas sommeil, se coucha. Il avait un bon lit.

Henri Létang ressemblait à beaucoup d'autres.° Certes,° il était venu à Zurich pour visiter cette ville, et, avant d'y arriver, se sentait même assez curieux de la connaître. Mais le soir où l'on arrive dans une ville, le sentiment° que l'on a pour elle s'émousse,° ou mieux, ayant le temps de se satisfaire, se repose et ne lui° demande que d'être présente. Henri Létang était couché dans un lit de Zurich, l'ampoule° électrique qui éclairait sa chambre était l'ampoule électrique d'une chambre de Zurich. Il avait déposé° son étui de fumeur° sur sa table de nuit. Il en sortit° une cigarette, la mit à sa bouche; il allait la fumer à Zurich. Cela lui suffisait.

Ayant allumé sa cigarette, il venait de rejeter° son allumette,° lorsqu'il fut pris d'une inquiétude,° ou plutôt d'un scrupule. Cette allumette enflammée, tombant sur la descente de lit,° ne pouvait-elle pas provoquer un incendie?° Henri Létang se pencha;° il avait eu raison de regarder: en

au cours d' *pendant*

lancé engaged
mêlé *associé*

les ... de = *assez d'argent pour*
fait ... d' *choisi*
tenue accommodations

sur place = *à l'hôtel*
chemin de fer *train* / quoique
    although

autres = *autres personnes* /
    Certes Indeed

sentiment feeling
s'émousse fades away
lui = *à la ville*
ampoule lightbulb

déposé *mis*
étui de fumeur cigarette case /
    sortit took out

rejeter thrown down
allumette match / inquiétude
    feeling of uneasiness

descente de lit bedside rug /
    incendie fire
se pencha leaned over

From *Contes du matin*, pp. 87–94 by Charles-Louis Philippe, Editions Gallimard, Paris, 1916.

[1]**L'Allumette:** *The Match*

effet, l'allumette n'était pas éteinte° encore. Il allait se lever et chausser° sa pantoufle° pour l'écraser° du pied, lorsque soudain, brutalement,° il n'eut pas besoin de faire ce geste.

Apparaissant avec netteté,° possédant cinq doigts réunis,° une main cachée sous le lit en sortit, se leva, puis, s'abaissant,° se posa sur l'allumette et en étouffa° la flamme.

Notre cerveau° n'apprécie° d'abord que ce que lui ont indiqué nos yeux. La première pensée qui s'empara° d'Henri Létang fut relative à l'action même° qu'il venait de voir s'accomplir.° Lorsqu'on pose la main sur un objet enflammé, on risque de se brûler.° Comment avait pu faire le possesseur de la main pour éviter° cela? Henri Létang se dit que, sans doute, cet homme s'était mouillé° les doigts avec sa salive.

C'est ensuite seulement, après que le temps fut écoulé,° qu'il lui fallut,° pour faire ce raisonnement, qu'Henri Létang put se dire:

—Un homme est sous mon lit!

Puis, lentement, mot à mot, lui vint cette pensée:

—Il attend que je sois endormi et me tuera° pour me voler.°

Lorsqu'il eut compris, pesé,° touché en quelque sorte chacun des mots de cette pensée, Henri Létang n'en put avoir aucune autre.° Toutes ses idées furent remplacées par un silence affreux° qui, entrant soudain dans la chambre, l'emplit° et en fut un habitant plus terrible encore que celui qui, sous le lit, attendait son heure. Henri Létang le° reçut comme on reçoit un coup° sur la tête. Ce fut comme s'il s'éveillait d'un long sommeil. Il se rappela° une chose que depuis longtemps il avait oubliée. Il se dit:

—Ah! oui, c'est vrai, j'avais oublié que je dois mourir un jour!

Et, lorsqu'il avala° sa salive, il fut surpris par un goût° atroce qu'elle possédait et qui sembla, pour jamais, se fixer° dans sa gorge.

—Je vais être assassiné cette nuit!

C'était comme s'il eût eu dans le cou le goût déjà de son propre cadavre. Il ne le pouvait supporter.°

Parfois, doucement,° pour ne pas éveiller° l'attention, craignant° il ne savait quoi s'il eût fait du bruit, avec toutes les précautions dont il était capable, il faisait pivoter° sa tête autour de son cou et, avidement, lançant un coup d'œil,° regardait les meubles° de sa chambre. Il y avait un buffet qu'il ne reconnaissait pas, une armoire, une table, des fauteuils qu'il compta et qui étaient au nombre de quatre. Il faillit ne pas° remarquer un canapé. Mais aucun meuble ne vint à son secours.°

éteinte extinguished
chausser slip on / **pantoufle** slipper / **l'écraser** crush it out
brutalement *brusquement*
avec netteté = *distinctement* / **réunis** close together
s'abaissant coming down / **étouffa** smothered
cerveau brain / **apprécie** = *comprend*
s'empara took hold
même = *elle-même*
s'accomplir happen
se brûler to get burned
éviter to avoid
s'était mouillé had wet

fut écoulé had elapsed
qu'il lui fallut = *nécessaire*

tuera will kill
voler to rob
pesé weighed

autre = *autre pensée*
affreux *terrible*
emplit filled
le = *le silence*
coup blow
se rappela remembered

avala swallowed / **goût** taste
se fixer to get stuck

goût taste
supporter to bear
doucement quietly / **éveiller** to arouse
craignant fearing
faisait pivoter turned
lançant ... d'œil throwing a glance
meubles furniture

faillit ne pas almost did not
secours help

Il fallut bien° cinq minutes avant que l'idée de la fatalité
pût faire place° en lui à celle d'un violent désespoir.° Mon
Dieu, pourquoi cela lui arrivait-il? Pourquoi en ce moment
était-il à Zurich? Il eût pu être,° sans pour cela avoir inter-
rompu° son voyage en Suisse, à Bâle, à Genève, à Schaffouse, [2] qui sont des villes dans lesquelles on ne court aucun
danger. La vie est bête. Pourquoi était-il dans cette chambre? Il eût pu être dans la chambre à côté. Pourquoi surtout,
avant de se coucher, n'avait-il pas eu l'idée de donner un
coup d'œil° sous son lit?

— Ah! j'en ai fait une boulette!° se dit-il.

Il se débattit° comme il le put.° Tout d'abord, pour se
défendre, il ne trouva que les tristes pensées de la créature°
humaine que l'on va tuer par erreur.

— Mais je n'ai rien fait, se fût-il écrié,° car l'idée de la
mort est en nous invinciblement associée à celle du châtiment.°

Non, il n'avait rien fait. Il était innocent. Il sentait toute
l'étendue° et toute la profondeur° de son innocence. Et il
était un homme très bon. Il était si bon qu'il n'en voulait
même pas° au brigand° qui, caché sous son lit, lui voulait
tant de mal.° Il eût pu pourtant lui en vouloir. Mais cet
homme ne le connaissait donc pas! Il avait envie de lui crier:

— C'est moi, Henri Létang, que vous allez tuer! Vous
vous trompez,° ce ne sont pas des gens comme moi que l'on
tue.

Il se sentait capable de devenir son ami. C'est par besoin°
d'argent que l'on embrasse la profession du crime. Henri
Létang avait de l'argent. Il lui vint la pensée de dire à cet
homme:

— Écoutez! je sais que vous êtes sous mon lit. Ne me faites
pas de mal et je vous donnerai tout ce que je possède. Je vous
donnerai même davantage.° Vous ne savez pas qui je suis,
vous ne savez pas de quoi je suis capable. Si tout ce que j'ai
sur moi ne vous suffit° pas, écoutez encore. Je vous fais une
promesse: je retournerai à Paris et, une fois° là-bas, je vous
enverrai la somme° que vous-même voudrez bien me fixer.°

Pauvre camarade étendu sous le lit! Henri Létang n'osait
pas lui en vouloir, de crainte° d'éveiller° sa colère. Il lui était
même reconnaissant° de ne faire aucun bruit et de n'avoir
attiré son attention que par ce geste silencieux d'une main
posée sur une allumette.

---

[2]**Bâle, Genève, Schaffouse:** Three cities in Switzerland—Basel, Gene-
va, Schaffhausen.

Il ... bien It took at least
faire place to yield / **désespoir**
  despair

eût pu être could have been
interrompu interrupted

donner ... d'œil = *regarder*
boulette (colloquial) blunder
se débattit tried to find a way out /
  comme ... put as best he could
créature being

se ... écrié he would have cried out

châtiment punishment

étendue extent / **profondeur** depth

n'en ... pas wasn't even angry at /
  brigand robber
voulait ... mal wanted so to wrong
  him

Vous vous trompez You are making
  a mistake

par besoin = *parce qu'on a besoin*

davantage more

suffit is enough
une fois = *quand je serai*
somme sum of money / **fixer** to set

crainte *peur* / **éveiller** to arouse
reconnaissant grateful

Mais il se passa bientôt ce que l'on peut appeler un événement.° Henri Létang en était là° de ses réflexions lorsque, brusquement, au moment où il s'y attendait° le moins, une joie soudaine, irrésistible et chaude et bonne le saisit.

Il fut pris à la gorge, elle° entra dans sa bouche, il la sentit couler,° il en était plein. Il ne savait pas comment elle était venue. Il s'en fallut de peu qu'il ne s'écriât:°

—Mon Dieu, je suis sauvé!

Il prit bien son temps pour être plus sûr du succès, il régla° chaque détail, il arrêta° l'endroit précis où il poserait ses pieds. Il se dit même qu'il poserait sa main gauche sur la boule de cuivre° de son lit. Tout était prêt, il n'y avait rien à craindre.° Voici:

Henri Létang se dressa sur son séant° et imita d'abord ces personnes qui ont l'habitude de parler haut° lorsqu'elles sont seules. Il parla pour lui-même, certes, mais de façon° surtout à se faire entendre° par tous les hommes qui eussent pu être cachés dans sa chambre. Il dit:

—Je suis bête, je crois bien que j'ai laissé ma clef° sur la porte.

Il se leva. Personne ne lui sauta° à la gorge. L'autre° se félicitait° sans doute en pensant qu'il venait d'échapper à° un danger. Il avait couru le risque de voir quelqu'un tourner la clef dans la serrure° et entrer au moment où il accomplirait son crime.

Henri Létang ne se pressa° pas, pour ne pas attirer° l'attention. Il alla à la porte, l'ouvrit. Mon Dieu, il s'agissait bien° de sa clef! Comme° il cria, comme sa voix était forte!

—Au secours!° A l'assassin! Venez! Accourez° vite!

Dix personnes étaient autour de lui déjà qu'il° criait encore. Il cria plus qu'il n'était nécessaire.

On trouva le gaillard° couché° sous le lit. Il fallut l'en sortir.° car il ne fit pas un geste pour faciliter aux gens leur tâche.° Lorsqu'il fut debout, il était pâle, avec deux yeux brillants. Des femmes le frappèrent.° Le patron° de l'hôtel ne l'avait jamais vu. Les agents de police lui passèrent les menottes.° Lorsqu'on l'eut entraîné,° lorsqu'il fut sur le chemin° de la prison, tout le monde tremblait encore.

---

il ... événement what might be called an event happened /
en ... là was at that point
s'y attendait expected it
elle = *la joie*
couler flow
Il ... s'écriât He was on the verge of shouting
régla arranged
arrêta = *choisit*

boule de cuivre brass knob
craindre to fear
se ... séant sat up
haut out loud
de façon in a way
à ... entendre so as to be heard

clef key

sauta jumped / **L'autre** = *Le brigand*
félicitait was congratulating /
échapper à escaped
serrure lock

se pressa *se dépêcha* / **attirer** to attract

il ... bien (ironic) it was really a question / **Comme** How
Au secours! Help! / **Accourez** *Venez*
qu' = *et*

gaillard fellow / **couché** lying
Il ... sortir They had to get him out from there
tâche task
frappèrent hit / **patron** manager

menottes handcuffs / **entraîné** dragged away
chemin way

Questions orales

1. Où se passe l'histoire?
2. Comment Henri Létang a-t-il choisi son hôtel?
3. Pourquoi est-il monté se coucher?
4. Pourquoi Létang est-il venu à Zurich?
5. Que fait-il dans sa chambre?
6. Où tombe son allumette? Pourquoi la cherche-t-il?
7. Comment l'allumette s'est-elle éteinte?
8. Quelle est la première pensée de Létang?
9. Comment l'homme a-t-il évité de se brûler?
10. Quelle est la seconde pensée de Létang?
11. Quelles doivent être les intentions de cet homme?
12. Quelle sorte de silence entre dans la chambre?
13. Quel goût possède maintenant sa salive?
14. Que regarde Létang?
15. Combien de fauteuils y a-t-il dans sa chambre? Les meubles viennent-ils à son secours?
16. Pourquoi Létang dit-il que la vie est bête?
17. A quoi associe-t-on l'idée de la mort?
18. Qu'est-ce que Létang avait fait pour mériter la mort?
19. Quels sont les sentiments de Létang à l'égard de l'homme sous le lit?
20. Pourquoi embrasse-t-on la profession du crime?
21. Quelle promesse Létang veut-il faire au brigand?
22. Pourquoi ne parle-t-il pas au brigand?
23. Pourquoi Létang est-il saisi de joie?
24. Comment Létang prépare-t-il son projet?
25. Que dit-il à haute voix?
26. Pourquoi le brigand doit-il se féliciter?
27. Pourquoi Létang ne se presse-t-il pas?
28. Que crie-t-il quand il est à la porte? Les gens viennent-ils à son secours?
29. Que font les agents de police?
30. Quelle est la réaction générale après le départ du brigand?

Vers la lecture libre

UNDERSTANDING VOCABULARY

The word **en**

The word **en** is another key word in French with several uses and meanings. Here are a few that you encountered in "L'Allumette:"

en = *in:*

    en Suisse
    en trois secondes
    en quelque sorte

en (+ *present participle*) = *while, in:*

    en pensant qu'il venait d'échapper…

en (pronoun) = *of it, of them, from it, from them:*

    Il **en** sortit une cigarette.   (**en** = de son étui de fumeur)
    …une main chachée sous le lit **en** sortit…   (**en** = du lit)
    …la main … se posa sur l'allumette et **en** étouffa la flamme.   (**en** = de l'allumette)
    …une joie … le saisit…, il **en** était plein.   (**en** = de la joie)

The word **en** also occurs in several expressions:

en effet = *in fact, as a matter of fact:*

    …**en effet,** l'allumette n'était pas éteinte encore.

en vouloir à quelqu'un = *to hold a grudge against someone:*

    Il **n'en voulait pas** au brigand.
    …il eût pu pourtant **lui en vouloir.**
    Henri Létang n'osait pas **lui en vouloir.**

en être là = *to be at a certain point, to reach a point:*

    Henri **en était là** de ses réflexions…

UNDERSTANDING STRUCTURES

Literary tenses

Contes du matin, in which this story first appeared, was published in 1916. That "L'Allumette" was written over fifty years ago is evident not only from certain references in the text (for example, the presence of an electric lightbulb in the hotel room is understood to be a sign of luxury) but also from the "literary" tenses that are no longer so widely used in the nineteenth century.

    The narrative is related as a past occurrence. Consequently, with the exception of the remarks Henri Létang makes to himself and some general observations of the narrator, the story is told in the *passé simple*, the *passé antérieur*, the imperfect subjunctive, and the pluperfect subjunctive.

    The *passé antérieur* is formed with the *passé simple* of the auxiliary verb (**être** or **avoir**) and the past participle. It is used in dependent clauses introduced by a conjunction of time, such as **quand, lorsque, après que.** The *passé antérieur* expresses an isolated past action that has immediately preceded another past action (that of the main verb). Note the following examples:

    C'est ensuite seulement, après que le temps **fut écoulé**…
    Lorsqu'il **eut compris,** pesé, touché … chacun des mots…
    Lorsqu'on l'**eut entraîné**…

The pluperfect subjunctive is formed with the imperfect subjunctive of **avoir** or **être** and the past participle. The third-person forms of the auxiliary are:

    avoir: **qu'il eût**   **ils eussent**   **être:**   **qu'il fût**   **ils fussent**

The imperfect subjunctive is used instead of the present subjunctive when the main clause contains a verb in the past tense. In the **il** form of the verb, it is easily recognized because it looks like the *passé simple* with a circumflex over the last vowel (and a final **t** in the case of **-er** verbs).

> ...avant que l'idée de la fatalité **pût** faire place à celle d'un violent désespoir.
> Il s'en fallut de peu qu'il ne **s'écriât.**

The pluperfect subjunctive is frequently used in cases where the spoken language would prefer the conditional perfect. Note the following examples:

> **Il eût pu être ... à Bâle... =** Il aurait pu être à Bâle...
> *He could have been in Basel...*
>
> **Il eût pu être dans la chambre à côté... =** Il aurait pu être dans la chambre à côté...
> *He could have been in the room next door...*
>
> **se fût-il écrié =** il se serait écrié
> *he would have exclaimed*
>
> **qui eussent pu être cachés =** qui auraient pu être cachés
> *who could have been hidden*

The pluperfect subjunctive appears in literary French in dependent clauses introduced by **si;** here, spoken French would prefer the pluperfect:

> **C'était comme s'il eût eu ... le goût... =** C'était comme s'il avait eu le goût...
> *It was as if he had had the taste...*
>
> **s'il eût fait du bruit... =** s'il avait fait du bruit...
> *if he had made any noise...*

Vers la composition libre

Compositions guidées

1. Décrivez l'évolution des sentiments éprouvés par Henri Létang.
2. Analysez la construction du conte: les parties de la narration, le point de vue, le rôle du narrateur.

Exercice stylistique

1. Racontez les événements du point de vue de l'homme qui était sous le lit.

La Parure 11

Guy de Maupassant

Guy de Maupassant

Guy de Maupassant (1850–1893) perfected the art of the short story in France. A keen observer of human nature, he carefully recorded details, conversations and reactions, and eliminated unnecessary prose. Although Maupassant's native province of Normandy provided the background of many of his stories, Paris was the scene of his masterpiece "La Parure" (1884). Mathilde Loisel's dreams of social success are short-lived due to an unexpected event.

PREMIÈRE PARTIE

C'était une de ces jolies et charmantes filles, nées, comme par une erreur du destin,° dans une famille d'employés.[1] Elle n'avait pas de dot,° pas d'espérances,° aucun moyen° d'être connue, comprise, aimée, épousée par un homme riche et distingué; et elle se laissa marier° avec un petit commis° du Ministère de l'instruction publique.

Elle fut simple ne pouvant être parée,° mais malheureuse comme une déclassée;° car les femmes n'ont point de caste° ni de race,° leur beauté, leur grâce et leur charme leur servant° de naissance et de famille. Leur finesse native, leur instinct d'élégance, leur souplesse d'esprit,° sont leur seule hiérarchie, et font des filles du peuple les égales des plus grandes dames.

Elle souffrait sans cesse, se sentant née pour toutes les délicatesses et tous les luxes.° Elle souffrait de la pauvreté de son logement, de la misère des murs, de l'usure° des sièges,° de la laideur° des étoffes.° Toutes ces choses, dont une autre femme de sa caste ne se serait même pas aperçue, la torturaient et l'indignaient.° La vue° de la petite Bretonne[2] qui faisait son humble ménage éveillait en elle des regrets désolés° et des rêves éperdus.° Elle songeait° aux antichambres muettes, capitonnées[3] avec des tentures° orientales, éclairées par de hautes torchères° de bronze, et aux deux grands valets a culotte° courte qui dorment dans les larges

destin fate

dot dowry / **espérances** expectations (of fortune) / **moyen** means

se ... marier allowed herself to get married
commis clerk
parée beautifully dressed
déclassée one who has lost her social position / **caste** social class
race breeding
servant taking the place
souplesse d'esprit versatility

luxes luxuries

usure wear / **sièges** *chaises*
laideur ugliness / **étoffes** fabric

l'indignaient made her indignant / **vue** sight

désolés *tristes* / **éperdus** *sans fin* / **songeait** *pensait*
tentures wall hangings
torchères *lampes*
culotte *pantalon*

---

[1]**une famille d'employés:** A working, middle-class family, as opposed to a wealthy family where men would not have to hold regular jobs.
[2]**la Bretonne:** A servant from Brittany, who does not know how to serve properly in a bourgeois Parisian home.
[3]**capitonnées:** padded. Before the fabric is stretched against the wall, a layer of padding or quilting is added to give the impression of softness.

fauteuils, assoupis° par la chaleur° lourde du calorifère.° Elle songeait aux grands salons vêtus° de soie° ancienne, aux meubles fins° portant des bibelots° inestimables,° et aux petits salons coquets° parfumés, faits pour la causerie° de cinq heures avec les amis les plus intimes, les hommes connus et recherchés° dont toutes les femmes envient et désirent l'attention.

Quand elle s'asseyait, pour dîner, devant la table ronde couverte d'une nappe° de° trois jours, en face de son mari qui découvrait° la soupière° en déclarant d'un air enchanté: «Ah! le bon pot-au-feu!° je ne sais° rien de meilleur que cela…» elle songeait aux dîners fins, aux argenteries° reluisantes,° aux tapisseries° peuplant les murailles° de personnages anciens et d'oiseaux étranges au milieu d'une forêt de féerie;° elle songeait aux plats exquis° servis en des vaisselles° merveilleuses, aux galanteries° chuchotées° et écoutées avec un sourire de sphinx[4] tout en mangeant la chair° rose d'une truite° ou des ailes de gelinotte.°

Elle n'avait pas de toilettes,° pas de bijoux,° rien. Et elle n'aimait que cela; elle se sentait faite pour cela. Elle eût tant désiré plaire, être enviée, être séduisante° et recherchée.

Elle avait une amie riche, une camarade de couvent° qu'elle ne voulait plus aller voir, tant elle souffrait° en revenant. Et elle pleurait pendant des jours entiers, de chagrin, de regret, de désespoir° et de détresse.

* * *

Or,° un soir, son mari rentra, l'air° glorieux, et tenant à la main une large enveloppe.

«Tiens, dit-il, voici quelque chose pour toi.»

Elle déchira° vivement le papier et en tira une carte imprimée° qui portait ces mots:

«Le Ministre de l'instruction publique et Mme Georges Ramponneau prient M. et Mme Loisel de leur faire l'honneur de venir passer la soirée à l'hôtel du Ministère,° le lundi 18 janvier.»

Au lieu d'être ravie,° comme l'espérait son mari, elle jeta avec dépit° l'invitation sur la table, murmurant:

«Que veux-tu que je fasse de cela?

—Mais, ma chérie; je pensais que tu serais contente. Tu ne sors jamais, et c'est une occasion, cela, une belle! J'ai eu une peine infinie° à l'obtenir. Tout le monde en veut; c'est

---

assoupis drowsy / **chaleur** warmth / **calorifère** heater
vêtus *décorés* / **soie** silk
fins *délicats* / **bibelots** = *petits objets d'art* / **inestimables** = *qui coûtent chers*
coquets dainty / **causerie** *conversation*
recherchés sought after

nappe tablecloth / **de** = *utilisée depuis*
découvrait uncovered / **soupière** soup tureen
pot-au-feu stew / **sais** = *connais*
argenteries silver
reluisantes polished / **tapisseries** tapestries / **murailles** *murs*
féerie fairyland / **exquis** *délicieux* / **vaisselles** plates
galanteries gallant remarks / **chuchotées** whispered
chair meat
truite trout / **gelinotte** grouse
toilettes *vêtements élégants* / **bijoux** jewelry
séduisante seductive

couvent = *école religieuse*
tant … souffrait = *parce qu'elle souffrait tant*

désespoir despair

Or *Mais* / **air** look

déchira tore open
imprimée printed

hôtel du Ministère Ministry

ravie = *enchantée*
dépit anger and chagrin

une … infinie = *beaucoup de difficulté*

---

[4]**avec un sourire de sphinx:** When asked a question, the sphinx, with its lion's body and human head, would only smile mysteriously and not reply.

très recherché et on n'en donne pas beaucoup aux employés. Tu verras là tout le monde officiel.°»

le ... officiel = *les personnes importantes*

Elle le regardait d'un œil irrité, et elle déclara avec impatience:

«Que veux-tu que je me mette sur le dos° pour aller là?» Il n'y avait pas songé, il balbutia:°

me ... dos = *porte*
balbutia stammered

«Mais la robe avec laquelle tu vas au théâtre. Elle me semble très bien, à moi...»

Il se tut, stupéfait, éperdu,° en voyant que sa femme pleurait. Deux grosses larmes° descendaient lentement des coins° des yeux vers les coins de la bouche; il bégaya:°

«Qu'as-tu?° qu'as-tu?»

éperdu bewildered
larmes tears
coins corners / **bégaya** stuttered
Qu'as-tu? What's wrong?

Mais, par un effort violent, elle avait dompté° sa peine° et elle répondit d'une voix calme en essuyant° ses joues humides:

dompté mastered / **peine** *tristesse*
essuyant wiping

«Rien. Seulement je n'ai pas de toilette° et par conséquent je ne peux aller à cette fête. Donne ta carte à quelque collègue dont la femme sera mieux nippée° que moi.»

toilette = *robe élégante*

nippée habillée (colloquial)

Il était désolé. Il reprit:

«Voyons, Mathilde. Combien cela coûterait-il, une toilette convenable, qui pourrait te servir encore en d'autres occasions, quelque chose de très simple?»

Elle réfléchit quelques secondes, établissant ses comptes° et songeant aussi à la somme qu'elle pouvait demander sans s'attirer° un refus immédiat et une exclamation effarée° du commis économe.°

comptes *finances*

sans s'attirer without drawing /
effarée bewildered
économe thrifty

Enfin, elle répondit en hésitant:

«Je ne sais pas au juste,° mais il me semble qu'avec quatre cents francs je pourrais arriver.°»

au juste exactement

arriver = *trouver une robe*

Il avait un peu pâli,° car il réservait juste cette somme pour acheter un fusil° et s'offrir° des parties de chasse,° l'été suivant, dans la plaine de Nanterre⁵ avec quelques amis qui allaient tirer° des alouettes, par là,° le dimanche.

pâli grown pale
fusil rifle / **s'offrir** pay for / **chasse** hunting

tirer to shoot / **par là** = *dans cette région*

Il dit cependant:

«Soit.° Je te donne quatre cents francs. Mais tâche° d'avoir une belle robe.»

Soit D'accord / **tâche** essaie

*   *   *

---

⁵**Nanterre:** A suburb to the west of Paris, now the seat of one of the new Paris universities. In the nineteenth century, it was a small country town.

Questions orales

1. Dans quelle sorte de famille Madame Loisel était-elle née?
2. Pourquoi n'a-t-elle pas épousé un homme riche et distingué?
3. Que fait son mari?
4. Comment était Madame Loisel?
5. De quoi souffrait-elle?
6. Quand elle regardait son appartement et sa servante, à quoi songeait-elle?
7. Quand elle servait un pot-au-feu à son mari, à quoi songeait-elle?
8. Son mari était-il content de son existence? Expliquez.
9. Quelles sont les seules choses que Madame Loisel aimait?
10. Qu'est-ce que son mari lui donne un soir?
11. Quelle est la réaction de Madame Loisel?
12. Pourquoi son mari pensait-il qu'elle serait contente?
13. Pourquoi Madame Loisel n'est-elle pas ravie de l'invitation?
14. Pourquoi ne peut-elle pas mettre la robe avec laquelle elle va au théâtre?
15. Pourquoi dit-elle à son mari de donner l'invitation à un collègue?
16. Avec combien d'argent Madame Loisel peut-elle s'acheter une robe convenable?
17. Qu'est-ce que Monsieur Loisel avait pensé faire avec cet argent?
18. Comment la scène se termine-t-elle?

Vers la lecture libre

UNDERSTANDING VOCABULARY

More on prefixes

Here are some additional prefixes that are commonly used in French:

1. The prefix **mal-** or **mé-** conveys the idea of *badly*. It often corresponds to the English prefix *un-* or *dis-*:

heureux *happy*	**malheureux** *unhappy*	
content *content*	**mécontent** *discontent*	

2. The prefix **dé-** or **dés-** conveys the negative or opposite idea:

espoir *hope*	**désespoir** *despair*	
couvrir *to cover*	**découvrir** *to uncover* (also, *to discover*)	
classé *ranked*	**déclassé** *one who has lost social rank*	

3. the prefix **é-** originally meant *out of* or *from*; it often strengthens the meaning of the root word:

perdu *lost*	**éperdu** *endless*	
veiller *to stay awake*	**éveiller** *to awaken*	
clair *light*	**éclairé** *lit up*	

4. The prefix **a-** originally meant *to* or *toward*, and often maintains this meaning as a prefix:

tirer *to draw*	**attirer** *to draw toward, to attract*	

UNDERSTANDING STYLE

Enumeration

One of the techniques Maupassant uses in describing Mathilde Loisel is enumeration. Instead of one adjective, he strings several together; instead of one image, he evokes a series of images. Sometimes this enumeration follows a chronological sequence:

> **Elle n'avait ... aucun moyen d'être connue, comprise, aimée, épousée par un homme riche et distingué.**
> **Elle eût tant désiré plaire, être enviée, être séduisante et recherchée.**

At other times, the enumeration heightens a specific emotion:

> **Et elle pleurait ... de chagrin, de regret, de désespoir et de détresse.**

Maupassant also uses enumeration to convey the idea of elapsed time. As he describes Mathilde's daydreams, the pictures that follow one another in rapid succession give the reader the impression that the heroine has spent innumerable hours imagining how her life might have been different.

> **...elle songeait aux dîners fins, aux argenteries reluisantes, aux tapisseries,... aux plats exquis..., aux galanteries chuchotées...**

The style changes when Maupassant narrates the scene between Mathilde and her husband. Real life does not apparently allow the leisure necessary for dreaming suggested by the long enumerations.

Vers la composition libre

Composition guidée

Faites le portrait de Madame Loisel.
MOTS CLEFS   joli / charmant / finesse / élégance / beauté / grâce / chagrin / regret / désespoir / détresse

Compositions libres

1. Est-ce que Monsieur Loisel est le mari idéal? Expliquez.
2. Imaginez que vous êtes Madame Loisel. Ecrivez une lettre à une amie où vous lui racontez ce qui vient de se passer.

DEUXIÈME PARTIE

Le jour de la fête approchait, et Mme Loisel semblait triste, inquiète, anxieuse. Sa toilette était prête cependant. Son mari lui dit un soir:

«Qu'as-tu? Voyons, tu es toute drôle° depuis trois jours.»

Et elle répondit:

«Cela m'ennuie de n'avoir pas un bijou,° pas une pierre, rien à mettre sur moi. J'aurai l'air misère° comme tout. J'aimerais presque mieux ne pas aller à cette soirée.»

Il reprit:

«Tu mettras des fleurs naturelles. C'est très chic en cette saison-ci. Pour dix francs tu auras deux ou trois roses magnifiques.»

Elle n'était point convaincue.°

«Non ... il n'y a rien de plus humiliant que d'avoir l'air pauvre au milieu de femmes riches.»

Mais son mari s'écria:

«Que tu es bête. Va trouver ton amie Mme Forestier et demande-lui de te prêter des bijoux. Tu es bien assez liée° avec elle pour faire cela.»

Elle poussa° un cri de joie:

«C'est vrai. Je n'y avais point pensé.»

Le lendemain, elle se rendit° chez son amie et lui conta° sa détresse.

Mme Forestier alla vers son armoire à glace,⁶ prit un large coffret,° l'apporta, l'ouvrit, et dit à Mme Loisel:

«Choisis, ma chère.»

Elle vit d'abord des bracelets, puis un collier° de perles,° puis une croix° vénitienne, or° et pierreries,° d'un admirable travail.° Elle essayait les parures° devant la glace, hésitait, ne pouvait se décider à les quitter,° à les rendre. Elle demandait toujours:

«Tu n'as plus rien autre?

—Mais si. Cherche. Je ne sais pas ce qui peut te plaire.°»

Tout à coup elle découvrit, dans une boîte° de satin noir, une superbe rivière° de diamants; et son cœur se mit à battre d'un désir immodéré.° Ses mains tremblaient en la prenant. Elle l'attacha autour de sa gorge, sur sa robe montante,° et demeura en extase devant elle-même.

Puis elle demanda, hésitante, pleine d'angoisse:

«Peux-tu me prêter cela, rien que cela?

—Mais, oui, certainement.»

---

⁶**une armoire à glace:** A large free-standing wardrobe with mirrors on the doors.

toute drôle behaving oddly

bijou jewel
misère *pauvre*

convaincue *persuadée*

liée close

poussa let out

se rendit *est allée* / **conta** *parla de*

coffret jewelry case

collier necklace / **perles** pearls
croix cross / **or** in gold / **pierreries**
  with precious stones
travail workmanship / **parures** *bijoux*
quitter to take off

plaire please
boîte box
rivière necklace
immodéré *extrême*

montante high-collared

Elle sauta au cou de° son amie, l'embrassa° avec emportement,° puis s'enfuit° avec son trésor.

* * *

Le jour de la fête arriva. Mme Loisel eut un succès. Elle
était plus jolie que toutes, élégante, gracieuse, souriante et
folle° de joie. Tous les hommes la regardaient, demandaient
son nom, cherchaient à° être présentés. Tous les attachés du
cabinet voulaient valser avec elle. Le Ministre la remarqua.

Elle dansait avec ivresse,° avec emportement, grisée° par
le plaisir, ne pensant plus à rien, dans le triomphe de sa
beauté, dans la gloire de son succès, dans une sorte de nuage
de bonheur fait de tous ces hommages, de toutes ces admira-
tions, de tous ces désirs éveillés, de cette victoire si complète
et si douce° au cœur des femmes.

Elle partit vers quatre heures du matin. Son mari, depuis
minuit, dormait dans un petit salon désert avec trois autres
messieurs dont les femmes s'amusaient beaucoup.

Il lui jeta sur les épaules les vêtements° qu'il avait apportés
pour la sortie, modestes vêtements de la vie ordinaire, dont
la pauvreté jurait° avec l'élégance de la toilette de bal. Elle le
sentit et voulut s'enfuir, pour ne pas être remarquée par les
autres femmes qui s'enveloppaient de riches fourrures.°

Loisel la retenait.

«Attends donc. Tu vas attraper° froid dehors. Je vais appeler un fiacre. [7]»

Mais elle ne l'écoutait point et descendait rapidement
l'escalier. Lorsqu'ils furent dans la rue, ils ne trouvèrent pas
de voiture;° et ils se mirent à chercher, criant après les
cochers° qu'ils voyaient passer de loin.

Ils descendaient vers la Seine, désespérés, grelottants.°
Enfin ils trouvèrent sur le quai un de ces vieux coupés[8]
noctambules° qu'on ne voit dans Paris que la nuit venue,
comme s'ils eussent° été honteux° de leur misère pendant le
jour.

Il les ramena jusqu'à leur porte, rue des Martyrs,[9] et ils
remontèrent tristement chez eux. C'était fini, pour elle. Et
il songeait, lui, qu'il lui faudrait être au Ministère à dix
heures.

Elle ôta° les vêtements dont elle s'était enveloppé les
épaules, devant la glace, afin de° se voir encore une fois dans

---

sauta ... de hugged / **embrassa** kissed (on the cheeks)
emportement *joie* / **s'enfuit** left quickly

folle mad
cherchaient à *essayaient d'*

ivresse rapture / **grisée** intoxicated

douce sweet

vêtements = *manteaux*

jurait clashed

fourrures furs

attraper to catch

voiture = *fiacre*
cochers coachmen
désespérés desperate / **grelottants** *tremblants de froid*

noctambules = *qui travaillent la nuit*
eussent would have / **honteux** ashamed

ôta took off
afin de in order to

---

[7]**un fiacre:** A horse-drawn carriage that transported passengers for a fee; it
was the precursor of the taxicab.
[8]**un coupé:** A carriage with two seats.
[9]**rue des Martyrs:** A small street in the Montmartre area of Paris.

sa gloire. Mais soudain elle poussa un cri. Elle n'avait plus
sa rivière autour du cou!

Son mari, à moitié dévêtu° déjà, demanda:

dévêtu undressed

«Qu'est-ce que tu as?»

Elle se tourna vers lui, affolée:°

affolée panic-stricken

«J'ai … j'ai … je n'ai plus la rivière de Mme Forestier.»

Il se dressa,° éperdu:

se dressa *se leva*

«Quoi! … comment!… Ce n'est pas possible!»

Et ils cherchèrent dans les plis° de la robe, dans les plis du
manteau, dans les poches, partout. Ils ne la trouvèrent
point.

plis folds

Il demandait:

«Tu es sûre que tu l'avais encore en quittant le bal?

—Oui, je l'ai touchée dans le vestibule du Ministère.

—Mais, si tu l'as perdue dans la rue, nous l'aurions en-
tendue tomber. Elle doit être dans le fiacre.

—Oui. C'est probable. As-tu pris le numéro?

—Non. Et toi, tu ne l'as pas regardé?

—Non.»

Ils se contemplaient atterrés.° Enfin Loisel se rhabilla.°

atterrés stupefied / **se rhabilla** got
  dressed again
trajet route

«Je vais, dit-il, refaire tout le trajet° que nous avons fait à
pied, pour voir si je ne la retrouverai pas.»

Et il sortit. Elle demeura en toilette de soirée, sans force
pour se coucher, abattue° sur une chaise, sans feu,° sans
pensée.

abattue dejected / **feu** = *énergie*

Son mari rentra vers sept heures. Il n'avait rien trouvé.

Il se rendit à la Préfecture de police, aux journaux, pour
faire promettre° une récompense,° aux compagnies de petites voitures, partout enfin où un soupçon° d'espoir le poussait.°

faire promettre to promise /
  récompense reward
soupçon trace
poussait pushed
effarement bewilderment

Elle attendit tout le jour, dans le même état d'effarement°
devant cet affreux° désastre.

affreux *horrible*

Loisel revint le soir, avec la figure° creusée,° pâlie; il
n'avait rien découvert.

la figure *le visage* / **creusée** sunken

«Il faut, dit-il, écrire à ton amie que tu as brisé° la ferme-
ture° de sa rivière et que tu la fais réparer. Cela nous donnera le temps de nous retourner.°»

brisé *cassé*

fermeture clasp

nous retourner *regarder*

Elle écrivit sous sa dictée.°

sous sa dictée = *ce qu'il dictait*

*   *   *

Questions orales

1. La fête approche et Madame Loisel semble inquiète. Pourquoi?
2. Est-ce qu'elle voudrait mettre des fleurs naturelles? Pourquoi pas?
3. Quelle suggestion son mari fait-il?
4. Pourquoi Madame Loisel connaît-elle Madame Forestier?
5. Qu'est-ce que Madame Forestier sort de son armoire?
6. Quelle parure Madame Loisel choisit-elle?
7. Madame Loisel a-t-elle eu du succès au bal? Comment le sait-elle?
8. Que faisait Monsieur Loisel pendant que sa femme dansait?
9. A quelle heure Monsieur et Madame Loisel sont-ils partis?
10. Comment étaient leurs manteaux?
11. Pourquoi Madame Loisel ne voulait-elle pas rester à l'hôtel pendant que son mari cherchait un fiacre?
12. Quel temps faisait-il dehors?
13. Quelle sorte de fiacre ont-ils trouvé finalement?
14. Est-ce que Monsieur et Madame Loisel montaient gaiment chez eux? Pourquoi Madame Loisel était-elle triste? Pourquoi son mari était-il triste aussi?
15. Pourquoi Madame Loisel a-t-elle poussé un cri en enlevant son manteau?
16. Où Monsieur et Madame Loisel ont-ils cherché la rivière de diamants?
17. Quand est-ce que Madame Loisel avait touché la rivière pour la dernière fois?
18. Où pense-t-elle avoir perdu la rivière? Ont-ils le numéro du fiacre?
19. Où Monsieur Loisel va-t-il chercher la rivière? La trouve-t-il?
20. Que fait-il ensuite pour trouver la parure?
21. Qu'est-ce que Madame Loisel doit écrire à Madame Forestier? Pourquoi?

Vers la lecture libre

UNDERSTANDING VOCABULARY

More cognates

Here are several additional common cognate patterns:

1. Some French nouns in **-oire** have English cognates in *-ory:*

   la gloire *glory*

   (ALSO: **la victoire, l'histoire**)

2. French verbs in **-primer** often have English cognates in *-press:*

   exprimer *to express*

   (ALSO: **déprimer, comprimer, réprimer**)

3. French verbs in **-tenir** often have English cognates in *-tain:*

   retenir *to retain, to hold back*

   (ALSO: **maintenir, contenir, détenir**)

4. The letters **on** in French often correspond to *oun* in English:

   annoncer *to announce*

   (ALSO: **raconter, conter, prononcer**)

5. The letters **ou** in French sometimes correspond to *u* in English:

   retourner *to return*

   (ALSO: **le souper, une coupe**)

Verbs based on adjectives

In French, an adjective may be turned into an **-ir** verb that means *to acquire the trait of the adjective:*

   pâle → **pâlir** *(to grow pale)*

   (ALSO: **rougir, grandir, maigrir, grossir, vieillir**)

UNDERSTANDING STRUCTURES

Negation

In one of the segments of Kessel's *L'Evasion*, we looked at some of the ways negation is expressed in contemporary French. In "La Parure" we encounter some other examples of negation:

1. The expression **ne ... point** corresponds to the current **ne ... pas du tout.** Note the following examples:

   Elle **n'**était **point** convaincue.   *She was **not at all** convinced.*

   Je **n'**y avais **point** pensé.   *I had **not** thought of that.*

   Mais elle **ne** l'écoutait **point**...   *She was **not** listening to him **at all**...*

   Ils **ne** la trouvèrent **point.**   *They did **not** find it.*

2. The expression **ne ... que** restricts the meaning of the verb and is not really a negative. It is still frequently used in contemporary French:

   Elle **n'**aimait **que** cela.   *She liked **only** that.*

3. When an infinitive is used in the negative, **ne pas** precedes the verb:

   J'aimerais presque mieux **ne pas** aller...   *I would almost rather **not** go...*

   ...*pour* **ne pas** être remarquée   ...*in order **not** to be noticed*

   However, with **avoir** and **être**, the **ne ... pas** is sometimes placed around the infinitive:

   Cela m'ennuie de **n'**avoir **pas** un bijou.   *It disturbs me **not** to have a piece of jewelry.*

4. Generally, negation is expressed with **ne ... pas.** However, in written French one often finds the **pas** omitted after **savoir, cesser, oser** *(to dare)*, and **pouvoir** when these verbs are followed by an infinitive:

...je **ne** peux aller à cette fête. *I cannot go to that party.*

Vers la composition libre

Compositions guidées

1. Décrivez le succès de Madame Loisel au bal.
   MOTS CLEFS élégant / gracieux / souriant / heureux / regarder / remarquer / valser / triomphe / victoire

2. Décrivez Madame Loisel à cinq heures du matin.
   MOTS CLEFS désespéré / atterré / abattu / chaise / feu / effaré

Compositions libres

1. Mettez-vous à la place de Madame Loisel. Décrivez vos pensées le lendemain du bal.
2. Mettez-vous à la place de Monsieur Loisel. Décrivez comment vous avez passé la journée et quelles ont été vos réactions.

TROISIÈME PARTIE

Au bout d'une semaine, ils avaient perdu toute espérance.°   **espérance** hope

Et Loisel, vieilli de cinq ans, déclara:

«Il faut aviser à° remplacer ce bijou.»   **aviser à** = *prendre des mesures pour*

Ils prirent, le lendemain, la boîte qui l'avait renfermé, et se rendirent° chez le joaillier,° dont le nom se trouvait dedans.° Il consulta ses livres: **se rendirent** went / **joaillier** jeweler   **dedans** *à l'intérieur*

«Ce n'est pas moi, Madame, qui ai vendu cette rivière, j'ai dû seulement fournir l'écrin.°»   **l'écrin** *la boîte*

Alors ils allèrent de bijoutier en bijoutier, cherchant une parure pareille à° l'autre, consultant leurs souvenirs, malades tous deux de chagrin et d'angoisse.   **pareille à** similar to

Ils trouvèrent, dans une boutique du Palais-Royal, [10] un chapelet° de diamants qui leur parut entièrement semblable° à celui qu'ils cherchaient. Il valait° quarante mille francs. On le leur laisserait à° trente-six mille.   **chapelet** necklace   **semblable** similar / **valait** was worth   **le ... à** let them have it for

---

[10]**le Palais Royal:** The Palais Royal, located across from the Louvre, was built for Cardinal Richelieu in the seventeenth century. At the time of this story, the most fashionable jewelers of Paris had their shops in the Palais Royal district.

Ils prièrent° donc le joaillier de ne pas le vendre avant trois jours. Et ils firent condition qu'on le reprendrait, pour trente-quatre mille francs, si le premier° était retrouvé avant la fin de février.

Loisel possédait dix-huit mille francs que lui avait laissés son père. Il emprunterait° le reste.

Il emprunta, demandant mille francs à l'un, cinq cents à l'autre, cinq louis[11] par ci, trois par là. Il fit des billets,° prit des engagements° ruineux, eut affaire aux° usuriers, à toutes les races de prêteurs.° Il compromit toute la fin de son existence,° risqua sa signature sans savoir même s'il pourrait y faire honneur, et, épouvanté° par les angoisses de l'avenir, par la noire misère qui allait s'abattre° sur lui, par la perspective de toutes les privations° physiques et de toutes les tortures morales,° il alla chercher la rivière nouvelle, en déposant° sur le comptoir du marchand trente-six mille francs.

Quand Mme Loisel reporta la parure à Mme Forestier, celle-ci lui dit, d'un air froissé:°

«Tu aurais dû me la rendre plus tôt, car je pouvais en avoir besoin.»

Elle n'ouvrit pas l'écrin, ce que redoutait° son amie. Si elle s'était aperçue de la substitution, qu'aurait-elle pensé? Qu'aurait-elle dit? Ne l'aurait-elle pas prise pour une voleuse?°

* * *

Mme Loisel connut° la vie horrible des nécessiteux.° Elle prit son parti,° d'ailleurs, tout d'un coup, héroïquement. Il fallait payer cette dette effroyable.° Elle payerait. On renvoya° la bonne, on changea de logement; on loua sous les toits° une mansarde.°

Elle connut les gros travaux du ménage,° les odieuses besognes° de la cuisine. Elle lava la vaisselle, usant° ses ongles° roses sur les poteries grasses° et le fond° des casseroles.° Elle savonna° le linge° sale, les chemises et les torchons,° qu'elle faisait sécher° sur une corde; elle descendit° à la rue, chaque matin, les ordures,° et monta l'eau, s'arrêtant à chaque étage pour souffler.° Et, vêtue comme une femme du peuple, elle alla chez le fruitier, chez l'épicier, chez le boucher, le panier° au bras, marchandant,° injuriée,° défendant sou[12] à sou son misérable° argent.

---

[11]**un louis:** A gold piece worth twenty francs.
[12]**un sou:** A coin worth five centimes.

prièrent begged

le premier = *le premier collier*

emprunterait would borrow

billets IOUs
engagements pledges / **eut … aux** had to deal with
prêteurs loan sharks
toute … existence the rest of his life
épouvanté terrified
s'abattre tomber
privations deprivations
morales = *mentales*
déposant mettant

froissé *vexé*

redoutait feared

voleuse thief

connut came to know / **nécessiteux** = *gens très pauvres*
prit son parti *se résigna*
effroyable *terrible*
renvoya dismissed
toits roofs / **mansarde** = *petite chambre*
gros … ménage heavy housework
besognes work / **usant** *cassant*
ongles nails / **grasses** fatty / **fond** bottom
casseroles pots / **savonna** soaped / **linge** laundry
torchons dish towels / **faisait sécher** dried
descendit carried down / **ordures** garbage
souffler catch her breath
panier basket
marchandant bartering / **injuriée** being insulted / **misérable** = *petit peu de*

Il fallait chaque mois payer des billets, en renouveler° d'autres, obtenir° du temps.

Le mari travaillait le soir à mettre au net° les comptes° d'un commerçant, et la nuit, souvent, il faisait de la copie[13] à cinq sous la page.

Et cette vie dura dix ans.

Au bout de dix ans, ils avaient tout restitué,° tout, avec le taux de l'usure,° et l'accumulation des intérêts superposés.°

Mme Loisel semblait vieille, maintenant. Elle était devenue la femme forte, et dure, et rude,° des ménages° pauvres. Mal peignée, avec les jupes de travers° et les mains rouges, elle parlait haut,° lavait à grande eau° les planchers. Mais parfois, lorsque son mari était au bureau, elle s'asseyait auprès de la fenêtre, et elle songeait à cette soirée d'autrefois, à ce bal, où elle avait été si belle et si fêtée.°

Que serait-il arrivé si elle n'avait point perdu cette parure? Qui sait? qui sait? Comme la vie est singulière,° changeante! Comme il faut peu de chose° pour vous perdre° ou vous sauver!

*   *   *

Or, un dimanche, comme elle était allée faire un tour aux Champs-Elysées[14] pour se délasser° des besognes° de la semaine, elle aperçut tout à coup une femme qui promenait un enfant. C'était Mme Forestier, toujours° jeune, toujours belle, toujours séduisante.°

Mme Loisel se sentit émue.° Allait-elle lui parler? Oui, certes. Et maintenant qu'elle avait payé, elle lui dirait tout. Pourquoi pas?

Elle s'approcha.

«Bonjour, Jeanne.»

L'autre ne la reconnaissant point, s'étonnant d'être appelée ainsi familièrement par cette bourgeoise.° Elle balbutia:°

«Mais... Madame!... Je ne sais... Vous devez vous tromper.

—Non. Je suis Mathilde Loisel.»

Son amie poussa un cri:°

«Oh! ma pauvre Mathilde, comme tu es changée!...

—Oui, j'ai eu des jours bien durs, depuis que je ne t'ai vue; et bien des° misères ... et cela à cause de toi!...

---

renouveler renegotiate
obtenir to gain
mettre au net to straighten out / **comptes** accounts

restitué *repayé*
taux de l'usure *high interest rates* / **superposés** superimposed

rude *sans finesse* / **ménages** *familles*
de travers on crooked
haut in a loud voice / **à ... eau** *avec beaucoup d'eau*

fêtée well entertained

singulière *curieuse, étrange*
il ... chose it takes little / **perdre** *ruiner*

se délasser *se reposer* / **besognes** hard work

toujours still
séduisante seductive
émue nervous

bourgeoise = *femme ordinaire*
balbutia stammered

poussa un cri cried out

bien des *beaucoup de*

---

[13]**faire de la copie:** In the nineteenth century, all papers and documents had to be copied by hand.
[14]**les Champs-Elysées:** An elegant avenue in Paris.

—De moi... Comment ça?

—Tu te rappelles bien cette rivière de diamants que tu m'as prêtée pour aller à la fête du Ministère.

—Oui. Eh bien?

—Eh bien, je l'ai perdue.

—Comment! puisque tu me l'as rapportée.

—Je t'en ai rapporté une autre toute pareille.° Et voilà° dix ans que nous la payons. Tu comprends que ça n'était pas aisé° pour nous, qui n'avions rien... Enfin c'est fini, et je suis rudement° contente.

pareille similar / **voilà** now it has been

aisé *facile*

rudement (colloquial) *très*

Mme Forestier s'était arrêtée.

—Tu dis que tu as acheté une rivière de diamants pour remplacer la mienne?

—Oui. Tu ne t'en étais pas aperçue, hein? Elles étaient bien pareilles.»

Et elle souriait d'une joie orgueilleuse° et naïve.

orgueilleuse full of pride

Mme Forestier, fort émue, lui prit les deux mains.

«Oh! ma pauvre Mathilde! Mais la mienne était fausse. Elle valait au plus° cinq cents francs!...»

au plus at most

Questions orales

1. Au bout d'une semaine, est-ce que Monsieur et Madame Loisel avaient retrouvé la rivière de diamants?
2. Qu'est-ce qu'ils ont décidé de faire?
3. Est-ce que le bijoutier dont le nom se trouvait dans l'écrin avait vendu la rivière?
4. Où ont-ils finalement trouvé une rivière semblable à celle de Madame Forestier? Combien valait-elle? Quel prix ont-ils obtenu?
5. Combien d'argent possédait Monsieur Loisel? Comment a-t-il obtenu le reste?
6. Comment Monsieur Loisel envisage-t-il l'avenir?
7. Quelle est la réaction de Madame Forestier quand Madame Loisel lui rend l'écrin? Pense-t-elle que son amie est une voleuse?
8. Quels changements les Loisel ont-ils faits dans leur style de vie?
9. Comment Madame Loisel passe-t-elle ses journées maintenant?
10. Qu'est-ce qu'il faut faire chaque mois?
11. Comment Monsieur Loisel gagne-t-il un peu plus d'argent?
12. Combien de temps a-t-il fallu pour restituer tout l'argent qu'ils avaient emprunté?
13. Quand Madame Loisel avait un moment pour s'asseoir près de sa fenêtre, à quoi songeait-elle? Quelles étaient ses pensées?
14. Un dimanche, où est allée Madame Loisel?
15. Qui est la femme qui promène un enfant? Comment est cette femme?
16. Pourquoi Madame Loisel n'hésite-t-elle pas à parler à son ancienne amie?
17. Madame Forestier reconnaît-elle tout de suite la personne qui lui parle? Pourquoi pas?
18. Qu'est-ce que Madame Loisel raconte à son amie?
19. Quelle est la réaction de Madame Forestier? Pourquoi est-elle émue?

Vers la lecture libre

UNDERSTANDING VOCABULARY

The prepositions à and de

The most common prepositions in French are à *(to, at)* and **de** *(of, from)*. However, these prepositions are used in many French constructions where the English equivalent does not correspond to a word-for-word translation. Note the following examples:

à	=	*to*	elle descendit à la rue
		for	On le leur laisserait à trente-six mille.
		of	ne pensant plus à rien; elle songeait à ce bal
		from	demandant mille francs à l'un, cinq cents à l'autre
		by	sou à sou *(nickel by nickel)*
		on	rentrer à pied; le panier **au** bras
		with	il eut affaire **aux** usuriers *(he had to deal with usurers)*
		—	rien à mettre *(nothing to wear)*
		—	se décider à les quitter
de	=	*of*	un chapelet **de** diamants; les angoisses **de** l'avenir
		from	ils allèrent **de** bijoutier en bijoutier
		in	**du** matin *(in the morning);* **de** loin *(in the distance)*
		with	s'envelopper **de** fourrures; **d'**un air froissé *(with a vexed air)*
		by	vieilli **de** cinq ans *(older by five years)*
		—	on changea **de** logement
		—	cela m'ennuie **de** n'avoir pas un bijou

UNDERSTANDING STYLE

Divisions within a narrative

As a play is divided into acts and scenes, so a narrative is often divided into parts. Maupassant separated scenes in "La Parure" with breaks in the text. Kessel used numbers to indicate the scenes in *L'Evasion*. Usually, however, the divisions in a short narrative are not indicated by the author. They must be discovered by the reader.

"La Parure" can be divided into three main parts:

1. The setting *(la mise en scène).*
   In the first six paragraphs of the story, Maupassant sets the scene. He uses the complex sentences typical of descriptive passages in written French as he presents Mathilde Loisel and her dreams of grandeur.
2. The development of the action *(le développement de l'action.)*
   The action of the story begins when Monsieur Loisel brings home an invitation to the ball. In

this central portion of the story, Maupassant records actual conversations and uses a more direct style in narrating the sequence of events leading to the restitution of the lost necklace.

3. The ending *(le dénouement)*.

   At the end of the story, Maupassant paints another picture of Mathilde Loisel, this time as the lower-class housewife, *"la femme forte et dure et rude."* And he presents her daydreams: what would have happened if… The actual dénouement is concentrated in the last two lines where Mathilde Loisel learns that the original necklace had fake diamonds and could have been replaced quite inexpensively.

Maupassant is a master craftsman, for the dénouement echoes back to the opening sentence of the story:

> C'était une de ces jolies et charmantes filles, nées, **comme par une erreur du destin,** dans une famille d'employés.

Ten years later, because of another *"erreur du destin,"* her social status had dropped even further.

Vers la composition libre

Composition guidée

Décrivez Madame Loisel dix ans après le bal.

MOTS CLEFS   fort / rude / dure / mal peigné / voix / mains / jupes

Compositions libres

1. Est-ce que Madame Loisel a changé moralement dans les dix dernières années? Expliquez.
2. Imaginez la conversation entre Madame Loisel et son mari quand elle rentrera chez elle après la rencontre avec Madame Forestier.

Mateo Falcone 12

Prosper Mérimée

Prosper Mérimée

(1802–1870) is perhaps best remembered for his story "Carmen," which Bizet later adapted as an opera. "Mateo Falcone," published in 1829, established the young writer's reputation as a master storyteller. Although the island of Corsica was already part of France at the time, the Corsicans still spoke an Italian dialect and maintained a rude life style that assigned men and women to specific social roles and emphasized a strict code of honor and hospitality. Mérimée's sociological and psychological observations prepare the reader for the dénouement.

PREMIÈRE PARTIE

En sortant de Porto-Vecchio[1] et se dirigeant au nord-ouest, vers l'intérieur de l'île, on voit le terrain s'élever assez rapidement, et après trois heures de marche par des sentiers° tortueux, obstrués° par de gros quartiers de rocs,° et quelquefois coupés par des ravins, on se trouve sur le bord° d'un *maquis*[2] très étendu.° Le maquis est la patrie° des bergers° corses° et de quiconque° s'est brouillé° avec la justice. Il faut savoir que le laboureur° corse, pour s'épargner° la peine de fumer° son champ, met le feu[3] à une certaine étendue° de bois:° tant pis° si la flamme se répand° plus loin que besoin n'est; arrive que pourra;° on est sûr d'avoir une bonne récolte° en semant° sur cette terre fertilisée par les cendres° des arbres qu'elle portait. Les épis° enlevés,° car on laisse la paille,° qui donnerait de la peine à recueillir,° des racines° qui sont restées en terre sans se consumer° poussent,° au printemps suivant, des cépées° très épaisses° qui, en peu d'années, parviennent° à une hauteur° de sept ou huit pieds.

sentiers paths
obstrués obstructed / **rocs** *pierres*
bord edge
étendu extensive / **patrie** homeland /
  bergers shepherds
corses Corsican /
  quiconque whoever /
  s'est brouillé is at odds
laboureur farmer / **épargner** to spare
fumer fertilize / **étendue** stretch
bois woods / **tant pis** too bad / **se
  répand** spreads
arrive ... pourra happen what may
récolte harvest / **semant** sowing /
  cendres ashes
épis ears of grain / **enlevés** removed
paille straw / **recueillir** to gather /
  racines roots
se consumer being burned /
  poussent send up
cépées shoots / **épaisses** thick
parviennent reach / **hauteur** height

[1]**Porto-Vecchio:** A small port town on the southeastern coast of Corsica, an island in the Mediterranean under French jurisdiction.
[2]**un maquis:** An area covered by a low and dense thicket of bushes.
[3]**met le feu:** *sets fire.* After the harvest, farmers often set fire to their fields so that the burnt stubble would act as fertilizer. By setting fire to an area covered with brush, one would obtain more ashes and hence a more fertile planting area.

C'est cette manière° de taillis fourré° que l'on nomme maquis. Différentes espèces d'arbres et d'arbrisseaux° le composent, mêlés° et confondus comme il plaît à Dieu. Ce
n'est que la hache° à la main que l'homme s'y ouvrirait un
passage, et l'on voit des maquis si épais et si touffus,° que les
mouflons° eux-mêmes ne peuvent y pénétrer.

Si vous avez tué° un homme, allez dans le maquis de
Porto-Vecchio, et vous y vivrez en sûreté,° avec un bon
fusil,° de la poudre et des balles;° n'oubliez pas un manteau
brun garni d'un° capuchon,° qui sert de couverture° et de
matelas.° Les bergers vous donnent du lait, du fromage et
des châtaignes,° et vous n'aurez rien à craindre° de la jus-
tice° ou des parents° du mort,° si ce n'est quand il vous
faudra descendre à la ville pour y renouveler vos munitions.

Mateo Falcone, quand j'étais en Corse en 18 .., avait sa
maison à une demi-lieue⁴ de ce maquis. C'était un homme
assez riche pour le pays; vivant noblement, c'est-à-dire sans
rien faire, du produit de ses troupeaux,° que des bergers,
espèces de nomades, menaient° paître° çà et là sur les
montagnes. Lorsque je le vis, deux années après
l'événement que je vais raconter, il me parut âgé de cinquante ans tout au plus. Figurez-vous° un homme petit,
mais robuste, avec des cheveux crépus,° noirs comme le
jais,° un nez aquilin, les lèvres minces, les yeux grands et
vifs,° et un teint° couleur de revers° de botte.° Son habileté
au tir° du fusil passait pour° extraordinaire, même dans son
pays, où il y a tant de bons tireurs.° Par exemple, Mateo
n'aurait jamais tiré sur° un mouflon avec des chevrotines;°
mais, à cent vingt pas,° il l'abattait° d'une balle dans la tête
ou dans l'épaule, à son choix. La nuit, il se servait de ses
armes aussi facilement que le jour, et l'on m'a cité de lui ce
trait d'adresse° qui paraîtra peut-être incroyable à qui n'a
pas voyagé en Corse. A quatre-vingts pas, on plaçait une
chandelle° allumée derrière un transparent° de papier, large
comme° une assiette. Il mettait en joue,° puis on éteignait°
la chandelle, et, au bout d'une minute dans l'obscurité la
plus complète, il tirait° et perçait° le transparent trois fois sur
quatre.

Avec un mérite aussi transcendant° Mateo Falcone s'était
attiré° une grande réputation. On le disait aussi bon ami
que dangereux ennemi:° d'ailleurs serviable et faisant

---

manière *sorte* / **taillis fourré** thick brush
arbrisseaux bushes
mêlés entangled
hache axe
touffus bushy
mouflons wild sheep
tué killed
sûreté *sécurité*
fusil gun / **balles** bullets
garni d' *avec* / **capuchon** hood / **couverture** blanket
matelas mattress
châtaignes chestnuts / **craindre** to fear
justice = *police* / **parents** relatives / **mort** = *la personne que vous avez assassinée*

troupeaux flocks

menaient would lead / **paître** to graze

Figurez-vous *Imaginez*
crépus curly
jais jet
vifs alert / **teint** complexion / **revers** inside / **botte** boot
habileté au tir marksmanship / **passait pour** *était considérée*
tireurs marksmen
tiré sur shot / **chevrotines** buckshot
pas paces / **abattait** *tuait*

adresse skill

chandelle candle / **transparent** transparency
large comme as big as / **mettait en joue** took aim / **éteignait** extinguished
tirait shot / **perçait** pierced

transcendant *supérieur*
attiré attracted
aussi … ennemi as good as a friend as he was dangerous as an enemy

---

⁴**une demi-lieue:** *half a league*. The league was a somewhat variable
distance, usually set at about three miles.

l'aumône,° il vivait en paix° avec tout le monde dans le district de Porto-Vecchio. Mais on contait° de lui qu'à Corte,[5] où il avait pris femme,° il s'était débarrassé° fort vigoureusement d'un rival qui passait pour aussi redoubta- ble° en guerre° qu'en amour: du moins on attribuait à Mateo certain coup de fusil° qui surprit ce rival comme il était à° se raser devant un petit miroir pendu à sa fenêtre. L'affaire assoupie,° Mateo se maria. Sa femme Giuseppa lui avait donné d'abord trois filles (dont il enrageait),° et enfin un fils, qu'il nomma Fortunato: c'était l'espoir de sa famille, l'héritier° du nom. Les filles étaient bien mariées: leur père pouvait compter au besoin° sur les poignards° et les escopet- tes° de ses gendres.° Le fils n'avait que dix ans, mais il annonçait déjà d'heureuses dispositions.°

Un certain jour d'automne, Mateo sortit de bonne heure avec sa femme pour aller visiter un de ses troupeaux dans une clairière° du maquis. Le petit Fortunato voulait l'accompagner, mais la clairière était trop loin; d'ailleurs, il fallait bien que quelqu'un restât pour garder la maison; le père refusa donc: on verra s'il n'eut pas lieu° de s'en repentir.

Il était absent depuis quelques heures et le petit Fortunato était tranquillement étendu° au soleil, regardant les montagnes bleues, et pensant que, le dimanche prochain, il irait dîner à la ville, chez son oncle le *caporal*,[6] quand il fut soudainement interrompu dans ses méditations par l'explosion d'une arme à feu. Il se leva et se tourna du côté de la plaine d'où partait° ce bruit. D'autres coups de fusil° se succédèrent, tirés° à intervalles inégaux, et toujours de plus en plus rapprochés;° enfin, dans le sentier° qui menait de la plaine à la maison de Mateo parut un homme, coiffé° d'un bonnet pointu comme en portent les montagnards,° barbu,° couvert de haillons,° et se traînant° avec peine en s'appuyant° sur son fusil. Il venait de recevoir un coup de feu° dans la cuisse.°

Cet homme était un *bandit*,[7] qui, étant parti de nuit pour aller chercher de la poudre à la ville, était tombé en route dans une embuscade° de voltigeurs° corses.[8] Après une vigoureuse défense, il était parvenu° à faire sa retraite,° vivement poursuivi° et tiraillant° de rocher° en rocher. Mais

---

faisant l'aumône giving alms / **paix** peace
contait told a story
pris femme chosen his wife / **s'était débarrassé** got rid of
redoubtable *dangereux* / **guerre** war
coup de fusil shot / **était à** = *était en train de*

assoupie quieted down
enrageait was very upset

héritier heir
au besoin in time of need / **poignards** daggers
escopettes = *fusils* / **gendres** sons-in-law
d'heureuses dispositions *de bons talents*

clairière clearing

n'eut pas lieu did not have reason

étendu stretched out

partait *venait* / **coups de fusil** gunshots
tirés fired
de ... rapprochés closer and closer together / **sentier** path
coiffé wearing
comme ... montagnards like those worn by the mountain people / **barbu** bearded
haillons rags / **se traînant** dragging himself
appuyant leaning
coup de feu gunshot / **cuisse** thigh
embuscade ambush / **voltigeurs** riflemen
était parvenu = *avait réussi* / **retraite** retreat
vivement poursuivi pursued actively / **tiraillant** shooting / **rocher** *pierre*

---

[5]**Corte:** A city in central Corsica.
[6]**caporal:** A Corsican title of the nineteenth century indicating high social rank.
[7]**un bandit:** In the nineteenth century, this term was applied to anyone who was in trouble with Corsican law.
[8]**les voltigeurs corses:** Riflemen working with the Corsican police.

il avait peu d'avance sur les soldats et sa blessure° le mettait hors d'état° de gagner° le maquis avant d'être rejoint.°

Il s'approcha de Fortunato et lui dit:

«Tu es le fils de Mateo Falcone?

—Oui.

—Moi, je suis Gianetto Sanpiero. Je suis poursuivi par les collets° jaunes.⁹ Cache-moi, car je ne puis° aller plus loin.

—Et que dira mon père si je te cache° sans sa permission?

—Il dira que tu as bien fait.

—Qui sait?

—Cache-moi vite; ils viennent.

—Attends que mon père soit revenu.

—Que j'attende? malédiction!° Ils seront ici dans cinq minutes. Allons, cache-moi, ou je te tue.

Fortunato lui répondit avec le plus grand sang-froid:°

—Ton fusil est déchargé,° et il n'y a plus de cartouches° dans ta carchera.¹⁰

—J'ai mon stylet.°

—Mais courras-tu aussi vite que moi?»

Il fit un saut,° et se mit hors d'atteinte.°

«Tu n'es pas le fils de Mateo Falcone! Me laisseras-tu donc arrêter devant ta maison?»

L'enfant parut touché.

«Que me donneras-tu si je te cache?» dit-il en se rapprochant.

Le bandit fouilla° dans une poche de cuir° qui pendait à sa ceinture, et il en tira° une pièce° de cinq francs qu'il avait réservée sans doute pour acheter de la poudre. Fortunato sourit à la vue de la pièce d'argent; il s'en saisit, et dit à Gianetto:

«Ne crains° rien.»

Aussitôt° il fit un grand trou° dans un tas° de foin° placé auprès de la maison. Gianetto s'y blottit,° et l'enfant le recouvrit de manière à° lui laisser un peu d'air pour respirer,° sans qu'il fût possible cependant de soupçonner° que ce foin cachât un homme. Il s'avisa,° de plus, d'une finesse de sauvage° assez ingénieuse. Il alla prendre une chatte° et ses petits, et les établit sur le tas de foin pour faire croire qu'il n'avait pas été remué° depuis peu.° Ensuite, remarquant des traces de sang° sur le sentier près de la

---

blessure wound

hors d'état unable to / **gagner** reach / **rejoint** caught

collets collar / **ne puis** = *ne peux pas*
cache hide

malédiction curses

sang-froid composure
déchargé not loaded / **cartouches** cartridges

stylet stiletto

saut jump / **hors d'atteinte** out of reach

fouilla *chercha* / **cuir** leather
tira drew / **pièce** coin

crains fear
Aussitôt *Immédiatement* / **trou** hole / **tas** pile / **foin** hay
blottit crouched
de ... à so as to
respirer to breathe / **soupçonner** to suspect
s'avisa got the idea
sauvage one who lives in the wilderness
chatte mother cat
remué stirred up / **depuis peu** recently
sang blood

---

⁹**les collets jaunes** = **les voltigeurs** (who wore a brown uniform with a yellow collar).

¹⁰**la carchera:** A wide leather belt that carried cartridges and also money.

maison, il les couvrit de poussière° avec soin,° et, cela fait, il   **poussière** dust / **soin** care
se recoucha au soleil avec la plus grande tranquillité.

Questions orales

1. Quelles sont les caractéristiques du «maquis» près de Porto-Vecchio?
2. Si quelqu'un a tué un autre homme, pourquoi doit-il aller dans le maquis? Qu'est-ce qu'il doit porter avec lui? Quel est le seul moment dangereux pour lui?
3. Où habitait Mateo Falcone?
4. Quelle sorte de vie menait-il?
5. Comment était-il?
6. Etait-il bon tireur? Expliquez.
7. Etait-il bon pour ses amis?
8. Qu'est-ce qui est arrivé à son rival dans la ville de Corte?
9. Combien de filles avait-il? Etait-il content d'avoir des filles? Que faisaient ses filles maintenant?
10. Combien de garçons avait-il? Comment s'appelait son fils?
11. Quel âge avait Fortunato? Que pensait Mateo de son fils?
12. Un jour d'automne, où vont Mateo et Giuseppa?
13. Pourquoi Fortunato n'accompagne-t-il pas ses parents?
14. A quoi pense Fortunato? Par quoi ses méditations sont-elles interrompues?
15. Qui voit-il sur le sentier? Pourquoi cet homme se traîne-t-il?
16. Comment s'appelle le bandit?
17. Qu'est-ce que le bandit demande à Fortunato?
18. Pourquoi le bandit ne peut-il pas tuer Fortunato?
19. Qu'est-ce que le bandit donnera à Fortunato si le garçon le cache?
20. Où Fortunato cache-t-il le bandit? Comment Fortunato pense-t-il faire croire que le foin n'a pas été remué?
21. Comment cache-t-il les traces de sang sur le sentier?
22. Que fait-il ensuite?

Vers la lecture libre

UNDERSTANDING STRUCTURES

Inversion

In written French, especially in literary prose, it is possible to invert, that is, to reverse the order of, the subject and the verb. For example, in "Mateo Falcone," Mérimée writes:

> ...le côté de la plaine d'où **partait ce bruit.**
> dans le sentier ... **parut un homme** coiffé d'un bonnet pointu...

This inversion is a stylistic device that is used to make the sentence more fluid. It is employed when the predicate is short (usually just a single intransitive verb) and the subject is somewhat longer.

UNDERSTANDING STYLE

The narrator

In "Mateo Falcone," the author is present as narrator. Since he himself has been to Corsica (and most of his readers have not), he describes the countryside and the people, giving explanations where necessary. To make the story more credible, he stresses the fact that he himself met Mateo Falcone two years after the events of this story occurred. And to encourage the reader to continue and not put the book down, he inserts an ominous note: Mateo did not allow Fortunato to go along with him to check on his flocks—"*on verra s'il n'eut pas lieu de s'en repentir.*"

Vers la composition libre

Compositions guidées

1. Faites le portrait de Mateo Falcone.
   MOTS CLEFS   robuste / petit / cheveux / nez / lèvres / yeux / teint / tireur / réputation / ami / ennemi

2. Faites le portrait de Gianetto.
   MOTS CLEFS   coiffé / habillé / se traîner / blessé / fusil / cartouches / stylet / poche de cuir

Compositions libres

1. Mérimée nous dit que le petit Fortunato «n'avait que dix ans, mais il annonçait déjà d'heureuses dispositions.» Quelles sont les qualités de l'enfant que vous avez remarquées dans cette partie de l'histoire? Avez-vous remarqué des dispositions moins bonnes? Expliquez.
2. Mettez-vous à la place de Gianetto, caché dans le tas de foin. Quelles sont vos pensées?

DEUXIÈME PARTIE

Quelques minutes après, six hommes en uniforme brun à collet jaune, et commandés par un adjudant,° étaient devant la porte de Mateo. Cet adjudant était quelque peu parent de° Falcone. (On sait qu'en Corse on suit les degrés de parenté[11] beaucoup plus loin qu'ailleurs.) Il se nommait Tiodoro Gamba: c'était un homme actif, fort redouté° des bandits dont il avait déjà traqué° plusieurs.

«Bonjour, petit cousin, dit-il à Fortunato en l'abordant;°

adjudant = *sergent*

quelque ... de distantly related to

redouté feared
traqué tracked down
abordant = *approchant*

[11]**les degrés de parenté:** degrees of consanguinity, that is, relationships to distant cousins and relatives.

comme te voilà grandi!° As-tu vu passer un homme tout à l'heure?°

—Oh! je ne suis pas encore si grand que vous, mon cousin, répondit l'enfant d'un air niais.°

—Cela viendra. Mais n'as-tu pas vu passer un homme, dis-moi?

—Si j'ai vu passer un homme?

—Oui, un homme avec un bonnet pointu en velours° noir, et une veste brodée° de rouge et de jaune?

—Un homme avec un bonnet pointu, et une veste brodée de rouge et de jaune?

—Oui, réponds vite, et ne répète pas mes questions.

—Ce matin, M. le Curé est passé devant notre porte, sur son cheval Piero. Il m'a demandé comment papa se portait,° et je lui ai répondu...

—Ah! petit drôle, tu fais le malin!° Dis-moi vite par où° est passé Gianetto, car c'est lui que nous cherchons; et, j'en suis certain, il a pris par ce sentier.°

—Qui sait?

—Qui sait? C'est moi qui sais que tu l'as vu.

—Est-ce qu'on voit les passants° quand on dort?

—Tu ne dormais pas, vaurien;° les coups de fusil° t'ont réveillé.

—Vous croyez donc, mon cousin, que vos fusils font tant de bruit? L'escopette° de mon père en fait bien davantage.

—Que le diable te confonde,[12] maudit° garnement!° Je suis bien sûr que tu as vu le Gianetto. Peut-être même l'as-tu caché. Allons, camarade, entrez dans cette maison, et voyez si notre homme n'y est pas. Il n'allait° plus que d'une patte,° et il a trop de bon sens, le coquin,° pour avoir cherché° à gagner° le maquis en clopinant.° D'ailleurs, les traces de sang s'arrêtent ici.

—Et que dira papa? demanda Fortunato en ricanant;° que dira-t-il s'il sait qu'on est entré dans sa maison pendant qu'il était sorti?

—Vaurien! dit l'adjudant Gamba en le prenant par l'oreille, sais-tu qu'il ne tient qu'à moi° de te faire changer de note?° Peut-être qu'en te donnant une vingtaine de coups° de plat° de sabre tu parleras enfin.»

Et Fortunato ricanait toujours.

«Mon père est Mateo Falcone! dit-il avec emphase.

comme ... grandi how you've grown	
tout à l'heure a while ago	
niais dumb	
velours velvet	
brodée embroidered	
se portait was feeling	
fais le malin act smart / **par où** which way	
sentier path	
passants = *gens qui passent*	
vaurien rascal / **coups de fusil** gunshots	
escopette = *fusil*	
maudit damned / **garnement** scamp	
allait *marchait*	
patte = *jambe* / **coquin** rogue	
cherché *essayé* / **gagner** to reach / **clopinant** limping	
ricanant sneering	
il ... moi it is only up to me	
note tune	
coups blows / **plat** flat side	

---

[12]**Que le diable te confonde!** *May the devil confound you!* The devil was thought to confuse a person's thoughts. Consequently, a person who has surrendered to the devil is a person who is no longer sure what to do or what decision to take.

—Sais-tu bien, petit drôle,° que je puis t'emmener à Corte ou à Bastia.[13] Je te ferai coucher dans un cachot,° sur la paille, les fers° aux pieds, et je te ferai guillotiner si tu ne dis où est Gianetto Sanpiero.»

L'enfant éclata de rire à cette ridicule menace.° Il répéta: «Mon père est Mateo Falcone!

—Adjudant, dit tout bas° un des voltigeurs, ne nous brouillons pas° avec Mateo.»

Gamba paraissait évidemment embarrassé. Il causait° à voix basse avec ses soldats, qui avaient déjà visité° toute la maison. Ce n'était pas une opération fort longue, car la cabane° d'un Corse ne consiste qu'en une seule pièce° carrée.° L'ameublement° se compose d'une table, de bancs, de coffres° et d'ustensiles de chasse° ou de ménage.° Cependant le petit Fortunato caressait sa chatte, et semblait jouir° malignement° de la confusion des voltigeurs et de son cousin.

Un soldat s'approcha du tas de foin. Il vit la chatte, et donna un coup de° baïonnette dans le foin avec négligence, et haussant° les épaules, comme s'il sentait que sa précaution était ridicule. Rien ne remua;° et le visage de l'enfant ne trahit° pas la plus légère émotion.

L'adjudant et sa troupe se donnaient au diable;° déjà ils regardaient sérieusement du côté° de la plaine, comme disposés° à s'en retourner par où ils étaient venus, quand leur chef, convaincu° que les menaces ne produiraient aucune impression sur le fils de Falcone, voulut faire un dernier effort et tenter° le pouvoir° des caresses et des présents.

«Petit cousin, dit-il, tu me parais un gaillard° bien éveillé!° Tu iras loin. Mais tu joues un vilain jeu° avec moi; et, si je ne craignais° de faire de la peine à° mon cousin Mateo, le diable m'emporte!° je t'emmenerais avec moi.

—Bah!

—Mais, quand mon cousin sera revenu, je lui conterai l'affaire, et, pour ta peine° d'avoir menti,° il te donnera le fouet° jusqu'au sang.°

—Savoir?°

—Tu verras... Mais, tiens ... sois brave° garçon, et je te donnerai quelque chose.

—Moi, mon cousin, je vous donnerai un avis°: c'est que, si vous tardez° davantage, le Gianetto sera dans le maquis, et alors il faudra° plus d'un luron° comme vous pour aller l'y chercher.»

drôle knave	
cachot dungeon	
fers iron chains	
menace threat	
tout bas in a low voice	
ne ... pas let's not get on bad terms	
causait *parlait*	
visité searched	
cabane cabin / **pièce** room	
carrée square / **ameublement** furniture	
coffres chests / **chasse** hunting / **ménage** household	
jouir to enjoy	
malignement mischievously	
donna ... de drove	
haussant shrugging	
remua moved	
trahit betray	
se ... diable were confused	
du côté *dans la direction*	
comme disposés as if ready	
coinvaincu convinced	
tenter try / **pouvoir** power	
gaillard chap	
éveillé alert / **vilain jeu** nasty game	
craignais feared / **faire ... à** to cause grief	
emporte take	
peine trouble / **menti** lied	
fouet whip / **jusqu'au sang** until blood flows	
Savoir? That is?	
brave good	
un avis *une opinion*	
tardez delay	
il faudra it will take / **luron** guy	

---

[13]**Bastia:** A city in northern Corsica.

L'adjudant tira de sa poche une montre d'argent° qui valait bien dix écus;[14] et, remarquant que les yeux du petit Fortunato étincelaient° en la regardant, il lui dit en tenant la montre suspendue au bout° de sa chaîne d'acier.°

«Fripon!° tu voudrais bien avoir une montre comme celle-ci suspendue à ton col,° et tu te promènerais dans les rues de Porto-Vecchio, fier comme un paon;° et les gens te demanderaient: «Quelle heure est-il?» et tu leur dirais: «Regardez à ma montre.»

—Quand je serai grand, mon oncle le caporal me donnera une montre.

—Oui; mais le fils de ton oncle en a déjà une … pas aussi belle que celle-ci, à la vérité°… Cependant il est plus jeune que toi.»

L'enfant soupira.°

«Eh bien, la veux-tu cette montre, petit cousin?»

Fortunato, lorgnant° la montre du coin° de l'œil, ressemblait à un chat à qui l'on présente un poulet tout entier. Et comme il° sent° qu'on se moque de lui, il n'ose° y porter la griffe,° et de temps en temps il détourne les yeux° pour ne pas s'exposer à succomber à la tentation; mais il se lèche les babines° à tout moment,° il a l'air de dire à son maître: «Que° votre plaisanterie° est cruelle!»

Cependant l'adjudant Gamba semblait de bonne foi° en présentant sa montre. Fortunato n'avança pas la main; mais il lui dit avec un sourire amer:°

«Pourquoi vous moquez-vous de moi?

—Par Dieu! je ne me moque pas. Dis-moi seulement où est Gianetto, et cette montre est à toi.»

Fortunato laissa échapper° un sourire d'incrédulité;° et, fixant ses yeux noirs sur ceux de l'adjudant, il s'efforçait d'y lire la foi qu'il devait avoir en ses paroles.

«Que je perde° mon épaulette,[15] s'écria l'adjudant, si je ne te donne pas la montre à cette condition! Les camarades sont témoins;° et je ne puis,° m'en dédire.°»

En parlant ainsi, il approchait toujours la montre, tant,° qu'elle touchait presque la joue pâle de l'enfant. Celui-ci° montrait bien sur sa figure le combat que se livraient° en son âme° la convoitise° et le respect dû° à l'hospitalité. Sa poitrine° nue° se soulevait° avec force, et il semblait près d'étouffer.° Cependant la montre oscillait, tournait, et quel-

---

argent silver

étincelaient sparkled
bout end / **acier** steel
Fripon Rascal
à … col around your neck
paon peacock

à la vérité = *à dire la vérité*

soupira sighed

lorgnant = *regardant* / **coin** corner

il = *le chat* / **sent** senses / **ose** dares
porter la griffe to claw / **détourne les yeux** *ne regarde pas*
se … babines licks his chops / **à … moment** continuously
Que How / **plaisanterie** joke
foi faith

amer bitter

échapper escape / **incrédulité** disbelief

Que je perde May I lose

témoins witnesses / **je ne puis** = *je ne peux pas* /
m'en dédire go back on my word
tant so much
Celui-ci = *Fortunato*
se livraient were waging
âme soul / **convoitise** desire (for the watch) / **dû** owed
poitrine chest / **nue** bare / **soulevait** rose
étouffer to suffocate

---

[14]un écu = cinq francs.
[15]une épaulette: *epaulet*, a sign of military rank worn on one's shoulder. The expressions **gagner une épaulette** or **perdre une épaulette** mean *to earn* or *lose a commission* or *promotion*.

quefois lui heurtait° le bout° du nez. Enfin, peu à peu, sa main droite s'éleva vers la montre: le bout de ses doigts la toucha; et elle° pesait° tout entière dans sa main sans que l'adjudant lâchât° pourtant le bout de la chaîne… Le cadran° était azuré°… la boîte° nouvellement fourbie°… au soleil, elle paraissait toute de feu°… La tentation était trop forte.

Fortunato éleva aussi sa main gauche, et indiqua du pouce,° par-dessus son épaule, le tas de foin auquel il était adossé.° L'adjudant le comprit aussitôt. Il abandonna° l'extrémité de la chaîne; Fortunato se sentit seul possesseur de la montre. Il se leva avec l'agilité d'un daim,° et s'éloigna° de dix pas° du tas de foin, que les voltigeurs se mirent aussitôt à culbuter.°

On ne tarda pas° à voir le foin s'agiter;° et un homme sanglant,° le poignard° à la main, en sortit; mais, comme il essayait de se lever en pied,° sa blessure° refroidie° ne lui permit plus de se tenir debout.° Il tomba. L'adjudant se jeta sur lui et lui arracha° son stylet. Aussitôt on le garrotta° fortement malgré sa résistance.

Gianetto, couché par terre et lié° comme un fagot,° tourna la tête vers Fortunato qui s'était rapproché.

«Fils de …!» lui dit-il avec plus de mépris° que de colère.

L'enfant lui jeta la pièce d'argent qu'il en avait reçue, sentant qu'il avait cessé de la mériter; mais le proscrit° n'eut pas l'air de faire attention à ce mouvement. Il dit avec beaucoup de sang-froid à l'adjudant:

«Mon cher Gamba, je ne puis marcher; vous allez être obligé de me porter à la ville.

—Tu courais tout à l'heure plus vite qu'un chevreuil,° repartit° le cruel vainqueur;° mais sois tranquille: je suis si content de te tenir,° que je te porterais une lieue sur mon dos sans être fatigué. Au reste,° mon camarade, nous allons te faire une litière° avec des branches et ta capote;° et à la ferme de Crespoli nous trouverons des chevaux.

—Bien, dit le prisonnier; vous mettrez aussi un peu de paille sur votre litière, pour que je sois plus commodément.°»

---

heurtait bumped / **bout** tip

elle = *la montre* / **pesait** settled
lâchât let go
cadran dial / **azuré** blue / **boîte** case / **fourbie** polished
de feu afire

pouce thumb
adossé leaning against / **abandonna** let go

daim deer
s'éloigna moved away / **pas** steps
culbuter to knock over

ne … pas did not have to wait long / **agiter** move
sanglant bloody / **poignard** dagger
se … pied to get up / **blessure** wound / **refroidie** = *vieille*
se … debout to stand
arracha tore away / **garrotta** pinned down
lié bound / **fagot** bundle of wood

mépris scorn

proscrit *bandit*

chevreuil deer
repartit = *répondit* / **vainqueur** conqueror
tenir *avoir*
Au reste Besides
litière stretcher / **capote** *manteau*

commodément = *confortable*

Questions orales

1. Qui arrive devant la porte de Mateo?
2. Qui est Tiodoro Gamba? Pourquoi est-il venu chez Mateo Falcone?
3. Quelle question pose-t-il à Fortunato? Comment Fortunato répond-il?
4. Pourquoi dit Fortunato qu'il n'a pas vu de passants?
5. Pourquoi est-ce que Gamba pense que Fortunato a peut-être caché Gianetto?
6. Quelles sont les menaces que Gamba emploie pour faire peur à Fortunato? Quelle est la réaction de Fortunato?
7. Qu'est-ce que les soldats ont trouvé dans la maison?
8. Quelles sont les pensées des soldats? Vont-ils rentrer en ville?
9. Puisque les menaces n'ont produit aucun effet, qu'est-ce que Gamba va tenter ensuite?
10. Quel cadeau Gamba offre-t-il à Fortunato?
11. Combien d'argent Fortunato a-t-il reçu de Gianetto? Est-ce que la montre vaut plus ou moins que cette somme?
12. Qui a déjà une montre? Est-ce que ce cousin est plus jeune ou plus âgé que Fortunato?
13. A quel animal le narrateur compare-t-il Fortunato? Est-ce que c'est une bonne comparaison?
14. Est-ce que Fortunato croit que Gamba va lui donner la montre?
15. Qu'est-ce que Fortunato doit faire s'il veut avoir la montre?
16. Que fait Gamba avec la montre pour tenter Fortunato? Est-ce que Fortunato résiste à cette tentation?
17. Comment Fortunato indique-t-il l'endroit où est caché Gianetto? Que fait Gamba?
18. Que font les soldats avec Gianetto quand il sort du foin?
19. Que dit Gianetto à Fortunato?
20. Comment Gianetto parle-t-il à Gamba: avec mépris ou avec politesse et sang-froid? Pourquoi?
21. Comment les soldats vont-ils descendre Gianetto à la ville?

Vers la lecture libre

UNDERSTANDING STRUCTURES

Double infinitive construction

The causative **faire** construction was reviewed in Guitry's "La Mort du comte d'Astrac." It also occurs quite frequently in Mérimée's "Mateo Falcone:"

> **...il ne tient qu'à moi de te faire changer de note.** *...it's up to me alone to make you change your tune.*

> **Je te ferai coucher dans un cachot.** *I'll make you sleep in a dungeon.*

> **Je te ferai guillotiner.** *I'll have you guillotined.*

The double infinitive construction, although most common with **faire**, is also used with several other verbs: **laisser, regarder, entendre, voir:**

> **Me laisseras-tu donc arrêter devant ta maison?** *Will you let me get arrested in front of your house?*

As-tu vu passer un homme? *Did you see a man go by?*

On ne tarda pas à voir le foin s'agiter. *One did not have to wait long to see the hay move.*

The subjunctive in main clauses

Usually the subjunctive occurs in dependent clauses. However, in wishes or indirect commands it may be used in a main clause. There are several examples of this usage in the passage you have just read:

Que le diable te confonde! *May the devil take (confuse) you!*

Que je perde mon épaulette... *May I lose my épaulet (i.e., military rank)...*

You will also find this construction in the final part of the story:

Dieu soit loué! *God be praised!*

Qu'on dise à mon gendre... *Tell (have someone tell) my son-in-law...*

UNDERSTANDING STYLE

Animal imagery

Mérimée uses several animal images in narrating the story:

GAMBA TO FORTUNATO: ...tu te promènerais dans les rues de Porto-Vecchio, **fier comme un paon.** *...you would walk about the streets of Porto-Vecchio **proud as a peacock.***

GAMBA TO GIANETTO: Tu courais tout à l'heure **plus vite qu'un chevreuil.** *A minute ago you were running **faster than a deer.***

DESCRIBING FORTUNATO: Il se leva **avec l'agilité d'un daim.** *He got up **with the agility of a doe.***

The most striking description is the lengthy comparison of Fortunato to the hungry cat:

Fortunato, lorgnant la montre du coin de l'œil, **ressemblait à un chat à qui l'on présente un poulet tout entier.**

Reread the seventh paragraph on page 138 and see how this comparison is developed.

Vers la composition libre

Compositions libres

1. D'abord Gamba utilise des menaces avec Fortunato. Ensuite il essaie la tentation. Pourquoi la tentation est-elle plus efficace que les menaces?
2. En général, les bandits n'aiment pas du tout les soldats. Pourquoi, à la fin de l'épisode, Gianetto parle-t-il avec respect à Gamba en utilisant la forme *vous* et des phrases bien tournées?

TROISIÈME PARTIE

Pendant que les voltigeurs s'occupaient, les uns à faire une espèce de brancard° avec des branches de châtaignier,° les autres à panser° la blessure° di Gianetto, Mateo Falcone et sa femme parurent tout d'un coup au détour° d'un sentier° qui conduisait° au maquis. La femme s'avançait courbée° péniblement sous le poids° d'un énorme sac de châtaignes,° tandis que son mari se prélassait,° ne portant qu'un fusil à la main et un autre° en bandoulière;° car il est indigne° d'un homme de porter d'autre fardeau° que ses armes.

   A la vue des soldats, la première pensée de Mateo fut qu'ils venaient pour l'arrêter. Mais pourquoi cette idée? Mateo avait-il donc quelques démêlés° avec la justice°? Non. Il jouissait° d'une bonne réputation. C'était, comme on dit, *un particulier° bien famé;°* mais il était corse et montagnard,° et il y a peu de Corses montagnards qui, en scrutant° bien leur mémoire, n'y trouvent quelque peccadille,° telle que coups de fusil,° coups de stylet° et autres bagatelles.° Mateo, plus qu'un autre, avait la conscience nette;° car depuis plus de dix ans il n'avait dirigé son fusil contre un homme; mais toutefois° il était prudent, et il se mit en posture de faire une belle défense, s'il en était besoin.°

   «Femme, dit-il à Giuseppa, mets bas° ton sac et tiens-toi prête.»

   Elle obéit sur-le-champ.° Il lui donna le fusil qu'il avait en bandoulière et qui aurait pu le gêner.° Il arma° celui qu'il avait à la main, et il s'avança lentement vers sa maison, longeant° les arbres qui bordaient le chemin, et prêt, à la moindre° démonstration hostile, à se jeter derrière le plus gros tronc, d'où il aurait pu faire feu à couvert.° Sa femme marchait sur ses talons,° tenant son fusil de rechange° et sa giberne.° L'emploi° d'une bonne ménagère,° en cas de combat, est de charger° les armes de son mari.

   D'un autre côté, l'adjudant était fort en peine° en voyant Mateo s'avancer ainsi, à pas comptés,° le fusil en avant et le doigt sur la détente.°

   «Si par hasard, pensa-t-il, Mateo se trouvait° parent° de Gianetto, ou s'il était son ami, et qu'il voulût le défendre, les bourres ° de ses deux fusils arriveraient à deux d'entre nous, aussi sûr qu'une lettre à la poste, et s'il me visait,° nonobstant° la parenté!...»

   Dans cette perplexité, il prit un parti° fort courageux, ce fut de s'avancer seul vers Mateo pour lui conter l'affaire, en l'abordant° comme une vieille connaissance; mais le court

---

brancard stretcher / **châtaignier** chestnut tree
panser bandage / **blessure** wound
détour turn / **sentier** path
conduisait led / **courbée** bent
poids weight / **châtaignes** chestnuts
se prélassait took it easy
un autre = *un autre fusil* / **en bandoulière** across the back / **indigne** unworthy
fardeau load

démêlés bad encounters / **justice** law
jouissait enjoyed
particulier individual / **famé** reputed
montagnard highlander
scrutant *examinant*
peccadille little sin / **coups de fusil** shootings / **coups de stylet** knifings
bagatelles trifles
nette clear
toutefois however

s'il ... besoin = *s'il était nécessaire*
mets bas put down

sur-le-champ *immédiatement*
aurait ... gêner could have been in his way / **arma** loaded
longeant skirting
moindre least
faire ... couvert fire and take cover
talons heels / **de rechange** spare
giberne cartridge pouch / **emploi** job / **ménagère** = *femme*
charger load
fort en peine extremely troubled
à pas comptés one step at a time
détente trigger
se trouvait *était* / **parent** relative

bourres cotton wads (and bullets)
visait aimed
nonobstant notwithstanding
un parti = *une décision*

abordant greeting

intervalle qui le séparait de Mateo lui parut terriblement long.

«Holà! eh! mon vieux camarade, criait-il, comment cela va-t-il, mon brave? C'est moi, je suis Gamba, ton cousin.»

Mateo, sans répondre un mot, s'était arrêté, et, à mesure que° l'autre parlait, il relevait doucement° le canon° de son fusil, de sorte qu'il était dirigé vers le ciel au moment où l'adjudant le joignit.

«Bonjour, frère, [16] dit l'adjudant en lui tenant° la main. Il y a bien longtemps que je ne t'ai vu.

—Bonjour, frère.

—J'étais venu pour te dire bonjour en passant, et à ma cousine Pepa.° Nous avons fait une longue traite° aujourd'hui; mais il ne faut pas plaindre° notre fatigue, car nous avons fait une fameuse° prise.° Nous venons d'empoigner° Gianetto Sanpiero.

—Dieu soit loué!° s'écria Giuseppa. Il nous a volé° une chèvre laitière° la semaine passée.»

Ces mots réjouirent° Gamba.

«Pauvre diable! dit Mateo, il avait faim.

—Le drôle° s'est défendu comme un lion, poursuivit° l'adjudant un peu mortifié; il m'a tué un de mes voltigeurs, et, non content de cela, il a cassé le bras au caporal Chardon; mais il n'y a pas grand mal,° ce n'était qu'un Français... Ensuite, il s'était si bien caché, que le diable ne l'aurait pu découvrir. Sans mon petit cousin Fortunato, je ne l'aurais jamais pu trouver.

—Fortunato! s'écria Mateo.

—Fortunato! répéta Giuseppa.

—Oui, le Gianetto s'était caché sous ce tas de foin là-bas; mais mon petit cousin m'a montré la malice.° Aussi je le dirai à son oncle le caporal, afin qu'il lui envoie un beau cadeau pour sa peine. Et son nom et le tien seront dans le rapport que j'enverrai à M. l'avocat général.

—Malédiction!» dit tout bas Mateo.

Ils avaient rejoint le détachement. Gianetto était déjà couché sur la litière et prêt à partir. Quand il vit Mateo en la compagnie de Gamba, il sourit d'un sourire étrange; puis, se tournant vers la porte de la maison, il cracha° sur le seuil° en disant:

«Maison de traître!»

Il n'y avait qu'un homme décidé à mourir qui eût osé° prononcer le mot de traître en l'appliquant à Falcone. Un

à ... que while / **doucement** slowly / **canon** barrel	
tenant holding out	
Pepa = *Giuseppa* / **fait ... traite** come a long way	
plaindre complain about	
fameuse = *magnifique* / **prise** arrest	
empoigner seized	
loué praised / **volé** stole	
chèvre laitière dairy goat	
réjouirent delighted	
drôle rogue / **poursuivit** *continua*	
il ... mal = *ce n'est pas très sérieux*	
malice trick	
Malédiction Curses	
cracha spit / **seuil** threshold	
osé dared	

[16][Note de Mérimée:] *Buon giorno, fratello,* salut ordinaire des Corses.

bon coup de stylet, qui n'aurait pas eu besoin d'être répété, aurait immédiatement payé l'insulte. Cependant Mateo ne fit pas d'autre geste que celui de porter° sa main à son front° comme un homme accablé.°

Fortunato était entré dans la maison en voyant arriver son père. Il reparut bientôt avec une jatte° de lait, qu'il présenta les yeux baissés° à Gianetto.

«Loin° de moi!» lui cria le proscrit d'une voix foudroyante.°

Puis, se tournant vers un des voltigeurs:

«Camarade, donne-moi à boire», dit-il.

Le soldat remit sa gourde entre ses mains, et le bandit but l'eau que lui donnait un homme avec lequel il venait d'échanger des coups de fusil. Ensuite il demanda qu'on lui attachât les mains de manière qu'il° les eût croisées sur sa poitrine,° au lieu de les avoir liées derrière le dos.

«J'aime, disait-il, à être couché à mon aise.»

On s'empressa° de le satisfaire; puis l'adjudant donna le signal du départ, dit adieu à Mateo, qui ne lui répondit pas, et descendit au pas accéléré° vers la plaine.

Il se passa près de dix minutes° avant que Mateo ouvrît la bouche. L'enfant regardait d'un œil inquiet tantôt° sa mère et tantôt° son père, qui, s'appuyant sur son fusil, le° considérait avec une expression de colère concentrée.

«Tu commences bien! dit enfin Mateo d'une voix calme, mais effrayante° pour qui connaissait l'homme.

—Mon père!» s'écria l'enfant en s'avançant les larmes aux yeux comme pour se jeter à ses genoux.°

Mais Mateo lui cria:

«Arrière de moi!»

Et l'enfant s'arrêta et sanglota,° immobile,° à quelques pas° de son père.

Giuseppa s'approcha. Elle venait d'apercevoir la chaîne de la montre, dont un bout sortait° de la chemise de Fortunato.

«Qui t'a donné cette montre? demanda-t-elle d'un ton sévère.

—Mon cousin l'adjudant.»

Falcone saisit la montre, et, la jetant avec force contre une pierre, il la mit en mille pièces.

«Femme, dit-il, cet enfant est-il de moi?»

Les joues brunes de Giuseppa devinrent d'un rouge de brique.

«Que dis-tu, Mateo? et sais-tu bien à qui tu parles?

—Eh bien, cet enfant est le premier de sa race qui ait fait une trahison.°»

Mateo ... porter the only gesture Mateo made was to raise / **front** forehead
accablé crushed
jatte bowl

baissés lowered

Loin Get away
foudroyante thundering

de ... qu' so that
poitrine chest

s'empressa *se dépêcha*

au ... accéléré at a fast pace

Il ... minutes Almost ten minutes went by
tantôt *d'abord*
tantôt *puis* / **le** = *Fortunato*

effrayante terrifying

genoux knees

sanglota sobbed / **immobile** motionless
pas steps

sortait stuck out

trahison betrayal

Les sanglots° et les hoquets° de Fortunato redoublèrent,° et Falcone tenait ses yeux de lynx toujours attachés sur lui. Enfin il frappa la terre de la crosse° de son fusil, puis le jeta sur son épaule et reprit le chemin du maquis en criant à Fortunato de le suivre. L'enfant obéit.

Giuseppa courut après Mateo et lui saisit le bras.

«C'est ton fils, lui dit-elle d'une voix tremblante en attachant ses yeux noirs sur ceux de son mari, comme pour lire ce qui se passait dans son âme.

—Laisse-moi, répondit Mateo: je suis son père.»

Giuseppa embrassa son fils et entra en pleurant dans sa cabane. Elle se jeta à genoux devant une image de la Vierge° et pria° avec ferveur. Cependant Falcone marcha quelque deux cents pas dans le sentier et ne s'arrêta que dans un petit ravin où il descendit. Il sonda° la terre avec la crosse de son fusil et la trouva molle° et facile à creuser.° L'endroit lui parut convenable° pour son dessein.°

«Fortunato, va auprès de cette grosse pierre.»

L'enfant fit ce qu'il lui commandait, puis il s'agenouilla.°

«Dis tes prières.°

—Mon père, mon père, ne me tuez pas.

—Dis tes prières!» répéta Mateo d'une voix terrible.

L'enfant, tout en balbutiant° et en sanglotant, récita le *Pater* et le *Credo*.[17] Le père, d'une voix forte, répondait *Amen!* à la fin de chaque prière.

—Sont-ce là toutes les prières que tu sais?

—Mon père, je sais encore l'*Ave Maria* et la litanie que ma tante m'a apprise.

—Elle est bien longue, n'importe.°»

L'enfant acheva° la litanie d'une voix éteinte.°

«As-tu fini?

—Oh! mon père, grâce! pardonnez-moi! Je ne le ferai plus! Je prierai tant mon cousin le caporal qu'on fera grâce° au Gianetto!»

Il parlait encore; Mateo avait armé son fusil et le couchait en joue° en lui disant:

«Que Dieu te pardonne!»

L'enfant fit un effort désespéré° pour se relever° et embrasser° les genoux de son père; mais il n'en eut pas le temps. Mateo fit feu, et Fortunato tomba raide mort.°

Sans jeter un coup d'œil sur° le cadavre, Mateo reprit le

---

sanglots sobs / **hoquets** hiccups / **redoublèrent** increased

crosse butt

Vierge = *la Vierge Marie* / **pria** prayed

sonda probed

molle soft / **creuser** dig

convenable appropriate / **dessein** plan

s'agenouilla knelt down

prières prayers

balbutiant stammering

n'importe but that does not matter

acheva *finit* / **éteinte** faint

fera grâce = *pardonnera*

couchait en joue aimed

déspéré desperate / **se relever** to get up

embrasser to hug

tomba ... mort dropped dead

jeter ... sur = *regarder*

---

[17]**le Pater:** *Our Father;* **le Credo:** *Creed* (I believe in God …); **l'Ave Maria:** *Hail Mary;* **la litanie:** long prayer listing the saints and asking for their assistance.

chemin de sa maison pour aller chercher une bêche° afin
d'enterrer° son fils. Il avait fait à peine quelques pas qu'il
rencontra Giuseppa, qui accourait° alarmée du coup de
feu.

bêche spade
enterrer bury
accourait came running

«Qu'as-tu fait? s'écria-t-elle.

—Justice.

—Où est-il?

—Dans le ravin. Je vais l'enterrer. Il est mort en chrétien;
je lui ferai chanter une messe.° Qu'on dise° à mon gendre
Tiodoro Bianchi de venir demeurer° avec nous.»

ferai ... messe will have a Mass sung
/ Qu'on dise = *Dis*
demeurer *habiter*

Questions orales

1. Que font les soldats? Qui paraît au détour d'un sentier?
2. Que porte la femme de Mateo? Que porte Mateo? Pourquoi Mateo ne porte-t-il pas le sac de châtaignes?
3. Quelle est la première pensée de Mateo quand il voit les soldats?
4. Puisque Mateo est prudent, que fait-il?
5. Quelle est la réaction de Gamba quand il voit Mateo avancer, le fusil en avant et le doigt sur la détente?
6. Quelle est la décision courageuse de Gamba?
7. Comment parle-t-il à Mateo? Que dit-il?
8. Quelle est la réaction de Giuseppa quand elle apprend que Gamba a arrêté Gianetto? Quelle est la réaction de Mateo?
9. Pourquoi Gamba est-il un peu mortifié?
10. Que dit Gamba au sujet du rôle de Fortunato?
11. Quelle est la réaction de Mateo en apprenant cette nouvelle?
12. Pourquoi Gianetto crache-t-il sur le seuil de la maison de Mateo?
13. Comment réagit Mateo à cette insulte? Comment expliquez-vous cette réaction?
14. Que fait Gianetto quand Fortunato lui apporte une jatte de lait? A qui demande-t-il à boire?
15. Pourquoi Gianetto veut-il qu'on lui attache les mains sur la poitrine? Pourquoi les soldats se dépêchent-ils de satisfaire leur prisonnier?
16. Que dit Mateo enfin à son fils?
17. Qu'est-ce que Giuseppa remarque autour du cou de Fortunato? Que fait Mateo de la montre?
18. Pourquoi Mateo demande-t-il si Fortunato est son enfant à lui?
19. Où va Mateo avec son fils? Pourquoi sonde-t-il la terre?
20. Pourquoi Mateo demande-t-il à Fortunato de dire ses prières?
21. Que dit Mateo avant de tuer son fils? Pourquoi dit-il cela?
22. Quand sa femme lui demande ce qu'il a fait, qu'est-ce qu'il répond?
23. Où va-t-il enterrer son fils?
24. Pourquoi Mateo dit-il que Tiodoro doit venir habiter chez eux?

Vers la lecture libre

UNDERSTANDING VOCABULARY

The use of **tu** and **vous**

You may want to reread "Mateo Falcone" and note the uses of **tu** and **vous**. Throughout the story, the narrator addresses the reader as **vous**: this is the standard formal form. Also throughout the story, Fortunato is addressed as **tu**: this is the standard form used with young children.

When Gamba arrives, Fortunato demonstrates the common courtesy due adults by addressing him as **vous**. Fortunato also addresses his father and mother as **vous,** thus expressing the respect children owe their parents. (This use of **vous** by children in the home is no longer common in contemporary France, though it is still the custom in parts of Quebec.) Mateo and Giuseppa, as husband and wife, use the form **tu** with one another.

In the first conversation of the story, Fortunato meets Gianetto. Here Fortunato uses the form **tu** in talking with the outlaw, thus showing off his superiority. After all, the Falcones are not fugitives from the law. Moreover, Gianetto is seriously wounded and unarmed, and therefore Fortunato can address him as **tu** and fear no reprisals.

Gianetto, once captured, uses **vous** in addressing Gamba to stress his respect for his enemy—and to accentuate his scorn for the traitor Fortunato. Gianetto's use of **tu** when he asks a soldier for a drink of water is another way of indicating that he considers the soldier a brother while he treats Mateo and his son as outcasts.

UNDERSTANDING STYLE

The vanishing narrator

As the story of Mateo Falcone develops, the role of the narrator changes. At the beginning of this last episode, Mérimée still allows the narrator to interject comments and explanations: "*L'emploi d'une bonne ménagère, en cas de combat, est de charger les armes de son mari.*" A footnote by the author explains the greeting, "*Bonjour, frère.*" The narrator also interjects a word of explanation after Gianetto insults Mateo Falcone with the phrase "*Maison de traître!*" Usually Mateo would not hesitate to kill someone who dared call him a traitor.

But then, as the pace of the narrative reaches the climax, the narrator disappears. It is as if Mérimée, a century ahead of his time, was writing a movie scenario focusing only on dialogue and description of movement. The tragic scene ends, the house lights go up, and the narrator has vanished.

Vers la composition libre

Compositions libres

1. Mettez-vous à la place de Mateo Falcone. Qu'est-ce que vous auriez fait?
2. Mettez-vous à la place de Giuseppa. Quelles sont vos réactions?

APPENDIX A

USES AND FORMATION OF PAST TENSES IN FRENCH

The three principal tenses used in contemporary French to indicate past action are the *imparfait* (imperfect), the *passé composé* (past indefinite), and the *plus-que-parfait* (pluperfect). These tenses have specific individual uses and generally cannot be used interchangeably. Literary French also uses the *passé simple* and the *passé antérieur*, which correspond respectively to the *passé composé* and the *plus-que-parfait* in spoken French.

Uses

The **imparfait**

The imparfait is used:

1. to express a state or an action that continued in the past, without mention of beginning or end:

   > Ma mère me **regardait** curieusement. (Thériault)
   > La voiture cellulaire **montait** et **descendait** lentement la route glissante... (Kessel)

2. to describe the conditions, circumstances, and characters that make up the background for the story:

   > Le 25 mai 1877, entre neuf heures et dix heures du soir, Geneviève ... **terminait** la lecture d'un conte de Balzac. (Guitry)
   > Elle **avait** une amie riche... (Maupassant)

3. to indicate an action or a situation that occurred habitually in the past and has now ended:

   > J' **écoutais** les communiqués à la radio... (Deharme)
   > Elle me **disait** souvent: «Tu es bête.» C'**était** son mot, celui qu'elle **disait** en riant... (Camus)
   > Elle **songeait** aux dîners fins... (Maupassant)

The **passé simple**

In contrast to the *imparfait*, the *passé simple* does not express continuity or simultaneity. This tense is used to relate specific facts or action completed at a given moment in the past, whether this moment is specifically described or merely implied in the context.

The *passé simple* is used primarily in the written language and occurs most commonly in the third person (**il, ils, elle, elles**). The selections presented in this book—most of them are typical of written style—make ample use of the *passé simple:*

> Le chien **poussa** un profond soupir. (Noël)
> Un homme **entra...** (Guitry)
> Quelques mois plus tard, j'**appris** sa mort. (Maurois)
> ...et la colombe **s'envola.** (Tharaud)

The **passé composé**

The *passé composé* often replaces the *passé simple* in conversation. Both tenses are used to express a specific event that was completed in the past at a given time and that has no connection with the present:

> Je crois que j'**ai** bien **souffert** quand je l'**ai perdue.** (Camus)
> Quand je **suis allé** chercher les cachets pour dormir ... j'**ai vu** le docteur. (Kessel)
> Il nous **a volé** une chèvre... (Mérimée)

The *passé composé* is also used to express a past action that took place at an indefinite time and that has present consequences:

> ...puisque nous **avons commencé** à nous intéresser à lui, allons jusqu'au bout. (de Haan)
> Vous m'**avez** trop bien **montré** ce qu'elle était. (Kessel)

The **plus-que-parfait**

The *plus-que-parfait* or pluperfect is used to express an event that occurred before another past event.

> Je n'y **avais** point **pensé.** (Maupassant)
> Il **avait** encore **perdu** beaucoup de sang... (Kessel)

It is also used in indirect discourse when the main verb is in the past tense:

> ...je me suis dit que je n'**avais** pas **remarqué** ce sourire auparavant. (Thériault)
> J'ai demandé à Papa s'il l'**avait pris.** (Thériault)

The **passé antérieur**

The *passé antérieur* is a literary tense used to describe an event in the past that immediately preceded another past event. It is often introduced by a conjunction of time, such as **quand** or **lorsque:**

> Lorsqu'il **eut compris** ... chacun des mots de cette pensée, Henri Létang n'en put avoir aucune autre. (Philippe)

Formation of past tenses

This section reviews the formation of the past tenses. The forms for irregular verbs occurring in this book are presented in Appendix B.

The **imparfait**

The *imparfait* is a simple tense formed by adding the appropriate endings to the stem:

$$\text{IMPARFAIT} = \frac{\textbf{nous-}\text{stem of present}}{(\textbf{nous-}\text{form minus -ons})} + \text{imperfect endings}$$

verbs in **-er** **parler** (nous parlons)	verbs in **-ir** **finir** (nous finissons)	verbs in **-re** **vendre** (nous vendons)	irregular verbs **boire** (nous buvons)
je parl-ais	finiss-ais	vend-ais	buv-ais
tu parl-ais	finiss-ais	vend-ais	buv-ais
il parl-ait	finiss-ait	vend-ait	buv-ait
nous parl-ions	finiss-ions	vend-ions	buv-ions
vous parl-iez	finiss-iez	vend-iez	buv-iez
ils parl-aient	finiss-aient	vend-aient	buv-aient

The only verb with an irregular stem in the *imparfait* is **être: j'étais**, etc.

The **passé composé**

The *passé composé* is a compound tense, as its name indicates. It is formed as follows:

$$\text{PASSÉ COMPOSÉ} = \frac{\text{present tense of}}{\textbf{avoir or être}} + \text{past participle}$$

j'ai
tu as
il a
nous avons
vous avez
ils ont } parlé / fini / vendu / bu

je suis
tu es
il est
nous sommes
vous êtes
ils sont } sorti(e)(s) / venu(e)(s)

je me suis
tu t'es
il s'est
nous nous sommes
vous vous êtes
ils se sont } levé(e)(s)

NOTES:

1. Many irregular verbs have irregular past participles. These are given in Appendix B.
2. Most verbs form their *passé composé* with **avoir**. The past participle agrees with a preceding direct object:

les livre**s que** j'ai lu**s**
   D.O.

3. Certain intransitive verbs use **être** as an auxiliary verb. The past participle then agrees with the subject in number and gender. The common intransitive verbs of this category are:

aller	devenir	mourir	parvenir	rester	tomber
arriver	entrer	naître	remonter	revenir	venir
descendre	monter	partir	rentrer	sortir	

When used transitively (that is, with a direct object) these verbs form the *passé composé* with **avoir**:

   Il **est** sorti.   BUT: Il **a** sorti une lampe.

4. Reflexive verbs are always conjugated with **être**. When the reflexive pronoun is the direct object of the verb, the past participle agrees with that pronoun:

   Elle s'est lav**ée.**   BUT: Elle s'est lavé **les** mains.
       D.O.   D.O.

The **plus-que-parfait**

The pluperfect is a compound tense:

$$\text{PLUS-QUE-PARFAIT} = \frac{\text{imperfect tense of}}{\textbf{avoir or être}} + \text{past participle}$$

j'avais
tu avais
il avait   } parlé / fini / vendu / bu
nous avions
vous aviez
ils avaient

j'étais
tu étais
il était   } sorti(e)(s) / venu (e)(s)
nous étions
vous étiez
ils étaient

The **passé simple**

The *passé simple* is a simple tense. For regular verbs, this tense is formed as follows:

   PASSÉ SIMPLE = infinitive stem + *passé simple* endings

verbs in -er parler	verbs in -ir finir	verbs in -re vendre	verbs like **sortir** sortir
je parlai	finis	vendis	sortis
tu parlas	finis	vendis	sortis
il parla	finit	vendit	sortit
nous parlâmes	finîmes	vendîmes	sortîmes
vous parlâtes	finîtes	vendîtes	sortîtes
ils parlèrent	finirent	vendirent	sortirent

Note that regular verbs have two sets of *passé simple* endings: those with the **je**-form in **-ai** (for **-er** verbs) and those with the **je** form in **-is** (for **-ir** and **-re** verbs). Many irregular verbs have irregular stems in the *passé simple*. Usually these stems are similar to the past participle. Irregular verbs fall into three groups, according to their endings.

je-form in **-us** connaître	je-form in **-is** prendre	je-form in **-ins** venir
je conn**us**	pris	vins
tu conn**us**	pris	vins
il conn**ut**	prit	vint
nous conn**ûmes**	pr**î**mes	v**î**nmes
vous conn**ûtes**	pr**î**tes	v**î**ntes
ils conn**urent**	prirent	vinrent

The *passé simple* is mainly used in the third-person forms. Be sure you can recognize the following very common irregular stems:

avoir: j'eus   il eut   ils eurent
être: je fus   il fut   ils furent
faire: je fis   il fit   ils firent
voir: je vis[1]   il vit   ils virent

Note that **aller** follows the pattern of regular **-er** verbs: **j'allai; il alla; ils allèrent.**

The **passé antérieur**

The *passé antérieur* is a compound tense, formed as follows:

$$\text{PASSÉ ANTÉRIEUR} = \frac{passé\ simple\ \text{of}}{\textbf{avoir}\ \text{or}\ \textbf{être}} + \text{past participle}$$

j'eus
tu eus
il eut
nous eûmes   } parlé / fini / vendu / bu
vous eûtes
ils eurent

je fus
tu fus
il fut
nous fûmes   } sorti(e)(s) / venu(e)(s)
vous fûtes
ils furent

---

[1]Do not confuse this form with the present tense of **vivre: je vis** (*I live*).

APPENDIX B

PAST TENSES OF IRREGULAR VERBS

This appendix lists the third-person singular forms of the most common past tenses (*imparfait*, *passé simple*, and *passé composé*) of the irregular verbs that occur in the reading selections. The third-person singular is given because it is the form most frequently encountered in the selections.

	Imparfait	*Passé composé*	*Passé simple*
accourir	il accourait	il est accouru	il accourut
aller	il allait	il est allé	il alla
apercevoir	il apercevait	il a aperçu	il aperçut
appartenir	il appartenait	il a appartenu	il appartint
apprendre	il apprenait	il a appris	il apprit
s'asseoir	il s'asseyait	il s'est assis	il s'assit
atteindre	il atteignait	il a atteint	il atteignit
avoir	il avait	il a eu	il eut
commettre	il commettait	il a commis	il commit
comprendre	il comprenait	il a compris	il comprit
concevoir	il concevait	il a conçu	il conçut
conclure	il concluait	il a conclu	il conclut
conduire	il conduisait	il a conduit	il conduisit
connaître	il connaissait	il a connu	il connut
consentir	il consentait	il a consenti	il consentit
convenir	il convenait	il a convenu	il convint
courir	il courait	il a couru	il courut
couvrir	il couvrait	il a couvert	il couvrit
craindre	il craignait	il a craint	il craignit
croire	il croyait	il a cru	il crut
croître	il croissait	il a crû	il crût
débattre	il débattait	il a débattu	il débattit
déplaire	il déplaisait	il a déplu	il déplut
détruire	il détruisait	il a détruit	il détruisit
devenir	il devenait	il est devenu	il devint
devoir	il devait	il a dû	il dut
dire	il disait	il a dit	il dit
disparaître	il disparaissait	il a disparu	il disparut
dormir	il dormait	il a dormi	il dormit
écrire	il écrivait	il a écrit	il écrivit
endormir	il endormait	il a endormi	il endormit
entreprendre	il entreprenait	il a entrepris	il entreprit
éteindre	il éteignait	il a éteint	il éteignit
être	il était	il a été	il fut
faillir	—	il a failli	il faillit
faire	il faisait	il a fait	il fit
falloir	il fallait	il a fallu	il fallut
interrompre	il interrompait	il a interrompu	il interrompit

	Imparfait	*Passé composé*		*Passé simple*
lire	il lisait	il a	lu	il lut
mettre	il mettait	il a	mis	il mit
mourir	il mourait	il est	mort	il mourut
naître	il naissait	il est	né	il naquit
offrir	il offrait	il a	offert	il offrit
ouvrir	il ouvrait	il a	ouvert	il ouvrit
paraître	il paraissait	il a	paru	il parut
partir	il partait	il est	parti	il partit
parvenir	il parvenait	il est	parvenue	il parvint
permettre	il permettait	il a	permis	il permit
plaindre	il plaignait	il a	plaint	il plaignit
pleuvoir	il pleuvait	il a	plu	il plut
poursuivre	il poursuivait	il a	poursuivi	il poursuivit
pouvoir	il pouvait	il a	pu	il put
prendre	il prenait	il a	pris	il prit
prévenir	il prévenait	il a	prévenu	il prévint
promettre	il promettait	il a	promis	il promit
recevoir	il recevait	il a	reçu	il reçut
reconnaître	il reconnaissait	il a	reconnu	il reconnut
recueillir	il recueillait	il a	recueilli	il recueillit
réduire	il réduisait	il a	réduit	il réduisit
rejoindre	il rejoignait	il a	rejoint	il rejoignit
remettre	il remettait	il a	remis	il remit
reprendre	il reprenait	il a	repris	il reprit
résoudre	il résolvait	il a	résolu	il résolut
ressentir	il ressentait	il a	ressenti	il ressentit
revenir	il revenait	il est	revenu	il revint
revoir	il revoyait	il a	revu	il revit
rire	il riait	il a	ri	il rit
satisfaire	il satisfaisait	il a	satisfait	il satisfit
savoir	il savait	il a	su	il sut
sentir	il sentait	il a	senti	il sentit
servir	il servait	il a	servi	il servit
souffrir	il souffrait	il a	souffert	il souffrit
sourire	il souriait	il a	souri	il sourit
soutenir	il soutenait	il a	soutenu	il soutint
se souvenir	il se souvenait	il s'est	souvenu	il se souvint
suffire	il suffisait	il a	suffi	il suffit
suivre	il suivait	il a	suivi	il suivit
surprendre	il surprenait	il a	surpris	il surprit
se taire	il se taisait	il s'est	tu	il se tut
tenir	il tenait	il a	tenu	il tint
traduire	il traduisait	il a	traduit	il traduisit
tressaillir	il tressaillait	il a	tressailli	il tressaillit
venir	il venait	il est	venu	il vint
vivre	il vivait	il a	vécu	il vécut
voir	il voyait	il a	vu	il vit
vouloir	il voulait	il a	voulu	il voulut

APPENDIX C

USES AND FORMATION OF THE SUBJUNCTIVE

This appendix explains the various uses of the subjunctive in the reading selections. The French subjunctive and the English subjunctive are not employed in the same contexts: whereas the subjunctive in English is becoming rather rare, the French subjunctive is still used frequently.

In spoken French, the subjunctive is used mainly in instances where it is compulsory. In formal written French, however, the subjunctive may be introduced for special stylistic effects. In *L'Allumette*, for instance, Charles-Louis Phillippe uses the pluperfect subjunctive where spoken style would have preferred the conditional. In this case, the subjunctive indicates that an action or event is within the realm of possibility.

Compulsory uses of the subjunctive

The subjunctive occurs primarily in subordinate clauses of the following types:

1. subordinate clauses introduced by **que**
   a. after verbs expressing will, order, and wish:

   > je tiens à ce que vous **appreniez...** (Kessel)

   [Note: **tenir à** = to want.]

   > Que veux-tu que je **fasse** de cela? (Maupassant)
   > ...je ne voudrais pas qu'ils vous **fussent** donnés par un autre... (Guitry)
   > ...dites-lui que je lui en fais cadeau et qu'il en **prenne** bien soin. (de Haan)

   [Note: In the first part of this sentence, **dites** means "tell" in the sense of conveying a message, but in the second part, it means "tell" in the sense of giving an order and is therefore followed by a subjunctive.]

   b. after verbs of opinion, doubt, and perception, especially when used interrogatively or negatively:

   > Que ça **existe** et qu'il y **ait** un Dieu, je ne peux pas le comprendre. (Kessel)

   [Note: Normal word order = **Je ne peux pas comprendre que ça existe et qu'il y ait un Dieu.**]

   > Pourquoi ne pas supposer ... que ce jeune bomme **eût** une âme romantique et que la faible lumière dansante de la bougie **fût** plus propre à lui apporter l'inspiration nécessaire? (de Haan)
   > Gerbier, les mains libres, mais debout, attendait que le commandant du camp lui **adressât** la parole. (Kessel)
   > J'attendais que la chose **vienne** de toi. (Kessel)

   [Note: Here **attendre** means "to wait in expectation" and expresses uncertainty, hence the subjunctive.]

   > Il attend que je **sois** endormi... (Philippe)
   > Attends que mon père **soit** revenu. (Mérimée)

c. after impersonal verbs or impersonal expressions denoting necessity, doubt, possibility, or negation:

> ...il faut que vous **partiez** d'ici. (Kessel)
> ...il faut que je vous **dise** quelque chose. (Kessel)
> Il faut que je **fasse** vite... (Kessel)
> ...il suffit que je **sois** triste et que je **rencontre**... (Camus)
> ...il fallait bien que quelqu'un **restât...** (Mérimée)
> ...on aurait dit que la plume magique se **fût** soudainement desséché...
> Il est possible encore qu'il **eût** lu les biographies... (de Haan)
> Il s'en fallut de peu qu'il ne **s'écriât:**... (Philippe)

d. before the principal clause for emphasis:

> Et que Jeanne **fût** reçue chez moi, que Maman **l'embrassât** et lui
> **dît**... (Camus)

2. subordinate clauses introduced by certain conjunctive locutions expressing
   a. purpose **(afin que, pour que, de sorte que, en sorte que)**:

   > Eh bien, je peux faire en sorte que les gardiens **soient** aveugles plus longtemps que
   > ça... (Kessel)
   > ...pour que je **retrouve** ... le visage de Jeanne... (Camus)
   > Je le dirai à son oncle ... afin qu'il lui **envoie** un beau cadeau... (Mérimée)

   b. time **(avant que, jusqu'à ce que)**:

   > Il fallut bien cinq minutes avant que l'idée de la fatalité **pût** faire place en lui à
   > celle d'un violent désespoir. (Philippe)
   > Il y a juste le temps pour une partie, avant qu'il **fasse** nuit. (Kessel)

   c. concession **(bien que, quoique)**:

   > Et, bien que je **voie** clair en moi... (Camus)

   d. negation **(sans que)**:

   > Geneviève ... écoutait sans que **tressaillît** un muscle de son visage. (Guitry)
   > ...et sans qu'il s'en **aperçût**... (Kessel)
   > ...sans qu'il **fût** possible cependant de soupçonner... (Mérimée)

3. relative clauses
   a. expressing a hypothesis, a possibility, or a doubt:

   > ...de façon surtout à se faire entendre par tous les hommes qui **eussent** pu être
   > cachés dans sa chambre. (Philippe)
   > Il n'y avait qu'un homme décidé à mourir qui **eût** osé prononcer le mot de
   > traître... (Mérimée)

   b. following a superlative:

   > Henri Létang ... se trouva lancé dans l'une des plus terribles aventures auxquelles
   > un homme **puisse** être mêlé. (Philippe)
   > ...cet enfant est le premier de sa race qui **ait** fait une trahison. (Mérimée)

4. independent clauses introduced by **que** expressing a wish or a command

> Que le diable te **confonde...** (Mérimée)
> Qu'on **dise** à mon gendre Tiodoro Bianchi de venir... (Mérimée)

Sometimes the conjunction **que** may be omitted:

> Dieu **soit** loué! (Mérimée)

Sequence of tenses

The tense of the subjunctive in the subordinate clause is determined by the tense of the verb in the principal clause. The following table presents a general picture of the sequence of tenses; there are exceptions however.

PRINCIPAL CLAUSE (indicative)	SUBORDINATE CLAUSE (subjunctive)
present, future	present (or *passé composé* if the action of the subordinate clause precedes that of the main clause)
past	*written style:* imperfect (or pluperfect if the action of the subordinate clause precedes that of the main clause) *spoken style:* present or *passé composé*
conditional	present
conditional perfect	*written style:* imperfect *spoken style:* present or *passé composé*

Formation of the subjunctive

This section gives an overview of the formation of tenses in the subjunctive.

The present subjunctive

For all regular verbs and many irregular verbs, the present subjunctive is formed as follows:

PRESENT SUBJUNCTIVE = subjunctive stem + subjunctive endings

ils-stem of the present indicative
- je -**e**
- tu -**es**
- il -**e**
- ils -**ent**

nous-stem of the present indicative
- nous -**ions**
- vous -**iez**

verbs in **-er** parler	verbs in **-ir** finir	verbs in **-re** vendre	irregular verbs boire
que je parle	finisse	vende	boive
que tu parles	finisses	vendes	boives
qu'il parle	finisse	vende	boive
que nous parlions	finissions	vendions	buvions
que vous parliez	finissiez	vendiez	buviez
qu'ils parlent	finissent	vendent	boivent

A few irregular verbs have irregular subjunctive forms. The most common ones are:

avoir: j'aie, tu aies, il ait, nous ayons, vous ayez, ils aient
être: je sois, tu sois, il soit, nous soyons, vous soyez, ils soient
faire: je fasse, tu fasses, il fasse, nous fassions, vous fassiez, ils fassent
pouvoir: je puisse, tu puisses, il puisse, nous puissions, vous puissiez, ils puissent
savoir: je sache, tu saches, il sache, nous sachions, vous sachiez, ils sachent
aller: j'aille, tu ailles, il aille, nous allions, vous alliez, ils aillent
vouloir: je veuille, tu veuilles, il veuille, nous voulions, vous vouliez, ils veuillent

The **passé composé** of the subjunctive

The *passé composé* of the subjunctive is like the *passé composé* of the indicative, except that the auxiliary verbs **avoir** and **être** are in the present subjunctive:

$$\text{PASSÉ COMPOSÉ (SUBJUNCTIVE)} = \frac{\text{present subjunctive}}{\text{of \textbf{avoir} or \textbf{être}}} + \text{past participle}$$

que   j'aie
      tu aies
      il ait   } parlé / fini / vendu / bu   que
      nous ayons
      vous ayez
      ils aient

      je sois
      tu sois
      il soit   } allé(e)(s) / venu(e)(s)
      nous soyons
      vous soyez
      ils soient

que   je me sois
      tu te sois
      il se soit   } levé(e)(s) / (couché(e)(s)
      nous nous soyons
      vous vous soyez
      ils se soient

The imperfect subjunctive

The imperfect subjunctive is a literary tense, which one should be able to recognize when reading a literary text. It is formed as follows:

IMPERFECT SUBJUNCTIVE = **tu**-form of *passé simple* + **s** + endings of present subjunctive

Exception: In the **il**-form, the **ss** is replaced by a *circumflex* on the last vowel.

		verbs in **-er** **parler** (tu parlas)	verbs in **-ir** **finir** (tu finis)	verbs in **-re** **vendre** (tu vendis)	irregular verbs **boire** (tu bus)	**venir** (tu vins)
que	je	parlasse	finisse	vendisse	busse	vinsse
	tu	parlasses	finisses	vendisses	busses	vinsses
	il	parlât	finît	vendît	bût	vînt
	nous	parlassions	finissions	vendissions	bussions	vinssions
	vous	parlassiez	finissiez	vendissiez	bussiez	vinssiez
	ils	parlassent	finissent	vendissent	bussent	vinssent

The pluperfect subjunctive

The pluperfect subjunctive is also a literary tense. It is formed as follows:

$$\text{PLUPERFECT SUBJUNCTIVE} = \frac{\text{imperfect subjunctive}}{\text{of \textbf{avoir} or \textbf{être}}} + \text{past participle}$$

que j'eusse
    tu eusses
    il eût
    nous eussions } parlé / fini / vendu / bu
    vous eussiez
    ils eussent

que je fusse
    tu fusses
    il fût
    nous fussions } allé(e)(s) / venu(e)(s)
    vous fussiez
    ils fussent

VOCABULARY

The vocabulary contains all the words that appear in the text except common determiners, proper names, and exact cognates. Irregular noun plurals are listed, as are irregular feminine forms of adjectives.

A

à at, to, in
  à cause de because
s'abaisser to decline, decrease
abandonner to abandon, leave, give up, forget; to let go
abat-jour *m* shade
abattre to kill
  s'abattre sur to befall
abattu dejected
d'abord first, at first
aborder to greet; to board; to approach
  aborder un sujet to approach a subject
abri *m* shelter
  à l'abri sheltered
abriter to shelter, give shelter to
absolu absolute, complete
absurde stupid
accabler to overburden, crush, overwhelm
  geste accablé *m* tired movement
accéléré quickened, accelerated
accepter to accept
accompagner to accompany, escort; to go along with
accomplir to accomplish
  s'accomplir to happen
accorder to grant, give

s'accorder (avec) to be suited to
accourir to rush, run
accoutumé usual
  à l'accoutumée usually
s'accrocher (à) to hold onto
accumulation *f* accumulation
achat *m* purchase
acheter to buy
achever to terminate, end, finish
acier *m* steel
acte *m* act
action *f* action, act; fact
adieu good-by
adjurer to beg
admirable admirable
admirablement admirably
admirer to admire
adosser to lean against
adresse *f* address; skill
adresser to address
  adresser la parole à to speak to
advenir to happen
affaire *f* thing; task, job; affair
  affaires *f pl* business
  avoir affaire à to deal with; to have to deal with
affaissé hollow
affirmer to assert
affolé frantic, panic-stricken
affreux, affreuse awful, horrible
affronter to confront, face
afin de in order to
afin que so that
agencer to arrange
s'agenouiller to kneel down
agent *m*
  agent de liaison liaison officer

agent de police police officer
agilité *f* agility
agir to act
  s'agir: il s'agit de it is a question of
agiter to stir
  s'agiter to be restless; to be active, be in motion; to move
aider to help, assist
aigu, aiguë sharp, acute; lean
aile *f* wing
ailleurs elsewhere
  d'ailleurs besides, moreover
aimer to like, love
ainsi thus
air *m* look, air
  avoir l'air (de) to look (like)
  d'un air enchanté with delight
  d'un air supris with a surprised look
aise *f* ease
  être à l'aise to be comfortable
aisé easy
ajouter to add; to say
alarmer to alarm
alimentation *f* food
  feuille d'alimentation *f* ration card
allée *f* alley, path
Allemagne *f* Germany
allemand German
aller to go, walk
  aller mieux to feel better
  aller porter to carry
  aller prendre to get
  allons! come on!
  je vais I am going

je vais faire I am going to do

je ne vais pas bien I am not well

qu'est-ce qui ne va point? what's wrong?

s'en aller to go away

allonger to extend, stretch

être allongé to be lying down

s'allonger to recline

allumer to light

allumer la lumière to turn the light on

allumette *f* match

alors then

alors que while, when

alouette *f* lark

altercation *f* quarrel

amasser to amass, collect

âme *f* soul

aménager to arrange, prepare

amener to bring, take

amer, amère bitter

ami *m* friend

amiral *m* admiral

amitié *f* friendship

amonceler to accumulate, gather

amour *m* love

amoureux, amoureuse in love

devenir amoureux to fall in love

ampoule *f* lightbulb

amuser to amuse

s'amuser to have fun, to enjoy oneself

an *m* year

j'ai vingt ans I am twenty years old

ancien, ancienne old, ancient; former

anémique anemic, weak, pale

ange *m* angel

angélique angelic

anglais English

angoisse *f* distress; anxiety, anguish

s'animer to get excited

année *f* year

annoncer to announce, foretell, promise

antichambre *f* antechamber, waiting room

antiquaire *m* antique dealer

anxieux, anxieuse anxious

apaiser to calm, appease

apercevoir to see, notice

s'apercevoir to realize, notice

appartement *m* apartment

appartenir to belong

appel *m* appeal; roll call

faire l'appel to call the roll

appeler to call

s'appeler to be called

je m'appelle my name is

applique *f* a light attached to a wall

appliquer to apply

apporter to bring

apprécier to appreciate, understand

apprendre to teach; to learn

s'apprivoiser to become sociable

approcher to approach, come near

s'approcher de to approach

appuyer to lean; to insist

s'appuyer to lean

après after

d'après according to

après-midi *m* afternoon

aquilin aquiline, hooked; Roman (nose)

arbre *m* tree

arbrisseau *m* bush, low tree

arc-en-ciel *m* rainbow

arête de poisson *f* fish bone

argent *m* silver; money

moyens d'argent *m pl* financial means

argenterie *f* silverware, silver

arme *f* weapon, gun, arm

arme à feu *f* firearm

armer to load (a gun)

armoire *f* wardrobe

arpenter to stride up and down

arracher to pull away, tear away

arranger to fix

arrêt *m* stop

tomber en arrêt to stop

arrêter to decide upon; to arrest; to stop

s'arrêter to stop

arrière: en arrière backward

arrière de moi! get behind me!

arrivant *m* comer

arrivée *f* arrival

arriver to arrive; to make it; to happen; to hit, reach

il arrive que it happens that

il lui arrive de he happens to

je n'arrive pas à I cannot

artiste *m* artist

assassin *m* murderer

à l'assassin! murder!

assassiner to murder

s'asseoir to sit down

assez enough; rather

assiette *f* plate

assis seated

assis à la turque squatting

être assis to be seated

associer to associate, connect

assommer to stun, make dizzy

assoupi made drowsy, lulled

assoupir to make drowsy, sleepy; to quiet down

assurer to assure; to assert; to fix securely; to insure

à ce qu'on assure according to what people say

atelier *m* workshop

atroce awful

attache *f* link, bond

attaché sur fixed on

attacher to attach, tie, hook

atteindre to reach

atteinte *f* reach

hors d'atteinte out of reach

attendre to wait, wait for

s'attendre to expect

attendrir to touch

attente *f* waiting

attention *f*
  faire attention à to take care of
  regarder avec attention to stare at
attentivement attentively, carefully
atterré stupefied
attirer to attract, draw
  s'attirer to draw to oneself; to attract
attraper to catch
attribuer à to attribute to; to assign, impute
aucun no, none
aujourd'hui today
aumône *f* alms
  faire l'aumône to give alms (money, to the needy)
auprès de close to, next to, near
auquel, à laquelle, auxquels, auxquelles at which, to which
ausculter to sound with a stethoscope
aussi also; as; so
  aussi longtemps que as long as
  aussi modeste soit-il however simple he is
  aussi ... que as much ... as, as ... as
aussitôt immediately, right away
autant as much ... as
  d'autant plus ... que all the more ... because
auteur *m* author
automne *m* fall
autorité *f* authority
autour (de) around
autre other
  de temps à autre from time to time
  rien d'autre nothing else
  un autre another
autrefois a long time ago
  d'autrefois bygone, past, of the old days

autrement otherwise, in another manner
autrichien, autrichienne Austrian
avaler to swallow
avance *f* advance
  à l'avance ahead of time
  avoir de l'avance sur to have a headstart on
avancer to advance, stretch out
  s'avancer to step forward, advance
avant before
  avant-hier the day before yesterday
  en avant ahead, forward, in front
Ave Maria Hail Mary
avec with
avenir *m* future
avenant pleasing
  mine avenante *f* pleasing expression
aventure *f* adventure
aveugle blind
avidement avidly; promptly
avis *m* opinion
aviser to take the necessary steps
  s'aviser to get an idea
avocat *m* lawyer
avoir to have
  avoir besoin de to need
  avoir de la chance to be lucky
  avoir envie de to want, desire
  avoir hâte to be in a hurry
  avoir l'air (de) to look (like)
  avoir l'habitude de to be used to
  avoir peur to be afraid
  avoir raison to be right
  avoir sommeil to be sleepy
  qu'as-tu? what's wrong?
avril *m* April
azuré tinged with blue

B
babines *f* chops

bagatelle *f* trifle, matter of little importance
bahut *m* cupboard, sideboard
baigner to bathe
bain *m* bath
baïonnette *f* bayonet
baiser *m* kiss
baisser to lower
bal *m* ball, dance
balbutier to stammer
balle *f* bullet, ball
banc *m* bench
bandit *m* outlaw
bandoulière *f* shoulder strap
  en bandoulière slung over the shoulder, across the back
banquette *f* bench
baraque *f* hut, shack
barbelé *m* barbed wire
barbu bearded
bas, basse low
  à voix basse in a low voice
  mettre bas to put down
  tout bas in a low voice
bâtiment *m* building
battant *m* side (of a door)
battement *m* beat
  battement de cœur heartbeat
battre to beat
baver to dribble
  l'encre bave the ink runs
beau (bel), belle beautiful, pretty, fine, nice; handsome
  le temps s'établit au beau fine weather came
beaucoup (de) much, many
beauté *f* beauty
bêche *f* spade
bégayer to stutter
bercer to lull, soothe
berger *m* shepherd
besogne *f* work, task
besoin *m* need, want
  avoir besoin de to need
  plus loin que besoin n'est farther than necessary
  s'il en était besoin if necessary

bête stupid, silly, crazy
bibelot *m* knick-knack
bien well; very; indeed
  bien arrivé arrived safely
  bien au contraire quite on
    the contrary
  bien davantage much more
  bien des many
  bien entendu of course
  bien loin very far
  bien plus much more,
    many more
  être bien to feel comfortable
  je vois bien I realize
  se porter bien to be well
bienfaisant beneficial,
  salutary; able to do
  good
biens *m pl* goods
bientôt soon
bijou (*pl* bijoux) *m* jewel,
  jewelry
bijoutier *m* jeweler
billet *m* IOU note
biographie *f* biography
blafard pale
blague *f* joke
  faire une blague à to play a
    trick on
blanc, blanche white
blessure *f* wound
bleu blue
bloc *m* block
se blottir to huddle, crouch
boire to drink
bois *m* wood; woods
boîte *f* box, case
bon, bonne good
  bon! OK!
  bon sens *m* common sense
  de bonne heure early
bonheur *m* happiness
bonhomie *f* good nature
bonne *f* maid
bonnet *m* close-fitting cap
bonté *f* kindness
bord *m* edge
border to trim; to border
borné limited, simple
botte *f* boot

bouche *f* mouth
bouchée *f* mouthful
  bouchée au chocolat
    chocolate candy
boucher *m* butcher
boucler to curl
bouffée *f* burst, puff
bougeotte *f* traveling urge
bougie *f* candle
boulanger *m* baker
boule *f* ball
  avoir le cœur en boule to
    have one's stomach in a
    knot
boulette *f* blunder
bourgeois *m* middle-class man
bourgeoise *f* middle-class
  woman
bourgeron *m* jacket, smock
bourre *f* cotton wad (used in a
  firearm)
bout *m* end, bit, tip
  au bout de after, at the end
    of
  avoir les nerfs à bout to be
    on edge
boutique *f* shop
bouton *m* button, knob
bracelet *m* bracelet
brancard *m* stretcher
branche *f* branch
bras *m* arm
  au bras on her arm
brave good
brave *m* good man
bref in short
Bretonne *f* woman from
  Brittany
brillant shiny
briller to glitter, shine
brique *m* brick
briser to break
broche *f* pin
broder (de) to embroider (in)
brouillé blurred, confused
se brouiller avec to be at odds
  with, to be on bad terms
  with, to be in trouble with
bruine *f* drizzling rain
bruit *m* noise

brûler to burn
brume *f* mist
brun brown
brusque blunt, sudden
brusquement brusquely,
  suddenly, abruptly
brusquerie *f* abruptness,
  suddenness
brutal: lumière brutale *f*
  harsh light
brutalement suddenly
bruyant noisy
bure *f* rough serge
bureau *m* office
but *m* goal

C
ça that
  ça ne fait rien that doesn't
    matter
cabalistique cabalistic,
  conspiratorial
cabane *f* cabin, small house
cabinets *m pl* toilet
cacher to hide
cachet *m* pill
cachot *m* cell, dungeon,
  prison
cadavre *m* corpse
cadeau *m* gift
  faire cadeau de to give
cadran *m* dial, face (of a
  watch)
cadre *m* frame
caille *f* quail
calcul *m* calculation, selfish
  motive
calme calm
calme *m* calmness
se calmer to calm down
calorifère *m* heater
camarade *m* comrade
camion *m* truck
campagne *f* country,
  countryside
canon *m* barrel
capitonné padded, quilted
capote *f* coat
capter to catch
capuchon *m* hood

captivité: compagnon de
captivité *m* fellow
prisoner

car because

caractère *m* character, type,
print

carchera *f* leather belt

caresse *f* endearment, caress

caresser to caress, pet

carré *m* square

carrément squarely,
straightforwardly

carte *f* card; membership
carte d'alimentation ration
card
carte de visite calling card

carton *m* cardboard

cartouche *f* cartridge

cas *m* case
en cas de in case of

casser to break

casserole *f* pan, pot

caste *f* social standing

cause: à cause de because

causer to result in, cause; to
talk, converse

causerie *f* conversation; talk,
chat

cavalier *m* horseman

cave hollow

cave *f* cellar

caverne *f* cave

ce (cet), cette this, that

c'est-à-dire that is to say

ceinture *f* belt

cela this, that

cellulaire: voiture cellulaire
f police van

cellule *f* cell

celui the one

celui-ci, celle-ci this one; the
latter

celui de, celle de that of

celui qui the one who

cendres *f pl* ashes

cent hundred

centième hundredth

centrale électrique *f* power
plant

centre *m* center

cépée *f* shoot

cependant however

cerner to surround

certain some, certain

certes certainly, indeed, of
course

cerveau *m* brain, mind

ces *pl* these, those

cesse *f* cease
sans cesse unceasingly,
always, endlessly

cesser to cease, stop

ceux *pl* these, those

chagrin *m* grief, sorrow,
chagrin

chaîne *f* chain

chair *f* flesh; meat

chaleur *f* heat, warmth

chambre *f* room; bedroom
femme de chambre *f*
chambermaid

chambrée *f* barrack room

champ *m* field

chance *f* luck, chance
avoir de la chance to be
lucky
n'avoir pas de chance to
be unlucky
une vraie chance a real
piece of luck

chandelle *f* candle

changement *m* change

changer de to change

chanter to sing

chantonner to hum a tune

chapelet *m* necklace

chaque every, each

charge *f* burden
être à la charge de to be a
burden to

charger to load

charmant delightful, charming

charme *m* charm

chasse *f* hunt, hunting

chasseur *m* hunter

chat *m* chatte *f* cat

châtaigne *f* chestnut

châtaignier *m* chestnut tree

château *m* castle

châtiment *m* punishment

chaud warm, hot

chauffeur *m* driver

chaussée pavement, highway
ingénieur des ponts et
chaussées *m* civil
engineer

chausser to put shoes on

chaussure *f* shoe

chef *m* chief

chef-d'œuvre *m* masterpiece

chemin *m* road; path, way
chemin de fer railroad
chemin de ronde patrolled
path
chemin de traverse cross
road

cheminée *f* chimney,
mantelpiece

cheminer to walk

cheminot *m* railroad worker

chemise *f* shirt

cher, chère dear; expensive,
precious

chercher to look for; to get
aller chercher to get, pick
up
chercher à to try to
chercher à tâtons to grope
for

cheval (*pl* chevaux) *m* horse

chevet *m* head of the bed
lampe *f* de chevet bedside
lamp

cheveu *m* (*pl* cheveux) hair

chèvre *f* goat

chevreuil *m* deer, buck

chevrotines *f* buckshot

chez at, to, in; with, among
chez moi at my house

chic fashionable

chien *m* dog

chiffon *m* rag

chiffré coded

chimique chemical

chimiste: expert chimiste *m*
certified chemist

chinois Chinese

choc *m* shock

choisir to choose, select

choix *m* choice

faire choix to choose
chose *f* thing
chrétien Christian
  en chrétien as a Christian
chuchoter to whisper
chuintement *m* wheezing
ciel *m* sky; heaven
cimetière *m* cemetery
cinq five
cinquante fifty
citer to cite, quote; to give as an example
civil civilian
clair light-colored; clear, clearly
clairière *f* clearing
clarté *f* brightness
clé (clef) *f* key
clopiner to limp, hobble
cœur *m* heart
  avoir le cœur en boule to have one's stomach in a knot
  cela me tourne le cœur it makes me sick
  selon ton cœur as you wish
coffre *m* chest, trunk
cogner to thump, beat
coiffé to wear (on one's head)
coin *m* corner
coincider to coincide
col *m* collar, neck
colère *f* anger; outburst of anger
colis *m* parcel
collectionneur *m* collector
collègue *m* colleague
coller to stick together
collet *m* collar
collier *m* necklace
colline *f* hill
colombe *f* dove
combat *m* fight, battle, struggle, combat
combattant *m* fighter
combien (de) how much, how many
  combien de temps how long

commandant *m* commanding officer
commandement *m* command
  poste de commandement *m* command station
commander to command
comme how; as, like
  comme si as if
commencement *m* beginning
commencer to begin, start; to start out
comment how; what
commenter to comment on
commerçant *m* businessman
commettre to commit
commis *m* clerk, employee
commode easy
commodément comfortably, comfortable
commun common, ordinary
communication *f* communication, message
communiqué *m* news item, bulletin
commutateur *m* lightswitch
compact dense, solid
compagnie *f* company
  en compagnie de with
compagnon *m* companion, comrade
complet, complète complete, total; full
complètement completely
complice friendly
complice *m* accomplice
comportement *m* behavior
se comporter to behave, act
composer to compose, make up, create
compositeur *m* composer
comprendre to understand, realize
comprimer to compress
compromettre to compromise
compte *m* account
  les comptes budget, account
  se rendre compte to realize
compter to reckon, count
comptoir *m* counter

comte *m* count
concentrer to focus, concentrate
concevoir to conceive, think out
concilier to conciliate, reconcile
conclure to conclude
condamner to condemn
condition *f* condition
  à cette condition on this condition
conducteur *m* driver
conduire to take, lead; to drive
  se conduire to behave
  se conduire mal to misbehave
conduite *f* behavior
confiance *f* confidence
  avoir confiance en soi to be self-confident
confidentiel, confidentielle confidential, prone to confidences
confier to entrust, tell in confidence
confiture *f* jam
confondre to confound, confuse
confondu confused
confortablement comfortably
confus confused
confusément confusedly
confusion *f* confusion
congé *m* leave
  prendre congé de to leave, say good-by
connaissance *f* acquaintance; knowledge
  faire la connaissance de to meet
connaître to know; to be aware of; to be familiar with; to come to know
  faire connaître to introduce
consacrer to devote
conscience *f* conscience
conseil *m* (piece of) advice
conseiller to advise

consentir to consent, accept, agree

conséquent: par conséquent consequently

considérer to consider, look at

consistance *f* consistency; firmness

consister de to consist of

consoler to console, comfort

se consolider to consolidate

se consolider la santé to build up one's health

consommé consummate, superior

constater to remark

consulter to consult, read, refer to

consumer to burn, consume

conte *m* short story, tale

conte de fée fairy tale

contempler to contemplate, stare at

se contempler to look at one another

content happy, satisfied

conter to tell

continuer to continue, keep on

se contracter to contract, become contracted

contraint forced, obliged

contraire contrary

au contraire on the contrary

contraste *m* contrast

contre against

contrebandier *m* smuggler

contribuer to contribute

convaincre to convince

convaincu persuaded, sure, convinced

convenable appropriate

convenir to agree upon

converser to talk

convoitise *f* desire, covetousness

copain *m* comrade

coquet, coquette dainty; stylish

coquin *m* rascal, rogue

copie *f* copy

faire la copie to copy

corde *f* cord, clothesline

cordialité *f* cordiality

corps *m* body

corriger to correct

Corse *f* Corsica

corse Corsican

côté *m* side

côte *f* rib

à côté de next to

aux côtés de next to

du côté toward the side, in the direction

la chambre à côté the room next door

côteau *m* slope

cou *m* neck

couché lying down

être couché to be lying down

se coucher to go to bed, to lie down

coude *m* elbow

couler to cast; to flow

se couler to slide

couleur *f* color

couloir *m* corridor

coup *m* stroke, blow; political "coup"

coup de baïonnette bayonet thrust

coup de feu (gun)shot

coup de fusil shot, rifle shot; shooting

coup de pinceau brushstroke, touch

coup de sonnette ringing of a bell

coup de stylet stabbing

coup d'œil glance

coup sur coup one after the other

d'un coup at once

d'un seul coup all of a sudden

tout à coup suddenly, all of a sudden

coupé *m* carriage with two seats

couper to cut

cour *f* courtyard

courageux, courageuse courageous

courant *m* current

panne de courant *f* power failure

courbe *f* curve

courbé curved under, bent down, weighted down

courir to run

cours *m* course

au cours de during

court short

court-circuit *m* short circuit

coûter to cost

coutume *f* custom

de coutume usually

couvent *m* convent; private school run by nuns

couvert covered; wearing

couverture *f* blanket

couvrir to cover

cracher to spit

craindre to fear

crainte *f* fear

de crainte de for fear of

craquant cracking, coming apart

créature *f* creature, being

credo *m* creed

créer to create

crépu curly

crépuscule *m* twilight, dusk, nightfall

creusé hollow, sunken

creuser to dig

creux, creuse hollow

cri *m* cry, clamor, scream, shout

crier to scream, cry, exclaim, shout

croche *f* eighth note

crocheter to pick (a lock)

croire to believe, think

faire croire to make it look like

il se croyait fort he believed he was strong

croiser to cross

croître to grow, to increase

croix *f* cross
crosse *f* butt
croûte *f* crust
cru raw; harsh, rough; direct
cruauté *f* cruelty
cruel, cruelle cruel
cuir *m* leather
cuisine *f* kitchen
cuisse *f* thigh
cuivre *m* copper
culbuter to knock over
culotte *f* pants
culture physique *f* physical exercises
curieusement curiously
curieux, curieuse curious, strange

D
daim *f* doe, deer
dalle *f* paving stone
dame *f* lady
dangereux, dangereuse dangerous
dans in, into
danser to dance
davantage more
de of, from, about; with
se débarasser de to get rid of
se débattre to flounder; to argue several sides of a question
debout standing up, standing
se débrouiller to manage
début *m* beginning
décembre *m* December
décharger to unload
déchirer to tear, tear open
se déchirer to get scratched
se décider à to bring oneself to
déclarer to declare
déclasser to lose class, position or rank
déclencher to set in motion
décliner to decline
découvrir to discover, find; to uncover
dedans inside

se dédire to go back on one's word; to retract a statement
défaillant faltering
défaut *m* default, flaw, break
se défendre to defend oneself
défense *f* defense
défenses *f pl* the defense system
faire une belle défense to defend oneself properly
dégoût *m* disgust
degré *m* degree
dehors outside
déjà already
déjeuner to eat lunch
déjeuner *m* lunch
delà: au delà de beyond
délabré shattered; sick
se délasser to relax, rest
délicat delicate, refined
délicatesse *f* delicacy
délicieux, délicieuse delicious; pleasant, delightful
délier to untie
se lier et se délier to interlace
délire *m* delirium
délirer to be delirious
demain tomorrow
demander to ask
se demander to wonder
démêlé *m* bad encounter
demeuré retarded, stupid
demeurer to stay, remain; to live
demi half
à demi halfway
demi-heure *f* half hour
demi-lieue *f* half a league
démonstration *f* show, demonstration
dénicher to take from a nest; to discover, find
dénoncer to denounce
dénonciateur *m* informer
dénonciation *f* denunciation
dent *f* tooth
départ *m* departure
se dépêcher to hurry

dépenses *f pl* expenses
dépit *m* anger and chagrin
déplaire to displease
déposer to put down, lay aside, leave
dépouille *f* remains, body
depuis since
depuis longtemps for a long time, a long time ago
depuis peu recently
déranger to disturb
dernier, dernière last
derrière behind, in back of
dès from, since
dès que as soon as
désastre *m* disaster
descendre to go down; to bring down, to carry down; to walk down
descente de lit *f* bedside rug
désert empty, deserted
déserter to leave
désespéré desperate
désespoir *m* despair
déshonorer to disgrace
désir *m* wish, desire
désolé sorry, sad
se dessécher to become dry
dessein *m* plan, design
dessin *m* pattern
destin *m* destiny, fate
destiné (à) used (for)
destiner to destine, send
détachement *m* detachment (of troops)
détention *f* possession
détenu *m* prisoner
détente *f* trigger
détermination *f* determination, resolve
détester to hate
détour *m* tour
détours *m pl* nooks and crannies
détourner to turn away
détresse *f* distress
détruire to destroy
dette *f* debt

régler une dette to settle a
  debt
deux two
  tous les deux both
devant in front of, before
devanture *f* store window
devenir to become
dévêtu undressed
deviner to guess
devoir to owe; to have to
  être dû to be due
  **il ne doit pas y en avoir
    beaucoup** there must
    not be many
  je dois I have to, I must, I
    ought to
  tu as dû you must have
devoir *m* duty
diable *m* devil
  à la diable rapidly and
    carelessly
diamant *m* diamond
diapason *m* tone
dictée *f* dictation
Dieu *m* God
  grands dieux good heavens!
  le Bon Dieu the Good Lord
  mon Dieu Lord
difficile difficult
difficilement with difficulty
digne worthy
dignité *f* dignity
digue *f* dike
dîner to have dinner
dîner *m* dinner
diplomatique diplomatic,
  (concerning) international
  relations
dire to say, to consider
  on eût dit one would have
    thought, it seemed that
  se dire to say to oneself,
    think
diriger to direct; to aim, point
  se diriger vers to go in the
    direction of, to go
    towards
discerner to distinguish, see
discret, discrète discreet
disgracier to disgrace

disgracié par la nature
  ugly
disjoint disjointed
disparaître to disappear
disparition *f* disappearance
disposé disposed, ready
disposition *f* inclination;
  disposal; talent, skill
  mettre à la disposition to
    give
dissimuler to hide
distant distant, aloof
  attitude distante *f*
    aloofness
distinction *f* distinction,
  elegance
distingué distinguished
divers diverse, different
dix ten
dix-huit eighteen
dizaine *f* ten
docteur *m* doctor
doigt *m* finger
dolent whining, complaining
dominer to control
dommage too bad
dompter to master, dominate
donc then, therefore; of
  course, so, but
donner to give
dont of which, whose
doré gilded
dormir to sleep
dorure *f* gilt, gold paint
dos *m* back
  se mettre sur le dos to
    wear
dot *m* dowry
doublé *m* sixteenth note
doubler to double
doucement softly; gently;
  slowly
douceur *f* sweetness,
  gentleness
douloureux, douloureuse
  sorrowful
doute *m* doubt
  sans doute probably,
    doubtless
douter to doubt

doux, douce sweet; soft; easy,
  gentle
douze twelve
se dresser to stand up, stand
  erect, sit up
droit straight; right
  droit devant straight ahead
droit *m* right
drôle funny
  drôle *m* funny character;
    knave
  la drôle de guerre the
    "phony war" (1939–40)
dû (past participle of **devoir**)
  due
  il n'aurait pas dû he
    shouldn't have
  j'ai dû I must have
**duquel, de laquelle,
  desquels, desquelles** of
  whom, of which
dur tough, hard
durant during
durée *f* duration
durement hard, harshly
durer to last
dysenterie *f* dysentery

E
eau *f* water
  à grande eau with buckets
    of water
échanger to exchange
échapper to escape
échine *f* backbone, back
éclair *m* lightning
éclaircir to clear up
  s'éclaircir la gorge to clear
    one's throat
éclairer to light, give light to,
  to illuminate
éclat *m* glittering
éclater to burst out
  éclater de rire to burst into
    laughter
économe thrifty, careful with
  one's money
économies *f pl* savings
  faire des économies to save
    money

s'écouler to elapse, pass

écoute: réseau d'écoute *m* monitoring network

écouter to listen to

s'écrier to exclaim, cry out

écrin *m* jewelry case

écrire to write

écrit *m* writing

écrivain *m* writer

écu *m* coin worth 5 francs

éculé down at the heel

éditeur *m* publisher

effacer to efface, rub out, erase, block out

　s'effacer to disappear

effaré bewildered

effarement *m* bewilderment

effet: en effet in fact, indeed; in effect

effets *m pl* things, belongings

s'efforcer de to try to, strive to, endeavor to

effort *m* effort, try

effrayant frightening, terrifying

effroyable terrible, frightening

égal equal

　cela m'est égal it is all the same to me

eh oh! well!

　eh oui well!

électricien *m* electrician

électricité *f* electricity

électrique electrical

　centrale électrique *f* power plant

électrogène: groupe électrogène *m* dynamo

élégance *f* elegance

élever to raise

　s'élever to rise, go up

elle-même herself, itself

　d'elles-même by themselves

éloigné far (away)

s'éloigner to go away; to move away, withdraw

émaner to emanate

embarrasser to embarrass

embrasser to kiss; to hug

　embrasser la profession to take up the profession

embuscade *f* ambush

émerveiller to astonish, marvel

emmener to bring

émotion *f* emotion

s'émousser to get dull, weaken

s'emparer de to take hold of

empêcher to prevent

　n'empêche que all the same

　s'empêcher de to abstain from

emphase *f* high-flown, theatrical style

empire *m* control

emplette *f* purchase

emplir to fill

emploi *m* job

employé *m* employee, wage-earner

employeur *m* employer, boss

empoigner to seize, grasp; to catch, arrest

emportement *m* transport (of joy, emotion)

emporter to take, carry away

s'empresser à to hurry to

emprisonner to confine

emprunter to borrow

ému nervous

en in; at

　en même temps at the same time

en of him, of her, of it, from him, by him, etc.; some of it, any of it

　en être là de to be at that stage of

　en vouloir à to be angry at

il s'en faut de peu qu'il vienne he is almost coming

enchaîner to bind in chains

enchanté enchanted

encombrer to crowd; to be a burden to

encore still, yet; again

　encore une fois once more

encourir to incur, run the risk

encre *f* ink

endormir to put to sleep

　s'endormir to fall asleep

endroit *m* space, spot

enfant *m* child

enfermer to lock up

enfiler to slip on

enfin at last, after all; in short, in fact

enflammé on fire, hot, in flames

enflammer to kindle, light, inflame

enfouir to bury

s'enfuir de to run away from, flee

engagement *m* pledge

　prendre des engagements to sign pledges

s'engager (dans) to turn into; to get involved in

enivrer to inebriate

enlever to take off; to remove

ennemi *m* enemy, foe

ennuyer to bother

énorme huge, enormous

enrager de to be upset, angry about

enseigner to teach

ensemble together

ensuite then, after

entamer to break, make an incision

entendre to hear; to understand

　bien entendu of course

　se faire entendre to make oneself understood

enterrer to bury

s'entêter (à) to persist (in)

entier, entière whole, entire

　tout entier wholly, entirely

entièrement entirely, wholly

entourer to surround

entraîner to carry away

entre between

entrée *f* entrance

entreprendre to undertake

entrer to enter, come in

　faire entrer to show in

entretien *m* talk

enveloppe *f* envelope
envelopper to wrap (around)
   s'envelopper to wrap
     oneself
envie *f* desire
   avoir envie de to want,
     desire
envier to desire, covet, envy
s'envoler to fly away
envoyer to send
épais, epaisse thick
épaisseur *f* thickness
épargner to spare
   s'épargner to save, spare
     oneself
épaule *f* shoulder
   hausser les épaules to
     shrug one's shoulders
épaulette *f* epaulet;
   commission
éperdu endless; bewildered
épi *m* ear (of grain)
épicier *m* grocer
époque *f* time
   à l'époque at the time
épouser to marry
épouvanté terrified
épris (de) in love (with)
éprouver to feel; to test
épuiser to wear out, exhaust
équipe *f* team
erreur *f* error, mistake
escalier *m* staircase
esclave *m* slave
escopette *f* rifle, blunderbuss
s'espacer to become less
   frequent
espèce *f* kind, type, sort;
   species
espérance *f* hope
   les espérances *f pl*
     expectations (of wealth)
espérer to hope
espion *m* spy
espoir *m* hope
esprit *m* spirit, mind, wit
essayer to try; to try on
essuyer to wipe
et and

établir to establish; to place; to
   estimate, draw up
   le temps s'établit au beau
     fine weather came
   s'établir to settle
établissement *m*
   establishment
étage *m* floor
étaler to spread
état *m* state, condition
   dans tous les états upset
état-major *m* staff
éteindre to extinguish, put out
éteint extinguished; faint
étendre to spread
   étendu lying down; stretched
     out, extensive, far-
     reaching
   s'étendre to lay oneself
     down, lie down
étendue *f* extent; stretch
étinceler to sparkle
étoffe *f* material; fabric, cloth
étoile *f* star
étonnement *m* surprise
s'étonner de to be astonished
   at
étouffer to stifle, extinguish,
   choke, suffocate
   voix étouffée *f* muffled
     voice
étrange strange; foreign
étranger, étrangère foreign
   à l'étranger abroad
être to be
   être à + *infinitive* to be
     …ing
   être de to belong to
   en être là de to be at that
     stage of
   être en train de faire to be
     (busy at) doing
être *m* being
étroit narrow, tight
   tendresse étroite *f* close
     togetherness
étudiant *m* student
étudier to study, investigate
étui *m* case

étui de fumeur cigarette
   case
eux they, them
eux-mêmes themselves
s'évader to escape
s'évanouir to faint
éveil *m* wakefulness; state of
   being awake
éveillé alert
éveiller to arouse
   s'éveiller to wake up
événement *m* event
évidemment evidently,
   obviously; of course!
éviter to avoid
examiner to examine, inspect
excès *m* excess
exclamation *f* exclamation
excuser to excuse
   s'excuser to apologize
exemple *m* example
   par exemple for instance
exercice *m* exercise
exiger to demand, require,
   insist
existence *f* existence, life
exister to exist, be
expert chimiste *m* certified
   chemist
explication *f* explanation
expliquer to explain
explosion *f* explosion; shot
exposer to expose, exhibit
   s'exposer to be exposed
exquis delicious; exquisite
exsangue bloodless
   figure exsangue *f* very pale
     face
extase *f* ecstasy
exténué worn out, very tired,
   exhausted
extérieur *m* outside
extrémité *f* end

F
fa: clé de fa *f* key of F
fabriquer to prepare,
   manufacture
fabuleux, fabuleuse fabulous,
   out of this world

face *f*
  en face de in front of, opposite, across from
  face à facing, opposite
  faire face to face
  regarder en face to look straight ahead
fâché angry
facilement easily
faciliter to facilitate, make easy
façon *f* way, manner
  de façon à in order to
fagot *m* faggot, bundle of wood
faible weak, dim
faillir to fail
  il faillit ne pas remarquer he almost did not notice
faim *f* hunger
faire to do, make, create; to say
  faire + *infinitive* to have something done
  faire attention à to take care of; to pay attention to
  faire cacher to hide
  faire cadeau de to give
  faire condition to set a condition
  faire connaître to introduce
  faire de la peine to hurt; to cause grief; to chagrin
  faire des économies to save money
  faire du mal to hurt
  faire en sorte que to manage so that
  faire entrer to show in
  faire face to face
  faire feu à couvert to fire from a protected position
  faire fonction de to act as
  faire l'appel to call the roll
  faire la connaissance to meet
  faire la route to go the distance

faire le ménage to do housework
faire mourir to kill
faire naître to give birth to, inspire
faire pivoter to turn
faire place à to make room for, give way to
faire semblant to pretend
faire un tour to take a walk
faire une trahison to betray
faire voir to show
il fait nuit it is dark
rien n'y fait nothing can be done, it does not matter
se faire to occur
se faire + *adjective* to become, to make oneself
se faire annoncer to present oneself
se faire une opinion to form an opinion
fait *m* fact
  en fait in fact
  tout à fait quite
falloir to be necessary
  il faut it is necessary, one must, one has to
  il me faut I need
famé reputed; of good reputation
fameux, fameuse celebrated, well known; great, magnificent
familial of the family
familier, familière familiar
familièrement familiarly, in a familiar manner
famille *f* family
fanatique fanatical
fané faded, dull
fantastique fantastic, great
fantôme *m* ghost, phantom, specter
fardeau *m* load, burden
fastidieux, fastidieuse tedious, dull
fatalité *f* fatality
fatigue *f* fatigue, tiredness
fatiguer to tire

faubourg *m* suburb
fauteuil *m* armchair
  fauteuil de style period armchair
faux, fausse false, fake
fée *f* fairy
  conte de fée *m* fairy tale
féerie *f* fairyland, enchantment
féliciter to congratulate
femme *f* woman; wife
  femme de chambre chambermaid
  femme de ménage cleaning lady
fenêtre *f* window
fente *f* gap, opening
fer *m* iron
  chemin de fer *m* railroad
  les fers irons, iron chains
ferme *f* farm
fermer to close
fermeture *f* clasp
fertiliser to fertilize
ferveur *f* fervor
fête *f* feast, holiday; party
fêter to entertain
feu *m* fire, light
  une arme à feu firearm
  de feu afire, on fire
  faire feu to fire
  mettre le feu to set aflame, to set on fire
  sans feu lifeless
  sans feu ni lieu without hearth or home
feuille *f* leaf, sheet
  feuille d'alimentation ration card
feuillet *m* sheet
février *m* February
fiacre *m* cab, carriage
fiancé engaged
fièvre *f* fever
fier, fière proud
figure *f* face
se figurer to imagine, picture
fil *m* thread
  fil lumineux thread of light
fille *f* daughter; girl
  fille publique prostitute

fils *m* son
fin thin, fine; delicate
fin *f* end; rest
  sans fin endless
finesse *f* finesse, cunning, shrewdness; sense of taste
finir to finish
fit (*passé simple* of **faire**)
fixement fixedly
  regarder fixement to stare at
fixer to focus
se fixer to be fixed; to settle
flairer to nose around
flamme *f* flame; fire
flanc *m* flank, side
flasque flabby
flatter to pat, stroke; to flatter
fleur *f* flower
flexion *f* exercise in which one bends one's body; kneebend
flocon *m* flake
  flocon de neige snowflake
flotter to hover
foi *f* faith
foin *m* hay
fois *f* time
  à la fois both, at the same time
  encore une fois once more
  une fois là-bas once there
  une fois l'an once a year
folie *f* madness
foncé dark
fonction *f* function, office
  faire fonction de to act as
fond *m* bottom, back, lowest part
  au fond deep down
  au fond de in the back of
fondre to melt
  se fondre to merge into
force *f* strength, power; energy
  à force de as a result of; by dint of
  ligne de force *f* power line
  reprendre ses forces to recover one's strength
forcer to oblige, force

je suis forcé de I have to
se forcer to force oneself
forêt *f* forest
forme *f* shape
former to shape, form
fort strong, strongly; loud; hard; heavy-set, stocky
  fort peu de almost no
  très fort very hard
fortement hard
fou (fol), folle crazy, mad
foudroyant thundering
fouet *m* whip
  donner le fouet to whip
fouetter to whip
fouiller to look through, to dig for
fouiner to nose around
fourberie *f* deceit
fourbir to furbish, polish
fournir to furnish
fournisseur *m* supplier
fourrer to put; to cram, stuff
fourrure *f* fur
fraîcheur *f* coolness, chill
frais, fraîche cool; fresh; blooming
fraise *f* strawberry
franc, franche frank, sincere; clear
français French
franchir to pass
frapper to hit, strike
fréquenter to frequent
frère *m* brother
frileux, frileuse sensitive to cold
fripon *m* rascal
froid cold
froideur *f* coolness
froissé rumpled, jostled; vexed, offended
fromage *m* cheese
front *m* forehead
frotter to rub
fructifier to thrive
fruitier *m* greengrocer (who sells fruits and vegetables)
fuir to flee (from)
fumée *f* smoke

fumer to smoke; to fertilize
fumeur *m* smoker
  étui de fumeur *m* cigarette case
fureur *f* furor
  avec fureur angrily
furtif, furtive furtive, secret
fusil *m* gun, rifle
fusiller to shoot down
fut (*passé simple* of **être**)

G

gagner to win, earn; to reach
  gagner sa vie to earn one's living
gaillard *m* fellow; guy; strong young man; chap
gaîement cheerfully
galanteries *f pl* galant remarks, polite phrases
galop *m* galloping sound
gamelle *f* aluminum dish
garde-magasin *m* warehouse keeper
garder to keep, maintain; to watch over, guard
gardien *m* guard
garnement *m* rascal, scamp
garnir to garnish, trim
garrotter to pin down
gauche left
gaulliste pro-Gaullist
gelinotte *f* wild grouse
gémir to groan, complain
gémissement *m* moan
gendarme *m* policeman
gendre *m* son-in-law
gêné embarrassed
gêner to bother, inconvenience; to be in the way
génie *m* genius
genou (*pl* **genoux**) *m* knee
  à ses genoux at his knees
  à genoux on one's knees
genre *m* style, type
gens *m pl* people
gentil, gentille nice; gentle
geste *m* gesture, movement
giberne *f* cartridge pouch

gigantesque huge, gigantic
gîte *m* shelter
glacé frozen, chilly
glaçon *m* ice cube
glissant slippery
glisser to slip
  glisser au sommeil to fall
    asleep
gloire *f* glory
glorieux, glorieuse glorious;
  extremely happy
gonfler to swell
gorge *f* throat; bosom
  sauter à la gorge de to
    assault
  s'éclaircir la gorge to clear
    one's throat
gosse *m* kid
gourde *f* gourd
gourmandise *f* gluttony
goût *m* taste, style
grabat *m* straw mattress
grâce *f* gracefulness, elegance
  faire grâce à to pardon
  grâce! have mercy! pardon!
gracieux, gracieuse pretty,
  graceful
grand great; big, large; tall
  au grand jour in broad
    daylight
  sa grande jeunesse his
    extreme youth
  sans grande distinction
    without much
    distinction
grandeur *f* size
grandir to grow, grow larger
grange *f* barn
gras, grasse fat, fatty
grave serious
grêle thin
  gémissement grêle *m*
    faint and high-pitched
    moan
grelotter to shiver
grenier *m* attic
griffonner to scribble
grillagé grilled
grimoire *m* book of spells
gris gray

grisé intoxicated, "high"
gros, grosse big, fat, large
groupe *m* group
  groupe électrogène
    dynamo
guère hardly
guerre *f* war
guide *m* guidebook
guillotiner to guillotine, to
  behead

H
habilement skillfully
habileté *f* skill
  habileté au tir
    marksmanship
habillé dressed
habitant *m* inhabitant,
  resident
habiter to live, inhabit
habitude *f* habit
  avoir l'habitude de to be
    used to
habituel, habituelle usual
s'habituer to get used to
hâche *f* axe
haillons *m pl* rags
haine *f* hatred
hameau *m* hamlet
hanter to haunt, possess
harmonieux, harmonieuse
  well-proportioned
hasard *m* chance
  par hasard by chance
hâte *f* haste
  avoir hâte to be in a hurry
hausser to raise
  hausser les épaules to
    shrug one's shoulders
haut loud; high
  parler haut to talk aloud; to
    speak in a loud voice
  tout au haut at the very top
haut-le-corps *m* start
  avoir un haut-le-corps to
    start
hauteur *f* height
hébété dazed, without
  expression
hein? eh?

hélas alas! unfortunately!
herbe *f* grass
herbeux, herbeuse grassy
héritier *m* heir
héroïquement heroically
hésiter to hesitate
heure *f* hour, time
  à l'heure de midi at twelve
    noon
  de bonne heure early
  il y a une heure one hour
    ago
  tout à l'heure in a few
    moments; a while ago
heureux, heureuse happy;
  good, fortunate
heurter to run into, to bump
  into
  se heurter (à) to bump
    (into)
hideux, hideuse hideous
hier yesterday
hierarchie *f* hierarchy; social
  rank
histoire *f* story
hiver *m* winter
hocher la tête to shake one's
  head
hola! hi!
hommages *m pl* compliments
homme *m* man
honnête honest
honneur *m* honor
  faire honneur à to honor
honte *f* shame
  avoir honte to be ashamed
honteux, honteuse ashamed
hôpital *m* hospital
  cette humanité d'hôpital *f*
    those sick men
hoquet *m* hiccup
horlogerie: mécanisme
  d'horlogerie *m* clockwork
hors d'atteinte out of reach
hors d'état out of order; in
  bad condition, unfit,
  unable
hospitalité *f* hospitality
hostile hostile, angry
hostilité *f* enmity

hôte *m* host; guest
hôtel *m* hotel; large public
    building
humain human
humanité *f* mankind
humblement humbly
humide humid, damp, wet
humidité *f* humidity
humilier to humiliate
hurler to scream
hydrophile: ouate
    hydrophile *f* cotton

I
ici here
    Ici Londres! This is
      London!
idée *f* idea
identité *f* identity
ignorant unskilled
ignorer to be ignorant of
île *f* island
illégal: homme illégal *m*
    outlaw
il y a there is, there are; ago
imaginer to imagine, realize
    s'imaginer to realize
imbécile *m* fool
imiter to imitate
immédiat immediate
immobile motionless
immodéré immoderate,
    extreme
impatience *f* impatience
impératif imperative,
    imperious
importance *f* importance
    ça n'a plus d'importance
      that doesn't matter
      anymore
importer to matter
    n'importe no matter
    n'importe où anywhere
    qu'importe what does it
      matter?
imprécis indefinite
impression *f* impression
    avoir l'impression que to
      believe that
imprimer to print

impuissant powerless
inaccessible inaccessible;
    impervious (to); incapable
    (of)
inaltérable unchangeable
inanimé inanimate
incendie *m* fire
inconnu unknown
inconscient unconscious,
    unpremeditated
incrédulité *f* disbelief
incroyable incredible,
    unbelievable
incroyablement unbelievably
index *m* index finger
indigne unworthy
indigner to make indignant
indiquer to indicate, point
    out, show
indiscret, indiscrète
    indiscreet
inégal uneven, unequal;
    irregular
inestimable priceless
inexprimable inexpressible
ingénieux, ingénieuse
    ingenious, smart
infini infinite
infiniment extremely
infirmerie *f* infirmary
ingénieur *m* engineer
    ingénieur des ponts et
      chaussées civil engineer
inhabité uninhabited
inintéressant uninteresting
injurier to swear at; to insult
innombrable innumerable,
    countless
inquiet, inquiète worried
inquiétude *f* feeling of
    uneasiness
inspiration *f* inspiration
inspirer to inspire
installer to install, set up
    s'installer to settle (in)
instant *m* instant, moment
instinct *m* instinct
instituteur *m* elementary-
    school teacher
instruction *f* education

insulte *f* insult
intelligence *f* cleverness
intéresser to interest, inspire
    with interest
    s'intéresser à to take an
      interest in
intérêt *m* interest
intérieur *m* interior; inside of
    an apartment; inside,
    internal, inner, inward
    à l'intérieur de inside
interlocuteur *m* interlocutor
interrompre to interrupt, cut
    out
    s'interrompre to stop
intervalle *m* interval
    à quelques minutes
      d'intervalle within a
      few minutes
intime intimate
inusité unusual
inutile useless, pointless
invinciblement invincibly;
    necessarily
invraisemblance *f* lack of
    realism
ironie *f* irony
ironique ironical
irrité irritated
isolé isolated, lonely
Italie *f* Italy
ivresse *f* intoxication; rapture

J
jadis long ago
jaillir to spring
    des fleurs jaillissent flowers
      blossom
jais *m* jet (black stone)
jalousie *f* jealousy
jaloux, jalouse jealous
jamais ever, never
    ne ... jamais never
jambe *f* leg
jardin *m* garden
jatte *f* bowl
jaune yellow
jaunir to turn yellow
jeanfoutre *m* (*slang*)
    scoundrel

jeter to throw
  jeter un coup d'œil sur to glance at
  se jeter to throw oneself
jeu *m* play, game, interplay
  jouer un vilain jeú to play a nasty game
jeudi *m* Thursday
jeune young
jeunesse *f* youth
joaillier *m* jeweler
joie *f* joy, happiness, moment of happiness
joindre to join
joliment nicely; very
joue *f* cheek
  mettre en joue to take aim
jouer to play
  le mécanisme joue the clockwork goes off
joueur *m* player
jouir de to derive pleasure from, to enjoy
jour *m* day
  au grand jour in broad daylight
  le jour in daylight
journal *(pl journaux) m* newspaper
journée *f* day; the course of the day
joyeux, joyeuse joyous, happy
juger to judge
juif, juive Jewish
jurer to swear, promise
  jurer avec to clash with
juron *m* swear
jusqu'à unto, up to, until
juste just, correctly
  au juste precisely, exactly
  c'est juste it is true
justice *f* justice; law, police

K
kermesse *f* public fair
kilomètre *m* kilometer

L
là there
là-bas there

une fois là-bas once there
laboureur *m* farm laborer, farmer
labyrinthe *m* labyrinth, maze
lâcher to drop, let down; to let go of
là-dessus about this
laideur *f* ugliness
laisser to let; to leave, leave behind, to bequeath
  laisser arrêter to let someone get arrested
  laisser la place à to leave room for
  laisser tomber to drop
  se laisser aller to fall
  se laisser marier to let oneself get married
lait *m* milk
laitier, laitière dairy
lampe *f* lamp
lancer to throw; to launch
  lancer un coup d'œil to throw a glance
langue *f* language
laquelle which
large wide, broad; large, big
larme *f* tear
lasser to tire
laver to wash
lécher to lick
  se lécher les babines to lick one's chops
lecture *f* reading
léger, légère light, slight
légion étrangère *f* Foreign Legion
lendemain *m* day after, the next day
lentement slowly
lequel, laquelle, lesquels, lesquelles which, that, those
lettre *f* letter
leur their
  le leur theirs
lever to rise, raise
  se lever to get up
  se lever en pied to stand up
lèvre *f* lip

libérer to free
liberté *f* freedom
libre free
lié connected
  être lié avec to be close friends with
lier to join, connect, tie (up)
  se lier to bind oneself, to tie oneself down
  se lier et se délier to interlace
lieu *m* spot, place
  au lieu de instead of
  avoir lieu de to have a reason to
  sans feu ni lieu without hearth or home
  sur non-lieu on insufficient grounds (to prosecute)
lieue *f* league (about 3 miles)
ligne *f* line
  ligne de force power line
limousin of Limousin
linge *m* laundry
lion *m* lion
lire to read
lisse smooth
lit *m* bed
  descente de lit *f* bedside rug
litanie *f* litany
litière *f* stretcher
livre *m* book
livrer to deliver
  livrer un combat to wage battle
logement *m* apartment
loger to lodge, live
logeuse *f* landlady
logique logical
loi *f* law
loin far
  bien loin very far
  de loin from afar, from far away
  loin de ...! get away from ...!
Londres London
long, longue long
  c'est long it takes time

le long de along
longer to go along the edge, to skirt
longtemps a long while
  il n'y en a plus pour longtemps there is not much time left
  il y a longtemps a long time ago
  le plus longtemps possible as long as possible
longueur *f* length
  à longueur de journée all day long
lorgner to eye, to cast sidelong glances at
lorsque when
lot *m* plot
louer to praise
lourd heavy; close, stuffy
loyauté *f* loyalty
loyer *m* rent
lucarne *f* small window
lueur *f* glimmer, gleam
lui he, it; to him, to her, to it; him, her, it
  lui-même himself
lumière *f* light
lumineux, lumineuse luminous
luron *m* guy
lustre *m* light, ceiling lamp
lutter to struggle
luxe *m* luxury
lynx *m* lynx

M
machinalement unconsciously, mechanically
mâchonner to chew
magasin *m* shop; warehouse
magicien *m* magician
magique magic
magnifique magnificent
mai *m* May
maigre lean, thin, small
main *f* hand
  à la main in his hand

perdre la main to lose one's touch
  sous la main at hand
maintenant now
maintenir to keep
mais but, however
maison *f* house
maître *m* master
maîtresse *f* mistress
se maîtriser to control oneself
mal *m* ill, harm; evil
  avoir mal à la tête to have a headache
  faire du mal to harm
  vouloir du mal to want to hurt
mal bad
  mal venu poorly done
malade sick
  tomber malade to become sick
maladie *f* sickness
maladroit awkward, stupid
malaisé very difficult
malédiction *f* curse
malgré in spite of
malheur *m* misfortune
malheureux, malheureuse sad, unhappy, unfortunate
malice *f* trick, mischief
malignement mischievously
malin *m* smart guy, smart aleck
  faire le malin to act smart
maman *f* mama, mother
Manche *f* English Channel
manger to eat
manière *f* manner, way; kind, type
  de manière à so that, so as to
  de manière que so that
mansarde *f* attic room, mansard
manteau *m* overcoat
maquis *m* dense brush (in Corsica)
marchand *m* merchant
marchander to barter, to argue down the price
marche *f* walking

marcher to walk; to work, function, run
mariage *m* marriage
marié married
marier to marry (off)
masse *f* mass
  en masse in great number
mat dull, dark
matelas *m* mattress
mater to subdue, hold in check
matériel, matérielle material
matin *m* morning
  au matin in the morning
matinée *f* morning
maudit damned
mauvais bad
mécanisme *m* mechanism
  mécanisme d'horlogerie clockwork
méconnaissable unrecognizable
médaillon *m* medallion
médecin *m* doctor
méditations *f pl* thoughts
méfiance *f* mistrust, suspicion, cautiousness
meilleur better
  le meilleur the best
mélancolie *f* melancholy
mélange *m* blend
mêler to mix; to implicate, involve, entangle
mélodieux, mélodieuse melodious
même same; even
  le soir même the very evening
  même si even though, even if
  moi-même myself
  quand même however
  tout de même after all, all the same
menace *f* threat
ménage *m* housekeeping; couple
  faire le ménage to do housework
  femme de ménage *f* cleaning lady

ménager to treat cautiously
ménagère *f* housewife, wife
menée *f* scheme, activity
mener to bring; to lead, take
menottes *f pl* handcuffs
mentir to lie
menu slender
se méprendre to be mistaken
mépris *m* scorn
merci thanks!
mère *f* mother
mérite *m* merit, excellence, talent
mériter to merit, deserve
merveille *f* marvel
merveilleux, merveilleuse marvelous, wonderful, wondrous
message *m* message
messe *f* Mass
mesure: à mesure que while, to the extent that
mesurer to measure, weigh
métallique metallic
métier *m* trade
mettre to put
  j'ai mis dix minutes it took me ten minutes
  mettre à la disposition to give
  mettre en joue to take aim
  mettre en mille pièces to shatter, smash
  mettre en page to set in type
  mettre le feu to set fire
  mettre les pieds to set foot
  se mettre to place oneself
  se mettre à to begin, start
  se mettre sur le dos to wear
meuble *m* piece of furniture
  meubles *m pl* furniture
meubler to furnish
midi twelve o'clock noon
  à l'heure de midi at twelve noon
le mien, la mienne mine
mieux better, better off
  mieux vaut it's better

milieu *m* middle
  au milieu de in the midst of
militant *m* active member of a political party
mille one thousand, thousand
milliard *m* billion
millier *m* thousand
mince thin
mine *f* appearance, look, expression
  avoir bonne mine to look well
Ministère *m* Ministry
ministre *m* Minister
miroir *m* mirror
misérable pitiful; little
misère *f* misery; poor appearance; poverty
  avoir l'air misère to look poor
mode *f* fashion, style
  à la mode fashionable, up-to-date
modeste simple, small; unassuming
moi me
  moi-même myself
moindre least
moine *m* monk
moins less
  au moins at least
  du moins at least
  le moins possible the least possible
  moins que less than
  pour le moins at least
mois *m* month
moisson *f* harvest
moitié *f* half
  à moitié half, halfway
moment *m* moment; present time
  à tout moment continuously
  sur le moment on the spot
monarque *m* monarch
monde *m* world; important people
  au monde in the world

  du monde people
  du beau monde beautiful people
  mettre au monde to give birth to
  tout le monde everybody
Monsieur Sir, Mr.
monsieur *m* gentleman
montagnard *m* mountain person
montagne *f* mountain
montant rising, high-collared
monter to go up, climb; to carry up
montre *f* watch, pocket watch
montrer to show
  se montrer to appear
se moquer (de) to laugh (at), make fun (of)
moral mental, spiritual
morceau *m* bit, piece
mordre to bite
mort *m* dead person
mort *f* death
mortifier to mortify; to hurt one's feelings
mot *m* word
  mot à mot word for word
mou (mol), molle soft
mouchard *m* stool pigeon
mouchoir *m* handkerchief
mouflon *m* wild sheep
moue *f* pout
mouiller to wet
mourir to die
  faire mourir to kill
mouton *m* sheep
mouvement *m* movement, motion
moyen, moyenne average
moyen *m* means
  moyens d'argent *m pl* financial means
muet, muette still, quiet
mule *f* slipper
multiplier to multiply
munitions *f pl* ammunition
mur *m* wall
muraille *f* high wall

murir to mature, bring to
maturity
murmure *m* murmur,
whispering
murmurer to whisper; to
murmur, mumble
musicien *m* musician
musique *f* music
mystère *m* mystery

N

naïf, naïve naive, simple
naissance *f* birth
naissance du nez bridge of
the nose
naître to be born; to take shape
faire naître to give birth to,
inspire
nappe *f* tablecloth
natif, native native, natural
nature: dans la nature
outdoors
naturel, naturelle natural,
normal; real
naturellement naturally, by
nature; of course, for sure
nécessaire necessary
né born
ne ... aucunement not at all
ne ... point not at all
ne ... que only
tu n'as qu'à ne pas y aller
you just don't have to
go there
nécessiteux *m pl* people in
need of food and clothing
négligence *f* negligence, lack
of care
nerf *m* nerve
avoir les nerfs à bout to be
on edge
nerveux, nerveuse nervous
net, nette clear, clean, neat
mettre au net to straighten
out; to recopy neatly
netteté *f* distinctness
avec netteté distinctly
nettoyer to clean
neuf nine
neuf, neuve new

nez *m* nose
ni neither
ni l'un ni l'autre neither
ni ... ni neither ... nor
niais dumb, foolish
nippé dressed, dolled up
niveau *m* level
noblement in a noble
manner, nobly
noctambule of the night,
noctambulatory
noir black, dark
roman noir *m* Gothic novel
noirâtre blackish
noircir to blacken
nom *m* name
du nom de by the name of
nomade *m* nomad, wanderer
nombre *m* number
être au nombre de quatre
to be four in number
sans nombre countless
nombreux, nombreuse
numerous
peu nombreux not
numerous
nommer to name; to call
se nommer to be named; to
be called
il se nomma he told his
name
non no; not
non plus neither
nonobstant notwithstanding
nord-ouest *m* northwest
normal (normaux) normal
notaire *m* attorney
note *f* note; tune
note de police *f* police report
notre our
le nôtre ours
nouer to tie; to establish
se nourrir to feed
se nourrir à mi-faim to
feed half decently
nourriture *f* food
nouveau (nouvel), nouvelle
new
de nouveau again
nouvelles *f* news

nu naked, bare
nuit *f* night
de nuit by night
il fait nuit it is dark
la nuit at night
nul, nulle no; null
nulle part nowhere
numéro *m* number

O

obéir to obey
objet *m* object
obligé obliged, forced
obscur dark; obscure, unknown
obscurité *f* darkness
obsédant haunting
observer to observe, notice; to
remark, say
obstinément obstinately
obstruer to obstruct
obtenir to get, obtain, to gain
obus *m* shell
occasion: avoir l'occasion to
have the opportunity
occuper to occupy, live in,
take up
s'occuper to be busy
odeur *f* odor, smell
odieux, odieuse odious,
hateful
œil (*pl* **yeux**) *m* eye
coup d'œil *m* glance
d'un œil with a look
œuvre *f* work, effort; creation
officiel, officielle official
officier *m* officer
officine *f* den
offrir to offer, propose, to give
(as a present)
ogival ogival, pointed
oiseau (*pl.* **oiseaux**) *m* bird
ombre *f* shade, shadow
on one, they, people,
somebody, we
oncle *m* uncle
ondulation *f* undulation
ondulations de terrains *f*
pl hills and valleys
ongle *f* fingernail
opérateur *m* operator

opération *f* operation
opiniâtre obstinate
opinion: se faire une opinion to form an opinion
oppressé oppressed
   respiration oppressée *f* heavy breathing
or now; but, so
or *m* gold
   d'or golden
ordinaire ordinary
   comme à l'ordinaire as usual
   d'ordinaire usually
ordonner to order
ordre *m* order
ordures *f pl* garbage
oreille *f* ear
oreiller *m* pillow
orgueilleux, orgueilleuse proud
oriental (*pl.* **orientaux**) oriental, of the East
os *m* bone
osciller to oscillate; to sway, swing
oser to dare
osseux, osseuse bony
ôter to take off
ou or
où where, in which
ouate *f* cotton
   ouate hydrophile cotton
oublier to forget
oui yes; yes indeed!
outil *m* tool
ouvrage *m* work
ouvrier *m* worker
ouvrir to open; to open up, fray

P
page: mettre en page to set in type
paillasse *f* straw mattress
paillasson *m* (door) mat
paille *f* straw
pain *m* bread

paisible peaceful, quiet, calm, untroubled
paisiblement calmly
paître to graze
paix *f* peace
   en paix at peace
palais *m* palace
pâle pale
pâlir to grow pale
panier *m* basket
panne *f* breakdown
   panne de courant power failure
panser to dress (a wound); to bandage
pantoufle *f* slipper
paon *m* peacock
papier *m* paper
   papier pelure onionskin paper
paquet *m* parcel, package
par by, through; by way of, along
   de par le monde throughout the world
   par ici this way
   par où through which
paraître to appear, seem
   à ce qu'il paraît as it would seem
parce que because
par-dessous underneath, beneath
par-dessus on top, above, over
pardessus *m* overcoat
pardonner to forgive
paré decorated; bedecked, wearing jewelry; beautifully dressed
pareil, pareille such; similar
   une somme pareille such a sum
parent *m* relative
parente *f* relative
parenté *f* consanguinity, blood relationship
parfaitement perfectly, absolutely
parfois sometimes
parfum *m* perfume

parler to speak
   parler haut to talk aloud
parmi among
parole *f* word
   adresser la parole à to speak to
part *f* part, portion, share
   de sa part on his part
   nulle part nowhere
   pour ma part as far as I am concerned
partager to share
parti *m* party; decision
   prendre un parti to make a decision
particulier *m* individual
particulièrement particulary
partie *f* game; part
   partie de chasse day of hunting
   partie de dominos game of dominoes
partir to start, leave, go; to come from
partout everywhere, anywhere
parure *f* piece of jewelry
patrouille *f* patrol
parvenir to reach; to arrive
   parvenir à to succeed in
pas not
   ne ... pas not
   pas de no
   pas du tout not at all
   pas vrai isn't it?
pas *m* step, pace
passage *m* passage
passant *m* passer-by, pedestrian
passé last, past
passé *m* past
passer to pass; to turn; to go by
   passer pour to be considered
   se passer to happen, occur
passionnant thrilling
Pater *m* Our Father
patiemment patiently
pâtisserie *f* pastry; pastry shop
patrie *f* fatherland
patron *m* boss

patron d'hôtel hotel manager
patte *f* foot, leg, paw
pauvre poor
pauvrement poorly
pauvreté *f* poor quality, poverty
pavillon *m* pavilion; shed
payer to pay, pay back; to pay for
pays *m* country
paysan *m* peasant
peau (*pl* **peaux**) *f* skin
peccadille *f* peccadillo, little sin
peigné combed
  mal peigné with one's hair in disarray
peignoir *m* dressing gown
peindre to paint; to describe
peine *f* difficulty; grief; trouble
  à peine hardly
  faire de la peine to hurt
peint painted
peintre *m* painter
pèlerine *f* cape
pelure: papier pelure *m* onionskin paper
pencher to bend forward
  se pencher to bend forward, lean forward
pendant during
  pendant que while
pendre to hang
pendule *f* clock
pénétrer to penetrate, enter
pénible painful
péniblement painfully, with difficulty
pensée *f* thought; opinion
penser to think, believe
pensif, pensive pensive
percer to pierce
perdre to lose; to ruin
  perdre la main to lose one's touch
  perdre son temps to waste one's time
  se perdre to get lost, disappear

père *m* father
perle *f* pearl
permettre to permit, allow, let
  se permettre to allow oneself; to venture
permission *f* permission
perplexité *f* perplexity
personnage *m* character; person
personnalité *f* personality, character
personne *f* person (*pl* people);
  ne ... personne nobody, no one
personnel personal
perspective *f* perspective
persuader to persuade, convince
peser to weigh
petit little small
petit *m* baby
pétrole *m* oil
peu
  fort peu de almost no
  peu à peu little by litte
  peu de only a few, few
  peu de temps après not long after
  peu nombreux not numerous
  un peu a little, a little bit
peuple *m* people; working class
peupler to populate, inhabit; to people
peur *f* fear
  avoir peur to be afraid
peut-être maybe, perhaps
pharmacien *m* pharmacist
phrase *f* phrase, sentence
physique physical
  culture physique *f* physical exercises
physiquement physically
pièce *f* room; coin
pied *m* stand, foot
  à pied on foot
  mettre les pieds to set foot
pierre *f* rock; precious stone
pierreries *f pl* precious gems

pincer to pinch
  joue pincée *f* hollow cheek
pinceau *m* brush
piquer to sting
  piquer vers to head for
pire worse; worst
pis worse
  tant pis too bad
pitié *f* pity, compassion
pitoyable pitiful
pivoter to turn
  faire pivoter to turn
place *f* room; place, spot; public square
  faire place à to make room for, give way to
  laisser la place à to leave room for
  sur place on the spot
placer to put, place
plaindre to complain
  se plaindre to complain
plaine *f* plain, plains
plainte *f* complaint, plaintive song
plaire to please
  ça vous plairait would you like?
  s'il vous plaît please
plaisanterie *f* joke
plaisir *m* pleasure
plancher *m* floor
plat flat
  à plat flat
plat *m* flat side; dish
plein (de) filled (with), full (of)
pleinement fully, completely
pleurer to cry
pleuvoir to rain
pli *m* crease, fold
pluie *f* rain
plume *f* pen
plus more; most
  au plus at most
  bien plus much more, many more
  de plus more; moreover
  de plus en plus more and more

le plus ... de, le plus ... des the most ... of
ne ... plus no longer, no more
non plus either, neither, also
plus que more than
rien de plus nothing more
tout au plus at the most
un peu plus a little bit more
plusieurs several
plutôt rather
pluvieux, pluvieuse rainy
poche *f* pocket; purse
poème *m* poem
poète *m* poet
poids *m* weight
poignard *m* dagger
poignet *m* wrist
poing *m* fist
point *m* point
à quel point to which extent
être au point to be ready
être sur le point de to be going to
ne ... point not, not at all
qu'est-ce qui ne va point? what's wrong?
un point c'est tout and that's all for that!
pointe *f* tip
sur la pointe des pieds on tiptoe
pointu pointed
poisson *m* fish
arête de poisson *f* fish bone
poitrine *f* chest
policier *m* policeman
politesse *f* politeness, polite attention
pomme *f* apple
pomme d'Adam Adam's apple
pommette *f* cheekbone
pont *m* bridge
ingénieur des ponts et

chaussées *m* civil engineer
porte *f* door
portée *f* staff (in music)
porter to bear, bring, carry; to wear; to hold; to raise
aller porter to carry
porter la griffe à to claw at
se porter bien to be well
portrait *m* portrait
poser to put, place, to put down, lay down
se poser to set
possédé *m* madman
posséder to have, possess, own
possesseur *m* owner, possessor
poste *f* post office
poste *m* station
poste de commandement command station
poste de radio radio
posture *f* posture
se mettre en posture de to get in a position to
pot *m* jar
pot-au-feu *m* stew
poterie *f* earthenware pots
pouce *m* thumb
poudre *f* powder, gunpowder
poulet *m* chicken
poumon *m* lung
pour for; as for; in order to
pourquoi why
poursuivre to pursue, proceed, go on; to continue, follow
pourtant however, nevertheless
pousser to grow up; to push; to let out; to sprout
pousser un soupir to sigh, to let out a sigh
pousser un cri to cry out
poussière *f* dust
pouvoir to be able to
il ne pouvait rien de plus he could not do anything more
je n'en peux plus I am worn out, I cannot go on

je peux I can, I may
pouvoir *m* power
pourvu que provided that, as long as
précaire precarious
précaution *f* precaution
précipiter to precipitate, hurry
précis precise, extact; tense
à six heures précises at six o'clock sharp
préciser to specify
Préfecture *f* **de Police** police station
prélasser to take it easy
premier, première first
prendre to catch, take; eat, drink
aller prendre to get
prendre congé to leave, say good-by
prendre femme to take, choose a wife
prendre par un sentier to take a path
prendre pour to consider, to take for
prendre ses jambes à son cou to take to one's heels
prendre soin to take care
prendre son courage à deux mains to summon up all one's courage
prendre son parti to resign oneself
se prendre to get caught; to begin
s'y prendre to go about
préparer to prepare
près (de) near, next to, close; almost
presbytère *m* rectory
présent *m* gift, present
présenter to present, show, introduce
se présenter to introduce oneself
presque almost
presse *f* printing press

pressé in a hurry
se presser to hurry
pression *f* pressure
prêt ready
prêter to lend, loan
prêteur *m* one who lends; loan shark
prêtre *m* priest
preuve *f* proof
prévenir to warn
prévoir to forecast; to arrange in advance, reserve
prier to pray; to ask; to implore, beg
   je vous en prie I beg you
prière *f* prayer
princesse *f* princess
printemps *m* spring
prise *f* catch
prisonnier *m* prisoner
privation *f* deprivation
prix *m* price
procédé *m* proceeding
   bons procédés *m pl* good services
produire to produce, make
produit *m* produce; product
profiter (de) to take advantage of
profond deep
profondément deeply
profondeur *f* depth
promenade *f* walk
   en promenade walking
promener to walk (a child); to take for a walk
se promener to walk; to walk about
   promener ses yeux sur to survey, gaze on
promesse *f* promise
promettre to promise
   faire promettre to offer, promise
prononcer to say, pronounce
proposer to propose, suggest, offer
propre clean; own; well done
   propre à conducive to
proscrit *m* outlaw

province *f* province; country
provisions *f pl* provisions of food
provoquer to provoke, start
prudent careful
public, publique public
publier to publish
puis then
puis: je puis (alternate form of **je peux**) I can
puisque since, because
puissant powerful
puisse (subjunctive of **pouvoir**)

Q

quai *m* quai, embankment (of a river)
qualité *f* quality, distinction
quand when
   quand même however
quant à as for, as to
quarante forty
quartier *m* district, area
quatre four
que that, whom, which
   ce que which
   que ...! how ...!
quel, quelle what, which
quelconque ordinary
quelque some
   quelque chose something
   quelque chose de beau something beautiful
   quelques some; a few
   quelques-uns, quelques-unes some
   quelqu'un someone, somebody
quelquefois sometimes
quérir to get, fetch
qu'est-ce que what
question *f* question; matter
questionner to ask
qui who, that, whom, which
   ce qui what
quiconque whoever, whomever; anyone
quinte de toux *f* fit of coughing

quinze fifteen
quitter to quit, leave; to take off
   ne quittez pas l'écoute don't stop listening
   se quitter to leave one another
quoi what; which
quoique although

R

rablé muscular
race *f* race, breed; breeding
racine *f* root
raconter to tell
raide stiff
   tomber raide mort to drop dead
raison *f* reason
   avoir raison to be right
raisonnement *m* reasoning
ramener to bring back; to bring home
rapidement quickly
se rappeler to remember
rapport *m* report
rapporter to bring back
rapproché near, close
rapprochement *m* connection
rapprocher to bring close
   se rapprocher to come closer
   yeux rapprochés *m pl* eyes drawn close to each other
ras flat
raser to shave; to skim
   raser les murs to brush along the walls
   se raser to shave
rassembler to put together
rater to ruin, mess up
ravagé tormented
ravi delighted, very pleased
ravin *m* gully, ravine
ravir to delight, entrance
ravissant delightful
ravissement *m* rapture
rayon *m* shelf; ray, beam
recette (de cuisine) *f* recipe

recevoir to receive, take in
recevoir un coup de fusil to be shot
rechange: de rechange spare
recherché sought after, popular
récipient *m* container
récit *m* story
réciter to recite
réclusion *f* confinement
récolte *f* harvest
recommander to recommend
recommencer to start over
récompense *f* reward
reconnaissance *f* recognition, thanks
reconnaissant grateful
reconnaître to recognize; to admit
recoucher to lie down again
recouvrir to recover
recueillir to gather, harvest
se recueillir to collect one's thoughts
redoubler to increase; to double in size
redoutable dangerous, formidable
redouter to fear
réduire to reduce, diminish
refaire to redo; to do over
refaire un trajet to retrace a path
se refermer to close up
réfléchir to reflect; to think
réflexion *f* thought
réfréner to curb
refroidir to cool down; to stop bleeding
refus *m* refusal
refuser to refuse
regard *m* eyes; glance, look
regarder to look at
regarder fixement to stare at
régler to settle
regret *m* regret
regretter to regret
reins *m pl* waist, lower back
rejeter to reject, throw away

rejoindre to meet; to catch; to catch up with
réjouir to delight
relatif, relative relating to; relative
relever to raise, raise again
se relever to stand up again; to get up
relief *m* relief
en relief raised, accentuated
reluisant shiny, polished
remarque *f* remark, comment
remarquer to notice, take notice; to note
remercier to thank
remettre to give up; to put back again; to place
se remettre en route to start again, resume one's trip
remise *f* shed
remonter to go back, return; to go back upstairs
remplacer to replace
remplir to fulfill, fill
remuer to stir; to move
rencontre *f* meeting
rencontrer to meet
rendez-vous *m* appointment, date
donner un rendez-vous à to arrange to meet
rendre to render, return; to give off; to depict
ça rend service it is useful
rendre visite to pay a visit
se rendre (à) to go (to)
se rendre compte to realize
renfermer to contain
renom *m* fame
en renom famed
renoncer to renounce, give up
renouveler to renew; to renegotiate
rentrer to come in, come in again; to come back, get back; to return
faire rentrer to bring back
renverser to turn upside down; to bend

renvoyer to send back; to fire, to dismiss
répandre to spill, scatter
se répandre to spread
reparaître to reappear
réparer to fix, repair
faire réparer to have fixed, repaired
repartir to leave again; to answer, reply
repas *m* meal
repentir de to repent of; to be sorry about
répéter to repeat
replier to bend; to pull up
répondre to answer
reporter to bring back, return
repos *m* rest
reposer to rest; to lie, be buried
se reposer to rest
reprendre to take back; to resume; to continue (talking)
reprendre le chemin to set out again
reprendre ses forces to recover one's strength
réputation *f* reputation
réseau *m* network
réseau d'écoute et de surveillance monitoring and spying network
réserver to reserve, set aside; to keep
se résigner to resign oneself
résistance *f* resistance
la Résistance *f* Resistance movement against Nazi occupation of France
se résoudre to be resolved
respect *m* respect
respirer to breathe
ressembler to look like
ressentir to feel
reste *m* rest, remainder
au reste besides
rester to be left, remain; to stay

il reste une heure one hour is left
restituer to restitute; to pay back, repay
se retaper to get back into shape
retenir to hold back
retourner to return, go back
  se retourner to turn back; to look around
  se tourner et se retourner to toss and turn
retraite *f* retreat
  faire sa retraite to beat a retreat
retrouver to find, find again
  se retrouver to find oneself again
réunir to join
réussir to succeed, be successful
rêve *m* dream
rêver to dream
réveillé awake, stirred up, animated
réveiller to awake, wake up
revenir to come back, return
revers *m* backside, inside
revint (*passé simple* of **revenir**)
revoir to see, see again
  au revoir good-by!
révolte *f* revolt
révolté revolted
se rhabiller to get dressed again
ricaner to sneer, laugh at
riche rich, wealthy
richesse *f* wealth
ride *f* wrinkle
ridicule ridiculous
rien nothing
  ça ne fait rien that doesn't matter
  rien de sincère nothing sincere
  rien ne fait nothing can be done, it does not matter
  rien que nothing but
  rien que de only the fact of

rien que pour just to
rieur, rieuse laughing
rire to laugh
  éclater de rire to burst into laughter
risque *m* risk
risquer to risk
rival *m* rival
rivière *f* river; necklace with many precious stones
robe *f* gown
  robe de chambre housecoat
robuste robust, strong
roc *m* rock, boulder
rocaille *f* rock work
rocher *m* rock
roi *m* king
roman *m* novel
romantique romantic
romantisme *m* romantic feeling
rompre to break
  se rompre to break, break open
ronce *f* bramble, thorn
  ronce métallique barbed wire
ronde *f* patrol
ronéo *f* duplicating machine
rose pink
rose *f* rose
roucouler to coo
rouge red
rougeur *f* redness, blush
rougir to blush, turn red
rouler to roll, roll up
route *f* road, route
  en route on the way
  faire la route to go the distance
  se remettre en route to start again
roux, rousse red-haired
rude rough, lacking delicacy, rude
rudement harshly; really
rudimentaire rudimentary, primitive
rue *f* street
ruiné ruined; bankrupt

ruineux, ruineuse ruinous; leading to financial ruin
Russie *f* Russia

S
sable *m* sand
sabot *m* wooden shoe
sabre *m* saber, sword
sac *m* sack, bag
sachez know (imperative of **savoir**)
sacré sacred
sage wise; calm
sagesse *f* wisdom
saillant sticking out
saisir to grasp, seize
  saisir au vol to grasp out of the air
  se saisir de to grab
saison *f* season
salaud *m* (*slang*) dirty skunk
sale dirty; bad
salive *f* saliva
salon *m* living room
salut *m* salute; greeting
samedi *m* Saturday
sana *m* sanatorium
sang *m* blood
sang-froid *m* composure, coolness
sanglant bleeding, bloody
sanglot *m* sob
sangloter to sob
sans without
santé *f* health
satin *m* satin
satisfaction *f* pleasure
satisfaire to satisfy
  se satisfaire to be satisfied
sauf except
sauge *f* sage
saut *m* jump, leap
  faire un saut to jump, leap
sauter to jump; to go off
  faire sauter une serrure to spring a lock
  sauter à la gorge de to assault
  sauter au cou to hug about the neck

sautiller to hop
sauvage wild; unsocial; living far from civilization
sauver to save
savoir to know, to find out
  je ne saurais I could not
  savoir? that is?
savoir *m* knowledge
savonner to lather; to wash with soap
scrupule *m* scruple
scruter to examine, scrutinize
séant *m* sitting posture
  se dresser sur son séant to sit up
sec, sèche dry; lean
sèchement dryly; curtly
sécher to dry
  faire sécher to hang out to dry
seconde *f* second
secouer to shake
secours *m* help
secret, secrète secret, clandestine, discreet
  en secret secretly
séduisant seductive
seigneur *m* lord
sein *m* breast
  au sein de amidst
séjour *m* stay, sojourn
selon according to
semaine *f* week
semblable like, similar
semblant *m* likeness
  faire semblant de to pretend
sembler to seem; to look, appear
semer to sow
sens *m* sense; direction
  bon sens common sense
sensible sensitive; moved
sentier *m* path, trail
sentiment *m* feeling
sentir to feel, sense
  se sentir to feel oneself
séparer to separate
  se séparer to part
sergent *m* sergeant

sérieusement seriously
serrer to squeeze, press, tighten
serré squeezed, tight
serrer les poings to clench one's fists
serrure *f* lock, keyhole
serviable obliging, willing to help out
service: ça rend service it is useful
serviette *f* towel
servir to help; to be useful
  servir de to act as; to serve as; to take the place of
  se servir de to use
seuil *m* threshold
seul alone, by oneself, only, single
  tout seul by oneself
  un seul a single one
seulement only
sévère severe, stern
sévérité *f* severity
si yes; if; so, so much, that
  si peu ... que so little ... that
siège *m* seat
le sien, la sienne his, hers, its
  les siens *m pl* his family
siffler to whistle; to wheeze
siffloter to whistle softly
signal *m* signal
signature *f* signature
signe *m* sign
significatif, significative significant
signification *f* meaning
signifier to mean; to signify
silence *m* silence, pause
silencieux, silencieuse silent, still, quiet
simple simple; plainly dressed
simplement simply; solely, only
simplicité *f* simplicity
singulier, singulière uncommon, odd; strange; singular
sixième sixth

soi oneself
  confiance en soi *f* self-confidence
soie *f* silk
soigner to look after, take care of
soigneusement carefully
soi-même oneself
soin *m* care
  prendre soin to take care
soir *m* evening
soirée *f* evening
sois, soit (subjunctive of **être**) be
soit! okay! so be it! all right!
sol *m* ground
sol: clé de sol *f* key of G
soldat *m* soldier
soleil *m* sun
  au soleil in the sun
  bain de soleil *m* sunbath
solitaire lonely
sombrer to sink
  sombrer dans le sommeil to fall asleep
somme *f* sum, sum of money; amount
  en somme all in all, on the whole
sommeil *m* sleep, slumber
  avoir sommeil to be sleepy
son *m* sound
sonate *f* sonata
sonder to probe
songer to think
sonner to ring
sonnette *f* bell
  coup de sonnette *m* ringing of a bell
sorcier *m* wizard
sordide sordid, poor
sorte *f* sort, kind
  de sorte que so that
  en quelque sorte somehow
  faire en sorte que to manage so that
sortir to get out; to stick out, come out
sou *m* coin worth 5 centimes
  sou à sou nickel by nickel

soudain sudden, suddenly, abruptly; all of a sudden
soudainement suddenly
soudard *m* rough-neck soldier
souffle *m* breath; breath of air
souffler to blow; to blow out; to catch one's breath
souffrir to suffer; to regret
souhaiter to wish
soulever to rise
soupçon *m* trace; suspicion
soupçonner to suspect; guess
soupe *f* soup
soupente *f* loft, garret
soupière *f* soup tureen
soupir *m* sigh
soupirer to sigh
souplesse *f* suppleness
sourd deaf
sourire to smile
sourire *m* smile
souris *f* mouse
sous under
   sous la main at hand
sous-louer to sublet
soutenir to support
soutenu sustained, unceasing, earnest
souterrain underground
souvenir *m* memory
se souvenir to remember
speakerine *f* radio/TV announcer
sphinx *m* sphinx
station (électrique) *f* power plant
stupéfait stupefied
stupidement stupidly
style: fauteuil de style *m* period armchair
stylet *m* stiletto, small dagger
se succéder to follow one another
succès *m* success
succomber to succumb; to fall to
sueur *f* sweat
suffir to be sufficient, suffice
   il suffit que it is enough that

suffocant stifling
Suisse *f* Switzerland
suite *f* rest; continuation; consequence; succession
   par la suite subsequently, afterwards
   sans suite without meaning
   tout de suite immediately
suivant next, following
suivre to follow
   suivre un chemin to take a path
sujet *m* subject, figure
   au sujet de about
superbe superb
superposé placed one on top of the other; superimposed
supplier to beg
supporter to support; to bear, tolerate
supposer to suppose, assume
sur on
sûr reliable, sure; certain
   bien sûr of course
   bien sûr que non of course not
sûrement certainly, surely
sûreté *f* safety
sur-le-champ right away, immediately
se surmener to overwork
surprendre to surprise
surpris surprised
sursaut *m* jump, start
surtout mainly, principally, especially, above all
surveillance *f* watch
surveiller to watch
suspendu hanging, suspended
symbolique symbolical
sympathie *f* liking, congeniality
symphonie *f* symphony

T
tableau *m* painting
tablette *f* tablet; shelf
   tablette de chocolat chocolate bar
tabouret *m* stool

tache *f* spot, dot
tâche *f* task
tâcher to try
taille *f* size
tailleur *m* tailor
taillis *m* brush, thicket
se taire to be silent, remain quiet
talon *m* heel
tant so much, so many; so
   tant de so much, so many
   tant pis too bad
   tant ... que so much ... that
tante *f* aunt
tantôt sometimes
   tantôt ... tantôt ... first ... then ...
taper to hit
   taper à la machine to type
se tapir to be hidden
tapisserie *f* tapestry; wall hanging; wallpaper
tard late
   au plus tard at the latest
tarder to wait awhile; to delay, wait
tardif, tardive late
tas *m* pile
tâtonner to grope in the dark
tâtons:
   à tâtons gropingly
   chercher à tâtons to grope for
taux *m* rate
   taux de l'usure interest rate
teint *m* complexion
teinte *f* tone, color
tel, telle such, certain; that kind of
tellement so much, so many
témoin *m* witness
temps *m* time; weather
   de temps à autre from time to time
   de temps en temps from time to time
   le temps qu'il faut as long as necessary
   le temps qu'il leur plaira as long as they wish

perdre son temps to waste one's time
peu de temps après not long after
tendre tender, sweet, kind
tendre to stretch out, hold out
  tendre la main to hold out one's hand
tendresse *f* tenderness, attachment
ténèbres *f pl* darkness
tenir to hold; to keep; to hold out; to have
  tenir à to depend on; to be up to; to want to
  je tiens à vous dire I want to tell you
  tenir compagnie à to keep company
  se tenir to hold, stand
  se tenir debout to remain upright; to stay standing
  se tenir prêt to be ready, prepared
  se tenir tranquille to remain quiet
  s'en tenir to stop, finish
  tiens, tenez look here! well!
tentation *f* temptation
tenter to try; to tempt
tenture *f* wall hanging, wallpaper
tenue *f* behavior, appearance
se terminer to end
terne dull
ternir to tarnish
terrain *m* land; terrain; ground
terre *f* earth, land
  par terre on the ground
terriblement awfully, terribly
testament *m* will
tête *f* head
  hocher la tête to shake one's head
  la tête me tourne I am dizzy
théâtre *m* theater
ticket *m* ticket, rationing coupon
tiède warm

le tien, la tienne yours
tige *f* stalk, stem, blade of grass
timide timid, shy
tintement *m* tinkling
tir *m* shooting
tirailler to shoot aimlessly; to blaze away
tirer to pull, draw; to shoot, fire
  tirer un journal to print a paper
  tirer sur to fire at, shoot
tireur *m* marksman; one who shoots
titre *m* title
toile *f* canvas
toilette *f* elegant clothes
toit *m* roof
toiture *f* roof
tomber to fall
  laisser tomber to drop
  tomber en arrêt to stop
  tomber malade to become sick
ton *m* tone
tonner to thunder
torchère *f* lamp, candelabra
torchon *m* dishtowel
torse *m* torso
tortiller to twist
tortueux, tortueuse twisting, winding; tortuous
torture *f* torture
torturer to torture
tôt soon
touché touched, moved
toucher to touch; to receive
  se toucher to be adjoining
toucher *m* feel, touch
touffe *f* clump
touffu bushy
toujours always, ever; still
  elle demandait toujours she kept on asking
tour *m* turn
  à son tour in turn
  faire le tour to go around
  faire un tour to take a walk
  tour à tour in turn, one after the other

tourner to turn
  cela me tourne le cœur it makes me sick
  la tête me tourne I am dizzy
  se tourner to turn around; to turn
  se tourner et se retourner to toss and turn
tousser to cough
tout everything; all, every; whole; very, quite
  c'est tout naturel it is quite natural
  c'est tout un... it's quite a...
  comme tout as anything
  pas ... du tout not ... at all
  tous les deux both
  tout à coup suddenly
  tout à fait quite
  tout à l'heure in a few moments; a while ago
  tout au plus at the most
  tout d'abord first
  tout de même all the same; after all, for all that
  tout de suite immediately
  tout en while
  tout le long all along
toutefois however
toux *f* cough
tracas *m* bother, worry, trouble
trace *f* trace, mark
tracé *m* outline, contour
tracer to draw; to trace
traduire to translate
trahir to betray
train: être en train de faire to be (busy at) doing; to be in the act of
traîner to drag
  laisser traîner to leave around
  se traîner to drag oneself along
trait *m* trait, feature; mark, act
traite *f* stretch (of road), stage (of a trip)

traiter to treat, handle
  traiter quelqu'un de to call someone a (an)
traître *m* traitor
trajet *m* path, route
tranche *f* slice
tranquille quiet
  se tenir tranquille to remain quiet
  soyez tranquille do not worry!
tranquillement peacefully
tranquillité *f* calm, peace of mind
transformer to transform
transcendant superior, transcendent
transparent transparency
transporter to carry; to bring, to transport
traquer to hunt; to track down
travail *m* work, operation; craftsmanship, workmanship
  les gros travaux hard manual labor
travailler to work
travers: à travers across, through
  de travers crooked, backward, twisted around
traverse: chemin de traverse *m* cross road
traverser to cross; to pass by
trembler to tremble
trente thirty
tressaillir to start, tremble
trille *f* trill
triomphe *m* triumph
triste sad
tristement sadly
tristesse *f* sadness
trois three
se tromper to make a mistake, to be wrong, mistaken
tronc *m* trunk
trop too, too much, too many
trottiner to toddle; to jog
trou *m* hole

troupe *f* troops
troupeau *m* flock, herd
trouver to find; to think; to go see
  se trouver to be, to be found
truite *f* trout
truqué tampered with
tuberculeux, tuberculeuse tuberculous
tuer to kill
  se faire tuer to get killed
tut: il se tut (*passé simple* of **se taire**)
typographe *m* printer, typesetter

U

un a, an; one
  l'un one
  les uns some
uni united, smooth, even
union *f* liaison, union
universitaires *m pl* university people
urgence *f* urgency
user to wear out, wear down
usine *f* factory
ustensiles *f pl* utensils
usure *f* wear, exhaustion
usurier *m* usurer; one who lends money at a high interest
ut: clé d'ut *f* key of C
utile useful
  être utile à to help

V

vaciller to flicker
vague vague, hazy, not definite
vainqueur *m* winner, victor
vair *m* gray and white fur
vaisselle *f* dish; plate, service
valet *m* servant
valeur *f* value, worth
valise *f* suitcase
valoir to be worth
vaste vast, huge
valser to waltz
vaquer à to go about, attend to

vaurien *m* good-for-nothing
vaut (pres. **valoir**)
  mieux vaut it is better
veille *f* the day before
veiller to look after
velours *m* velvet
vendre to sell
vendredi *m* Friday
venir to come
  (en) venir à to arrive at, drive at
  il lui vint une pensée a thought occurred to him
  il vient d'entrer he has just entered
  mal venu poorly done
  la nuit venue at nightfall
venitien, venitienne Venitian, from Venice
vent *m* wind
vérité *f* truth
  à la vérité in fact, actually; in truth
vers toward
versé well versed
vessie *f* bladder; goatskin (as a container for wine)
veste *f* jacket
vêtement *m* clothes
vêtu clothed, dressed; decorated
veuillez + *infinitive* please
victoire *f* victory
vide empty
vie *f* life
  gagner sa vie to earn one's living
vieillard *m* old man
vieillir to age, grow old
viennois Viennese
vierge *f* virgin
vieux (vieil), vieille old
  mon vieux old man
vif, vive quick, alert; strong; brisk; burning
vigoureusement vigorously
vigoureux, vigoureuse vigorous, energetic
vilain bad, ugly
ville *f* city, town

vingt twenty
vingt-deux twenty-two
vint (*passé simple* of **venir**)
violemment violently
vis, vit (*passé simple* of **voir**)
visage *m* face
viser to aim at
visite *f* visit
    carte de visite *f* calling
       card
visiter to visit; to search
visiteur *m* visitor
vite quickly, rapidly, fast
vitrine *f* store window
vivant lively
vivant *m* living being
vivement quickly, swiftly;
    energetically, actively
vivre to live
voilà there is, there are; there
    (let me tell you)
    voilà + *time* it has been …
    voilà pour that's all for
    voilà que c'était there was
    voilà qui here is what

voilé veiled
voir to see, realize; to look into
    faire voir to show
    je vois bien I realize
    se voir to see each other
voisin *m* neighbor
voiture *f* car; cab
    voiture cellulaire police
       wagon
voix *f* voice
    à mi-voix in a low voice
    à voix basse in a low voice
vol *m* flight
    saisir au vol to grasp out of
       the air
voler to rob
voleur *m* robber
voleuse *f* robber
volontairement on purpose
volonté *m* will, desire
voltigeur *m* Corsican rifleman
votre your
    le vôtre yours
vouloir to desire, want

en vouloir à to be angry at
vouloir bien to be willing
vouloir dire to mean
vouloir du mal to want to
    hurt
voyage *m* travel, trip
voyager to travel
voyageur *m* traveler
    voyageur de commerce
       traveling salesman
voyelle *f* vowel
voyons! come on!
vrai true; real
    pas vrai isn't it?
vraiment truly, really, indeed
vue *f* view, sight
    à la vue de upon seeing
vulgaire vulgar, common

Y

y there
    il y a there is, there are; ago
    on y est here we are
yeux *m pl* eyes